普通高等教育"十三五"规划教材

资本运营理论与实务

主　编　欧阳芳
参　编　吴　茹　郭　珂　张文华

北京邮电大学出版社
www.buptpress.com

内 容 简 介

本书以独特的编排方法,系统介绍了资本运营的基本知识、基本原理以及资本运营的各种模式。按照资本的运动过程和特点将内容划分为五大单元,即第一单元基础理论部分,第二单元资本扩张,第三单元资本收缩,第四单元资本内部调整,第五单元资本运营的风险控制。使得整体既具有较强的逻辑关系,又能够系统、简洁、清晰、易懂。在编写时特别注重突出"互动性"和"应用性",将理论与实际案例相结合,尽量选取最新的、典型的案例。并在每章前设"案例导入",章中设有"思考""举例",章后有"案例分析""案例鉴赏"等,将每一章的重点内容溶于案例中,既能提高学生的兴趣和参与度,又能使学生透彻掌握理论的基本原理和基本方法,提高分析和解决实际问题的能力。

图书在版编目(CIP)数据

资本运营理论与实务 / 欧阳芳主编. -- 北京:北京邮电大学出版社,2016.7
ISBN 978-7-5635-4768-5

Ⅰ. ①资… Ⅱ. ①欧… Ⅲ. ①资本经营 Ⅳ. ①F270

中国版本图书馆 CIP 数据核字(2016)第 103918 号

书　　　名:	资本运营理论与实务
著作责任者:	欧阳芳　主编
责 任 编 辑:	满志文　李　静
出 版 发 行:	北京邮电大学出版社
社　　　址:	北京市海淀区西土城路 10 号(邮编:100876)
发　行　部:	电话:010-62282185　传真:010-62283578
E-mail:	publish@bupt.edu.cn
经　　　销:	各地新华书店
印　　　刷:	北京鑫丰华彩印有限公司
开　　　本:	787 mm×1 092 mm　1/16
印　　　张:	16.75
字　　　数:	414 千字
版　　　次:	2016 年 7 月第 1 版　2016 年 7 月第 1 次印刷

ISBN 978-7-5635-4768-5　　　　　　　　　　　　　　定　价:36.80 元
・如有印装质量问题,请与北京邮电大学出版社发行部联系・

序

科技的迅猛发展，以及贸易自由化、便利化和区域经济一体化的趋势增强，使得企业间的竞争与合作格局相对过去发生了深刻变化，这其中资本的作用至关重要。通过资本这一纽带，企业在新技术、新产品、新市场、新领域等方面有更多作为，竞争优势和核心竞争能力不断增强。资本运营已经成为企业实现快速增长、发展壮大的重要手段和有利途径。

另外，纵观世界强国崛起历程，我们也同样感知资本市场在其中扮演的角色，以及发挥的无可比拟的关键作用。资本市场是大国竞争博弈的战略制高点。过去十多年，欧洲、日本以及很多发展中国家，都深刻印证资本市场在现代国家发展中的战略作用。当前，中国的资本市场正处于一个划时代的变革中，进入全面的改革和提升期，尤其是新三板和主板的注册制，将释放出巨大改革红利，一定会开启中国大资本时代。所以，作者一直认为《资本运营》这门课程，不仅是经管专业学生学习的核心课程，同时也是其他专业学生和广大社会人士了解与掌握资本知识的基础。

与众多市面上出版的《资本运营》教材相比，本书具有以下几方面的特点：

1. 体系完整，脉络清晰

本书以资本运营活动特征为主线，系统地介绍了资本运营的基本概念、基础理论，以及相关知识体系。全书共有五个单元，第一单元主要介绍资本运营的基本概念、基本理论；第二单元至第四单元分别介绍资本扩张、资本收缩、资本内部调整和风险控制四个方面的资本运营活动，按照其活动类型，为读者建立相关知识体系。全书的概念、理论与知识体系编排系统性强，脉络清晰，易于读者分门别类地学习与掌握纷繁复杂的资本运营知识。

2. 理论与实务相结合

既往的一些资本运营管理类教材，多数偏重于知识的理论性，较少考虑初次接触这门学科的大学生或广大社会人士在学习该课程中，对理论和实务知识融汇的需要。将最新的案例融入课程的理论讲述和学习讨论中，一直是本书作者的教学追求。本书融汇了作者对资本运营理论、实践和课程教学的思考。作者在总结多年来讲授资本运营课程教学资料和教学经验，以及广泛涉猎国内外有关资本运营文献资料的基础上，选取了国内外大量较新的、典型的、有定论的案例，通过案例的示范性和可操作性，使理论教学与实践的结合更加紧密，弥补学生在学习中难以开展实践的不足，更易于理解相关理论知识。

3. 注重突出实践性、生动性和互动性

资本运营是一门实践性比较强的课程，现实中的一些经典案例，对于理论学习与知识掌握具有引导和启发作用，同时也增强了学习者的学习兴趣。为此，作者在全书的编排上，力求将基本理论与实际案例相结合，在每章前设有"导入案例"，章节中设有"思考""举例"，章后设有"案例分析""案例鉴赏"等，将每一章中深奥的理论和重点内容融入案例中，以此调动学生的主动性和积极性，通过案例研讨，使学生既能透彻掌握资本运营的基本原理和基本理论，熟悉资本运营的基本技巧和基本方法，又能提高学生的兴趣和参与度，提高分析和解决实际问题的能力。

上述三个特点，使本书融知识性、实践性和思考性于一体，让学习者易于学习，并开拓出一个资本投资与运营的指示学习平台。

广州华南理工大学工商管理学院院长

朱桂龙

前　言

随着全球经济一体化的加深和中国经济国际化的推进，我国企业在分享经济一体化机遇的同时，也经受着经济一体化动荡带来的挑战。不少前期完成资本积累、产业运作较为成功的企业，在达到一定规模以后遇到了新的问题：资本短缺成了普遍性的问题，如何整合内外资源，实现低成本扩张？最终，资本运营是其必需的选择。资本运营虽能使企业以小博大，快速突破，获得超常规发展，但往往因企业原有的经验、知识结构缺少系统性、连贯性和专业性，因此浪费许多快速发展的机会。本书作者根据多年的理论教学与实践研究，系统介绍资本运营最新理论与实务知识，很好解决了企业资本运营过程中的困惑，为学生及企业管理者系统学习和研究资本运营知识提供了实用工具，具有较强的学术价值及实用性。

进入21世纪后，我国的资本运营逐步成熟起来，资本运营在促进企业优化资源配置、盘活存量资本、提高企业核心竞争力、完成我国产业结构调整和升级方面都发挥着越来越重要的作用。资本运营作为一门广泛吸收多学科知识的新兴管理学科，已经成为高校和企业关注的热点，急需总结经验，指导实践活动。

本书系统地介绍了资本运营的概述，资本筹措，兼并收购，恶意收购和反收购，买壳上市，战略联盟，境外上市，跨国并购，股份回购，资产剥离，公司分立、分拆上市，债务重组，资本投资，管理层收购，托管经营，资本运营的风险管理等相关内容。使得整体既具有较强的逻辑关系，又能够系统、简洁、清晰、易懂。在编写时特别注重突出"互动性"和"应用性"，将理论与实际案例相结合，尽量选取最新的、典型的案例。并在每章前设"案例导入"，章中设有"思考""举例"，章后有"案例分析""案例鉴赏"等，将每一章的重点内容溶于案例中，既能提高学生的兴趣和参与度，又能使学生透彻掌握理论的基本原理和基本方法，提高分析和解决实际问题的能力。

由于作者水平有限，书中难免有不足之处，恳请广大读者批评指正。

作　者

目　　录

第一单元　资本运营概论

第一章　资本运营概述 …………………………………………………… 3
第一节　资本 …………………………………………………………… 4
第二节　资本运营 ……………………………………………………… 10
第三节　资本运营的内容与模式 ……………………………………… 17
第四节　资本运营的主体和环境 ……………………………………… 22

第二章　资本筹措 ………………………………………………………… 30
第一节　资本筹措概述 ………………………………………………… 31
第二节　银行贷款 ……………………………………………………… 38
第三节　股权融资 ……………………………………………………… 44
第四节　债券融资 ……………………………………………………… 49
第五节　其他融资方式 ………………………………………………… 56

第二单元　资本的扩张

第三章　兼并收购 ………………………………………………………… 69
第一节　并购的概念和分类 …………………………………………… 70
第二节　并购的战略及相关决策 ……………………………………… 73
第三节　并购后的整合 ………………………………………………… 83

第四章　恶意收购及反收购 ……………………………………………… 91
第一节　恶意收购与反收购概述 ……………………………………… 92
第二节　反收购的策略 ………………………………………………… 94
第三节　国内外有关反并购的法律规范 ……………………………… 98

第五章　买壳上市 ………………………………………………………… 103
第一节　买壳上市概述 ………………………………………………… 104

| 第二节 | 买壳上市的运作 | 106 |

第六章　战略联盟 114

第一节	战略联盟概述	115
第二节	战略联盟的分类	118
第三节	战略联盟的运作与管理	119

第七章　境外上市 125

| 第一节 | 境外上市概述 | 126 |
| 第二节 | 境外上市的运作 | 127 |

第八章　跨国并购 138

第三单元　资产收缩

第九章　股份回购 153

| 第一节 | 股份回购的含义 | 154 |
| 第二节 | 股份回购的运作 | 158 |

第十章　资产剥离 164

| 第一节 | 资产剥离概述 | 165 |
| 第二节 | 资产剥离的分类与程序 | 169 |

第十一章　公司分立、分拆上市 173

| 第一节 | 公司分立 | 174 |
| 第二节 | 分拆上市 | 179 |

第四单元　资本内部调整

第十二章　债务重组 187

第一节	债务重组的含义	188
第二节	债务重组的动因	190
第三节	债务重组的方式	192
第四节	债务重组的程序	193

第十三章　资本投资 198

| 第一节 | 资本投资概述 | 199 |

第二节	实业投资	202
第三节	证券投资	211
第四节	期货与期权投资	216

第十四章 管理层收购   226

第一节	管理层收购概述	227
第二节	管理层收购的运作	229

第十五章 托管经营   236

第一节	托管经营概述	237
第二节	托管经营的运作	241

第十六章 资本运营的风险管理   249

第一节	资本运营风险概述	250
第二节	资本运营风险管理与对策	253

第一单元
资本运营概论

第一章　资本运营概述

【学习目标】
◆ 从不同的角度了解资本的含义、功能，认识资本的主要表现形式；
◆ 正确理解并掌握资本运营的含义、作用、具体内容及基本模式；
◆ 了解资本运营未来的发展趋势及特点、现存的问题及解决对策。

 导入案例

李嘉诚的超人之路

在中国的企业家中，很多人都有李嘉诚情结。他们崇拜李嘉诚，不是因为李嘉诚钱多，而是因为李嘉诚高明的投资眼光和高超的资本运作技巧。

李嘉诚，从一无所有到"塑胶花大王""地产大亨"，成为今天风光无限的世界华人首富；从未有过一年亏损，被世人奉为"超人"；一个只读完初中的人，一个茶楼卑微的跑堂者，一个五金厂普通的推销员，经过短短几年的奋斗，竟然成为中国香港商界的风云人物。他缔造的"商业神话"，已成为众多创业者的楷模，他的名字就是成功者的代名词。李嘉诚的成功主要在于敏锐的商业头脑和投资眼光、独到的财技和资本运营手段。他懂得审时度势，在最有利的情况下达成交易，并深谙经营之道；通过长期投资耐心等待可观回报，通过业务多元化来分散风险，凭借多维度的资金运作来保持稳健的财务状况。

在李嘉诚成为"超人"的道路上，不得不提的有两件大事——李嘉诚首先力助船王包玉刚控股英资九龙仓，之后自己蛇吞大象，借势入主和记黄浦。这两件大事，使李嘉诚的资产规模提升了一个档次，并最终奠定了其华人首富的基础。

九龙仓是英资大洋行，拥有深水码头、露天货场、货运仓库。但九龙仓股票却被低估，若合理开发，前景辉煌。李嘉诚看好这一点，包玉刚亦看好，加上大股东"怡和洋行"的反击，三家共演了轰动一时的九龙仓战役。李嘉诚抢先手买入约 2000 万股九龙仓，此事随后被财经媒体曝光，引发九龙仓股票急涨，破坏了李嘉诚继续吸纳的计划。同时，"怡和洋行"也强力反击，高价购入九龙仓股票。之后，传闻汇丰银行大班沈弼亲自出马斡旋，奉劝李嘉诚放弃收购九龙仓。李嘉诚审时度势，认为不宜同时树怡和、汇丰两个强敌，决定退出，而此时船王包玉刚表示有意收购。李嘉诚主动找上包玉刚，开门见山地表示，愿意将手上 1000 万股股票转让给包玉刚。两个同样精明的人一拍即合，秘密达成了这桩交易。包玉刚借此 1000 万股最终吞并了九龙仓。而李嘉诚在这桩

交易中更是获利丰厚,不仅这1000万股获利数千万港币,而且还通过包玉刚的关系,从汇丰银行那里承接和记黄埔的股票9000万股,为李嘉诚入主和记黄埔走出了关键的一步。

和记黄埔,是香港地区第二大英资洋行,由和记洋行和黄埔船坞组成。和记黄埔由于经营不力,大部分股份均抵押给汇丰银行。汇丰银行受政策限制,本身不能经营实业,因此想给和记黄埔找个有能力的经营者,而李嘉诚在处理九龙仓股票事件中,给汇丰银行大班沈弼留下了良好的印象。几经斡旋,李嘉诚与汇丰银行达成交易,以当时市价的一半,7.1元每股的价格,接手和记黄埔9000万股股票,约占20%股份。在这笔交易中,汇丰获利5.4亿港币,而且凭手上余股,一旦和记黄埔经营转好,又将带来大笔红利。而李嘉诚则是更大的赢家,7.1元每股的价格仅市价的一半,且只需要预付20%的订金即可,相当于只要付1亿多港币的现金,这给李嘉诚留下了充裕的周转时间。当时,和记黄埔资产价值六十多亿港币,而李嘉诚的长江实业资产仅7亿港币。在这起蛇吞象的经典案例中,李嘉诚展示了"超人"的"财"技。

长江实业收购和记黄埔消息一出,香港地区的传媒大为轰动。《信报》称是李嘉诚先生的一次重大胜利。值得一提的是,汇丰银行大班沈弼在决定此事时,完全没有给其他人有角逐的机会,而是一锤定音。李嘉诚"蛇吞大象",也受到不少英商、华商的质疑,是否有本事消化这头"大象"? 不过几年后,数据说明了一切问题。入主的1978年赢利2.31亿港币,4年后,这一数字达到了11.67亿港币,是入主时的五倍多。香港地区的传媒时评,"沈大班慧眼识珠,李超人深孚众望"。某先生看了李嘉诚收购和黄的文章,拍案叫绝,写下一副不算工整的对联:高人高手高招,超人超智超福。不久,各大小报章竞相采用。超人盛名,誉满香江。

【思考】什么是资本?什么是资本运营?它们能起到什么作用?

> 有人说:资产经营等于是在做加法,资本运营却在做乘法。如果加法和乘法一同做,企业自然会像滚雪球般做大做强。

第一节 资 本

资本运营是实现资本有效配置和提高资本运行效率的一种重要方式。这种方式在西方资本主义国家的实践活动已经存在了几百年,但是在西方经济学中却没有"资本运营"这一概念。资本运营是形成于中国的一个经济学新名词。20世纪90年代资本运营的概念在我国出现,流行至今已经20多年。伴随着市场经济的不断发展,越来越多的企业认识到资本运营的重要性,资本运营已经成为企业实现快速增长、发展壮大的重要手段和有利途径。作为一个新兴起不久的名词,很多人对于什么是真正的资本运营、怎样进行资本运营,实际上还比较茫然。资本运营,顾名思义,其研究的对象就是资本及其运营。认识资本运营，掌握资本运营，进行资本运营之前，我们首先要弄清资本的含义。

一、资本的含义

资本的概念由来已久，它是迄今人类现实生活中的客观存在，也是经济学中一个重要的经济范畴。通俗地讲，所谓资本，是指企业从事生产经营活动而垫付的本钱。

对于资本的含义，前人已经有过许多论述。在中国，资本一词最早见于元曲《萧德祥杀狗劝夫》——"从亡化了双亲，便思营运寻资本，怎得分文？"清平山堂话本《认错尸》："这在乔俊看来，有三五贯资本，专一在长安崇德收丝，往东京卖了。"显然，这一古老资本概念指的是"本钱"。在国外，"资本"一词来自拉丁文。它最早是在15世纪和16世纪由意大利人提出来的。当时正是资本主义的曙光时期，商业资本和高利贷资本最为活跃。国外古老"资本"的概念，是指可以凭借营利、主息的钱财。西方资本主义经济学和马克思主义经济学都对资本理论做过很多的论述。

（一）西方经济学家关于资本的论述

从生产的角度来看，古典经济理论认为生产有三要素：土地、劳动和资本。每一种生产要素有其自身的范围：土地是一种存量，劳动是一种流量，而资本则是以资本货存量形式存在的货币资本。

现代西方经济学家萨缪尔森在《经济学》中指出："资本是一种不同形式的生产要素。资本（capital）（或资本品）是一种生产出来的生产要素，一种本身就是经济的产出的耐用投入品。"

美国著名学者 D·格林沃尔德主编的《现代经济词典》对资本的解释是：资本是"用于生产其他商品，包括厂房和机器在内的所有商品的名称。它是生产的三要素之一，其他两要素是土地和劳动。从企业的角度来看，资本是一家公司的总财富或总资产，因而不仅包括资本货物（有形的资产），同时也包括商标、商誉和专利权等。作为会计学的术语，它代表从股东那里得到的全部货币，加上留归企业用的全部利润。"

简言之，从西方经济学的角度来看，资本主要是被理解为一种生产要素。资本概念一般是指生产资料。从上述观点还可以看出，西方经济学主要关注的是资本的自然属性。西方经济学家把劳动生产过程解释为一种投入与产出之间的技术关系，把人类的劳动活动与原料、工具等同地作为生产要素。因此，资本同劳动一起存在于每一个社会。

（二）马克思的观点

对于资本论述最充分的是马克思，马克思花费了四十余年写下的《资本论》，对资本的形式、内涵、特点、运行方式进行了充分的揭示。马克思不但从资本的自然属性对资本进行了充分的论述，而且也从资本的社会属性对其进行了详细的论述。

一方面，他把资本作为一种社会关系下定义，从而把资本当作用来剥削雇佣劳动者，榨取剩余价值的一种价值。马克思认为：资本是能够带来剩余价值的价值，它反映了资本家对工人的剥削关系。马克思对资本的定义深刻揭示出了资本的一般本质，资本是使价值增值的价值。在资本主义条件下，资本体现了资本家对工人的剥削关系。

另一方面，马克思也系统地揭示了资本的一般性质（资本的自然属性），他从资本的价值性、增值性、运动性、积累性等方面进行考察，并得出资本的一般结论：资本是一种价值物或有价物；资本的本能在于实现价值增值；资本的生命在于运动，离开运动，资本的生命亦将停止。

因此，资本具有双重属性，即自然属性和社会属性。资本的自然属性，即资本一般性，是指资本本身表现出来的实现价值增值的属性；资本的社会属性，即资本特殊性，是指资本的所有制形式问题。在社会主义生产关系中，资本由社会劳动者共同占有，资本仍然具有价值增值的特征，但资本所产生的价值增值，最终归全体劳动者共同所有。因此，在当今市场经济体系下，资本可定义为能带来价值增值的价值。资本成为推动国民经济和社会发展的原动力。

（三）在改革开放实践中对资本的重新认识

从新中国成立至改革开放前，人们普遍接受的是传统的政治经济学关于资本的观点，认为资本是资本主义社会特有的经济范畴，反映资本家对雇佣工人的剥削关系。因而在社会主义经济理论和实际工作中，"资本"一词被"资金"所代替，认为资本姓"资"而资金姓"社"，这种观点的误区在于没有区分资本的双重属性：自然属性和社会属性。

在我国改革开放过程中，许多实际问题都要求我们正确认识资本这一经济范畴。

1. 国有资产管理改革，要求走出资本姓"资"的误区

过去实行计划经济体制，对国有资产管理，只注意实物形态、使用价值管理，忽视价值管理，企业对国有资产可以使用，但不能出售，也不注重保值增值，因而使许多企业的国有资产闲置积压，效益低下。随着经济体制改革不断深化，有些人提出：国有资产是否可视为国有资本？企业的国有资产甚至某些国有企业能否出售？卖掉部分国有资产，出售某些国有企业，是不是国有资产流失？将国有资产或企业卖给私人，是不是搞私有化？通过讨论逐步认识到以下两点：

（1）资本和工资、利润等都是资本主义经济中长期使用的范畴，工资和利润在我国社会主义经济中一直被沿用，资本这一范畴为什么在社会主义经济中就不能沿用？现在来看，资本这一范畴与工资、利润等范畴具有相同的性质，它们既可包含资本主义生产关系，也可包含社会主义生产关系。资本除了它的社会属性（在不同的社会形态下资本反映着不同的生产关系），还有它的自然属性（具有价值增值功能），它也应当与工资、利润等范畴一样在社会主义经济中沿用，国有资产应作为国有资本运用和经营管理。

（2）认为国有资产（或企业）不能出售的观点，是一种自然经济实物占有观。它把实物视为财富的唯一形态，积聚财富只是实物的绝对占有和贮存，不讲周转和形态变化，因而在国有资产管理中，宁可让各种实物资产闲置，也不愿出售，由此造成的损失浪费是十分惊人的。现在，我国正在建立社会主义市场经济体制，要求人们树立价值观念和市场观念，对国有资产进行商品化和价值化管理，重视国有资产的价值管理，将国有资产视为创造商品带来利润的手段，即把国有资产作为国有资本加以运营，按资本的机制进行管理，其中心问题是要实现国有资本的保值增值。在这种情况下，企业按照市场价值出售一些不需要的国有资产或出售一些不宜国家拥有的国有企业，只要符合等价交换原则，公正合法，对国家来说，这只是资本形态的变化，由实物形态变为货币形态，国有资本总量并没

有发生变化,这里不存在国有资产流失,也没有什么私有化。如果把国有资产无偿分给私人,那才叫私有化。但"卖"与"分"是两种不同的概念。将出售国有资产(或企业)所得的货币资本向国家更需要、效率更高、收益更多的方面投资,乃是市场经济中一种合理的经济行为。

2. 引进外资,促进走出资本姓"资"的误区

20世纪70年代末,我国开始实行对外开放政策,大量引进外资,吸收外商直接投资,举办中外合资企业,我国企业在境外发行股票和上市,对外投资办企业。经济国际化要求我国在法律规章和会计制度等方面与国际接轨,其中一个重要问题是必须走出资本姓"资"、资金姓"社"这一误区。例如,在举办中外合资企业时,外商一般以外汇、设备、技术等各种形态的资本投入合资企业,我国的企业一般以厂房、设备等各种形态的资金(过去不能称为资本)投入合资企业。外方投入的资本与中方投入的资金合在一起,应当叫什么?这是遇到的一个实际问题。来自外方和来自中方的投资,只是具体来源不同,但这两部分投资投入企业后,在生产经营中的作用是相同的,都是作为企业生产经营的手段,能带来价值增值,因此合在一起可以统一称之为资本。基于这一认识,《中华人民共和国中外合资经营企业法》(1979年7月1日通过,1990年4月4日修订)及其实施条例(1983年9月)都明确规定,中方和外方对合资企业的投资,统称为资本。"合营企业的注册资本,是指为设立合营企业在登记管理机构登记的资本总额,应为合营各方认缴的出资额之和"。

根据《中华人民共和国中外合资经营企业法》的规定,1985年我国财政部发布的《中外合资经营企业会计制度》规定设立"实收资本",核算企业根据合营合同的规定从合营各方实际收到的资本总额。1992年以来财政部发布的《股份制试点企业会计制度》《外商投资企业会计制度》《企业财务通则》《企业会计准则》和《企业会计制度》等,建立了资本金制度,规定了"实收资本""资本公积"等科目。上述法律和制度正确地解决了实践中提出的问题,为资本范畴在实践中的具体运用提供了法规依据。

3. 实行社会主义市场经济,彻底走出资本姓"资"的误区

1993年,我国开始建立社会主义市场经济体制,提出要建立和大力发展资本市场及其他要素市场。在我国社会主义经济中,资本可以分为国有资本、集体资本、非公有资本和从国外引进的外国资本等不同类别。随着我国市场经济的不断发展,人们更加深刻地认识到在社会主义市场经济中资本这一范畴的必然性和重要性。

二、资本的功能

资本具有以下四方面的功能。

(1) 联结生产要素,形成现实的生产力,推动价值的增值和积累。在市场经济条件下,生产资料、劳动力及各类生产要素处于某种分离状态,它们只有通过资本购买,才能转化为现实的生产力。

(2) 联结流通要素,促进商品流通和货币流通,实现剩余价值和分配价值。从价值上看,流通要素就是流通资本的存在形式,只有流通资本的投入才能实现流通要素的结合。

流通资本的根本职能在于通过促进商品流通和货币流通，完成剩余价值的实现和分配。

（3）资源配置的职能。资本为了追求高利润率的投资场所，就会不断从利润率低的部门转出，再转入利润率高的部门，这必然带动资源从利润率低的部门转到利润率高的部门，从而优化资源的配置。

（4）激励和约束的职能。为了追求超额利润，各企业必然努力改进技术，改善管理，降低个别成本，这是资本追求超额利润的激励功能。资本要取得较高的利润率，就要尽可能减少预付资本的投入和固定资本的占用，尽可能发挥现有资本的作用；就要尽可能节约不变资本的支出，消除原材料方面的浪费和闲置现象；就要尽量减少工资、奖金的支出。这些方面，客观上形成了对企业行为的有效约束。

三、资本的特征

资本的基本特征主要有以下六点。

（1）资本的增值性。追求价值增值是资本的直接目的，也是资本最根本的特征。资本不同于货币的根本特征，在于它在运动中要带来剩余价值。如果资本不能在运动中带来剩余价值，也就不称其为资本了。

（2）资本的竞争性。资本的增值本性决定了资本与资本之间必然要展开竞争。而竞争一旦形成，又会对资本的存在和运动产生一种外在的强制力，因此，竞争性既是资本内在属性的要求，又是对外在压力做出的反应。资本在部门之间的竞争表现为生产不同种类产品的生产者之间的竞争。竞争的目的是追求能取得高利润率的投资场所，竞争的手段是资本从利润率低的部门向利润率高的部门转移。竞争的结果是平均利润率和生产价格的形成，实现了等量资本要求等量利润的平等权利。

（3）资本的运动性。资本增值是在运动中实现的，运动性是资本的重要特征。资本的运动性表现在资本循环和周转的无限性，以及资本向外转移的开放性两个方面：资本对于价值增值的无尽追求决定了资本不断地、周而复始地进行循环。资本运动包括实物形式的运动（物质替换）和价值形式的运动（价值补偿）。资本运动具有跨行业、跨地区、跨国界的全面开放性，不断地促进资本增量和存量调整，促进资源结构化、合理化的优化配置。

（4）资本的独立性和主体性。资本的存在形式和运动形式具有独立性的特点。微观资本要求有明确的利益和产权界区，要求独立地进行投资，表现为独立的利益主体，资本成为经济运动的一般主体或真正主体。

（5）资本的开放性。在市场经济条件下，企业资本既可以自由地输入，也可以自由地输出。从企业资本的形成看，既有国内资本，也有国外资本；既有国有资本，也有法人资本和个人资本。从企业资本的输出看，它既可以从一种资本形态转向另一种资本形态，提高资本利润率，也可以向其他企业投资，如参股、入股等，以此来分散风险，发展壮大自己；既可以通过兼并、收购等途径扩大企业规模，也可以通过出售自己的部分产权来盘活存量资产，调整产品结构。资本这种开放性的特征，有利于资本的迅速积聚与集中，有利于资本规模的扩大与发展。

（6）资本的风险性。资本在价值增值的过程中，常常伴随着各种各样的风险。资本流动是在外部市场环境中完成的,而外部环境具有复杂性和变动性,如宏观政策的变动、经济运行的波动、技术进步的不确定性等,再加上资本主体对外部环境认知的有限性,常常使资本增值的未来收益率与期望值存在偏差,即风险。

四、资本的形式

在现代市场经济学条件下,资本主要表现为以下几种形式:

1. 货币资本

货币资本是最常见的资本形态。通常,资本表现为预先支付的一笔货币,因此也可以称货币资本,是资本最一般的形态。货币资本通常包括现金、持有的银行活期与定期存款等,也包括企业持有的银行汇票存款、银行本票存款、信用保证金存款等。

2. 实物资本

实物资本也可称为物质资本,通常指的是以实物形态表现出来的资本。在生产经营过程中,实物资本通常表现为两类:固定资产和存货。固定资产主要是指耐久性生产资料,即所有不在单一生产阶段中完全被消耗的生产过程投入品,包括房屋、厂房、机器设备、运输工具等。存货则通常包括企业持有的制成品、在制品、原材料和物料等。

3. 无形资本

无形资本是指能为企业实现盈利目的,没有实物形态,并通过经济活动,借助有形资产增值的各种信息、知识及资源等。无形资本可以分为以下几类:知识资本、环境资本、市场资本、关系资本及信息资本。具体主要包括商标、专利权、发明权、专有技术、特许权、土地使用权、矿山开采权、某些资源的租赁权、企业文化、企业品牌、企业环境资源、客户关系等。

4. 知识资本

在会计学领域,知识资本往往与无形资产等同,就像是无形资产的代名词,而我们认为知识资本是无形资本,但并不能说企业所有的无形资本都是知识资本。托马斯·斯图尔特认为,知识资本是企业、组织和国家所拥有的最有价值的资产,知识资本的价值体现在人力资本、结构资本和顾客资本三者之中。知识资本包含了企业实物资源以外的、所有由知识构成的资源所对应的权益,主要包括知识产权、企业文化、企业信念(愿景和战略)、企业制度、品牌等。

5. 人力资本

所谓人力资本,指的是劳动者投入到企业中的知识、创新概念和管理方法等的一种资源总称。西奥多·舒尔茨认为,人力资本是指体现在人身上的各种知识和能力,可以用来获得未来收益,其范围包括天生具有的才能和后天培养的能力,还包括运用和继续传授这些知识的能力、运用知识的时间和身体状况。也就是说人力资本包含了生产能力、科研创新能力和资源配置能力。

五、企业资本的构成

资本运营的主体是企业,因此,本书重点关注企业的资本。从现代企业制度安排角度来看,企业资本的构成大体可以分为以下三个层次:

1. 资本的核心层

企业资本的核心层由企业的资本金构成,即投资者投入企业的资本,也就是企业在工商行政管理部门登记的注册资本。

2. 资本的中间层

资本的中间层即企业所有者(股东)权益,不仅包括资本金(实收资本),还包括资本公积、盈余公积和未分配利润等。

3. 资本的外围层

资本的外围层不仅包括企业所有者权益,还包括借入资本。借入资本主要是从企业外部取得的各种借款,既包括银行借款和发行债券借款,也包括补偿贸易方式和融资租赁方式获得固定资本而形成的长期应付款。

资本的构成如图 1-1 所示。

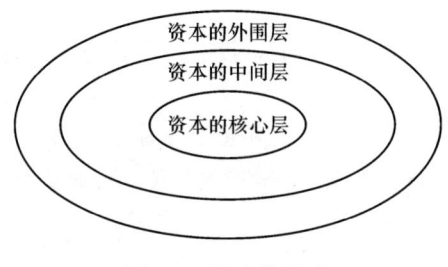

图 1-1 资本的构成

> 小提示:我们已经了解了资本,那么资本运营又是怎么回事呢?

第二节 资本运营

一、资本运营的含义

所谓资本运营,就是通过投融资、资产重组和产权交易等手段,对资本实行优化配置和有效使用,以实现资本盈利最大化的经营活动。资本运营是市场经济条件下社会资源配置的重要方式之一,与资本相伴随,存在于社会经济生活的各个领域之中。换句话说,资本运营就是要在资本安全的前提下,通过对资本的运作,实现资本的最大收益。

关于资本运营的含义，我们可以从狭义和广义两个角度来理解。狭义的资本运营是指以价值化、证券化资本或者可以按价值化、证券化操作的物化资产为基础，通过兼并、收购、资产重组、战略联盟等途径，实现资本最大限度增值的运营管理方式。狭义的资本运营是从企业的层面来探讨资本运营，与企业的生产经营相对，主要是指企业的外部交易型战略的运用，其核心战略是兼并与收购。广义的资本运营可以理解为以利润最大化和资本增值为目标，以价值管理为核心，通过对资本结构的动态调整和生产要素的优化重组，实现对企业资产有效运营的一种经营方式。

二、资本运营的目的

资本运营的总体目标是实现资本的价值增值。由于资本运动的循环往复性，对资本的增值要求，既要考虑短期的目标，同时又要考虑增值的长期目标，从而达到所要实现的总体目标。短期目标可以用利润最大化目标和股东权益最大化目标来衡量，长期目标可以用企业价值最大化目标来衡量。

（一）利润最大化目标

这里的利润是财务会计范畴的概念，根据会计核算规则，利润等于收入减去成本的差额。企业将资本投入生产经营后，一方面支付各种成本；另一方面带来各种收益。将所得收益与支付的成本相比，如果收益大于成本，企业实现利润；反之，如果收益小于成本，则出现亏损。为实现利润最大化，大体上有两条基本的思路：一是尽可能地降低成本，在收益不变的情况下，成本越低，则越可能实现利润最大化；二是在成本不变的条件下，尽可能实现收益最大。利润的数据容易得到，且被大众普遍接受和理解，因此，用利润最大化作为短期目标是合适的。

（二）所有者权益或股东价值最大化

股东权益，也称所有者权益，是指投资者对企业净资产的所有权，包括实收资本、资本公积金、盈余公积金和未分配利润。企业实现的利润越多，从税后利润中提取的盈余公积金就越多，盈余公积金既可用于弥补企业的亏损，又可以用于转增资本，使投入企业的资本增多。如果企业期末股东权益总额减去期初总额，所得就是本期股东权益的增加额，若为正值，则企业的自有资本增值。

从这方面讲，所有者权益最大化和利润最大化存在一致性。但是利润最大化也可以通过损害所有者权益最大化来实现。

（三）企业价值最大化

在市场经济条件下，企业作为整体被并购是常有的事。许多希望扩张生产能力的企业会发现，通过收购其他企业来获得额外生产能力的成本比自己从头做起的成本要低得多，因而需要对整个企业的价值进行评估。决定企业价值的基础是企业的获利能力，通常计算企业价值的方法是现金流折现法，即假定企业连续经营，将企业未来经营期间每年的预期收益，用适当的折现率折现、累加得到企业价值。如果企业价值大于企业全部资产的账面价值，则意味着企业价值增值；反之，如果企业价值小于企业全部资产的账面价值，则意味着企业价值贬值。

需要指出的是，在企业的长期经营过程中，不但要注重利润最大化和股东权益最大化，而且也要注重企业价值最大化。利润最大化、所有者权益最大化和企业价值最大化三者不是对立的，而是一致的。只有实现利润最大化，才能实现所有者权益最大化，进而才能实现企业价值最大化。

比较起来，企业价值最大化更具有全面性，因为企业价值是根据企业未来各期的预期收益和考虑了风险报酬率的折现率（资本成本）来计算的，既考虑了货币的时间价值，又考虑了投资的风险价值。利润最大化和所有者权益最大化两种目标比较易于衡量，而企业价值最大化目标的衡量则比较复杂。

三、资本运营的作用

1. 扩张企业规模

资本运营要求最大限度地支配和使用资本，以较少的资本调动支配更多的社会资本，企业不仅运用内部资源，通过企业内部资源的优化组合达到资本增值的目的，还运用兼并、收购、参股、控股等方式，实行资本的扩张，将企业内部资源与外部资源结合起来进行优化配置，促使资本集中和生产规模扩张，形成规模经济，获取规模经济收益，发展壮大企业实力。

2. 推动企业产品结构的调整

在不断变化的经济发展过程中，产业结构不断由低级向高级、由简单向复杂方向演进，企业在不断变化的经济环境中，面临着巨大的市场风险。为适应经济发展的内在需求，企业必须以市场为导向，不断调整自身的产业结构，以求在千变万化的市场竞争中获取生存权和发展权，增加市场控制力和影响力。资本运营可以使企业借助市场高效率地调整自身生产经营方向，优化产品结构。

3. 优化企业资本结构

一般而言，企业的资本结构是由长期债务资本和权益资本共同组成的。企业资本结构的优化取决于长期债务资本和权益资本的比例是否合理。当企业的资本结构过于偏向借入资本，企业资本结构就呈现"劣化"趋势，造成企业负债过重，自有资本严重不足。资本运营则有助于推动企业资本结构由"劣化"向"优化"方向转变。股份制作为资本运营的一种有效方式，作为资本的一种象征与资本的物质载体，将一般的货币持有者变为资本的所有者，将小额的、分散的、闲散的社会资本转化为巨额的、集中的生产资本，将借入资本转化为永久性资本，可以促使企业长期债务资本和权益资本的比例趋于合理，同时也分散投资的风险。

4. 可以帮助企业突破行业进入壁垒，实现多元化发展

当企业重新定位核心业务或需要多元化经营时，收购现成的企业要比单独从头干起好得多，因为可以降低进入新行业和新市场的障碍，更加顺利地达到多元化的战略目标。国际国内此种案例举不胜举，如20世纪30年代，汉高公司因收购了两家刚刚开始生产合成洗涤剂的厂家，对汉高发展成为德国最大的洗涤剂和清洁剂生产商奠定了基础；再如我国成立于1938年的华润集团以商贸为主，其后通过大量收购，已先后进入地产、啤酒及食品加工、电力及燃料、水泥、基础设施、保险、微电子、通信等行业领域。

5. 有利于优化资源配置，调整经济结构

经济结构不合理是制约我国经济增长的主要矛盾。尽管我们一直强调经济结构的调整，但是调整的力度是有限的。其中最重要的原因是：在以往的经济结构调整中没有真正按照市场化的手段去调整。在调整的过程中又存在着各种障碍，如产权不清晰的障碍、固守单一所有制障碍、资金障碍、技术障碍、利益调整障碍和地方保护主义障碍等，而其中最为重要的障碍就是资本流动的障碍。资本流动的障碍包括存量资本的凝固化和产权不能流动、优势企业不能兼并、劣势企业不能破产重组；增量资本的筹集单一和不开放，等等。实行资本运营，有可能为经济结构、资本结构的调整找到一条新的出路。通过资本市场的运营，如兼并、收购、置换、重组等，使生产要素在流动中向优势企业和优势产业集中，一些集团公司由于掌握了雄厚的资本，就有可能容易投资到一些新兴领域，同时保持原有优势，进而有利于整个国家产业结构的重新调整，实现产业结构的合理分布。

> ♀思考：在开篇"李嘉诚的超人之路"案例中，资本运营起到了哪些作用？

四、资本运营的特点

资本运营是一个过程，它存在于资本的组织、投入、运营、产出和分配的各个环节。深刻认识资本运营的重要特征，对于研究和掌握资本运营的规律意义重大。

1. 资本运营注重价值管理

实物形态的资本不易分割、不易流动，而价值形态的资本却能克服这些弱点。资本运营的对象是价值化、证券化了的物化资本，或者是可以按价值化、证券化操作的物化资本。它要求全面评估企业所有投入要素的价值，充分挖掘各种要素的潜能，以最少的资源和要素投入获取最大的收益，即不仅要考虑有形资本的投入产出问题，而且注重专利、技术、商标、商誉、人力等无形资本的投入产出问题。它不仅重视生产经营过程中的生产资料的消耗、产品生产，还关注企业的价值变动、价值平衡和价值增值。

2. 资本运营注重资本流动性

资本只有在流动中才能实现增值。资本运营就是通过并购、重组等形式盘活闲置、效率低下的资本存量，使资本不断地从效率低、效益差的地方流动到效率高、效益好的地方。通过资本流动获取更多的增值机会，最大限度地实现资本增值。因此，追求资本的流动性是资本运营实现其增值的前提条件。需要注意的是，资本运营中的资本循环流动与生产经营中的资本循环流动不尽相同，资本运营中的资本可以表现为生产资本，也可以表现为货币资本、虚拟资本等。

3. 资本运营更是风险运营

在现代市场经济条件下，企业生存的环境变幻莫测，资本运营的赢利性总是和风险性相伴而行的。在资本运营过程中不但有经济风险、经营风险、财务风险、技术风险、管理风险和行业风险，而且还有政策风险、体制风险、社会文化风险等。随着环境的不断变化，这些风险也会随之变化。资本运营风险还存在传递性和波及效应，因此也更具有破坏性。在资本运营过程中，为保障投入资本的安全，不仅要靠产品组合，还要进行有效的"资本组合"，靠多个产业和多元化经营来降低或分散经营风险。

4. 资本运营是一种开放式经营

资本运营要求最大限度地支配和使用资本，因此要求经营者面对更为广阔的空间，突破地域概念、打破传统的级别管辖、跨越行业壁垒，实行多元化运营战略，而且可以在不同所有制之间通过产权交易实现流动，表现出比生产经营更大的开放性。

5. 资本运营重视资本的支配和使用而非占有

企业可以"借鸡下蛋、借船出海"，通过兼并、控股等多种形式获得对更大资本的支配权，通过战略联盟等形式与其他企业合作开拓市场，换取技术，降低风险，从而增强自身竞争实力，获得更大收益。

五、资本运营的原则

企业资本运营并没有统一的固定模式，但基本的运营原则需要遵循。掌握资本运营原则是资本运营活动取得预期目标，实现资本增值的基本保证。资本运营的基本原则有以下六个方面。

1. 资本系统整合原则

资本系统是指加入企业的每个资本要素、每个运转环节构成了一个完整的资本运行系统。资本运营的思想应贯穿于该系统的每一部分，使其整体功能得到最优发挥。资本系统的整合原则要求在资本运营过程中要以资本的最大增值为目标，以投资回报率为指标，实现资本系统整体的最大增值。

2. 资本结构最优原则

资本系统中的各资本要素是以一定的结构存在的，包括资本在流通环节上的纵向结构——货币资本、生产资本及商品资本结构等，以及在不同经营方向上的横向结构——资本的产业结构、产品结构、风险结构、技术结构、空间结构和时间结构等。只有优化资本结构，调整各资本要素使其发挥最大作用，从而保证资本增值最大目标的实现。一旦有另一种结构更适合企业的发展，资本可以进行调整，从赢利低的部门退出，畅通地进入赢利性更高的领域，使企业运营的机会成本达到最小。

3. 资本规模最优原则

企业的资本运营规模不是越大越好，应考虑按照成本和效益相结合的原则，保持适当的规模，才能既获得规模效益又不会因管理层次的增加而导致信息成本、监督费用的增加，给企业带来成本负担与风险。一个企业在资本运营过程中，只有不断扩大自身的资本积累，在考虑自己偿债能力和资本效益的前提下，才能通过企业购并，借助他人资本来提高经营能力，而不能盲目收购和兼并其他企业，更不能为求规模而不切实际地收购兼并那些与自己核心业务关联度较低或不相关的企业。正确地处理主营业务发展与多元化经营的关系，围绕主营业务进行资本运营，注重内部产业的关联，那么购并的资产能为企业带来跨越式发展的机遇。反之，不但无法从聚集的资本中得到发展的动力，反而可能使本来充满活力的企业走向衰退，甚至破产。

4. 资本周转时间最短原则

资本是在不断地流动中实现增值的，在资本确定的条件下，资本的周转速度越快，资本周转周期就越短，资本增值的机会也就越大，资本增值就会越快。资本运营应尽可能缩短资本周转的周期，提高流动速度，从而提高投资回报率。因此，公司在实施资本运营的过程中，更应该注意不仅仅使资本处在不停地流动转换之中，还应设法加大资本流动的速度，以获取更大的赢利。如日本丰田公司的及时性、网络化、分支化的经营战略，促使资本增值最大化。又如美国花花公子加速产销循环，在中国香港、中国澳门和内地设立了120多个专营商店及柜台，在沿海投资兴建了多个独资、合资企业，与中国市场更近，资本周转更快，收益更丰。

5. 资本经营的开放原则

资本运营是开放性的，不应只着眼于企业自有的各种资本，还要充分利用客观资源配置的一切机制和条件，如融资手段、信用手段，扩大可用资本的份额，使企业内部资源与外部资源结合起来进行优化配置，调动非企业所有的各种社会资本加入企业的经营系统中，以最小的总预付资本推动最大的经营规模。

6. 资本风险结构最优原则

一方面，投资的风险与收益成正比，即风险大，收益也大，风险小，收益也小，高收益往往要冒较大的风险；另一方面，只有获利能力强的企业才能真正有实力维护资本运营的安全，获利能力低下的企业在激烈的市场竞争中，往往无法避免风险。因此，企业进行投资时必须同时考虑收益和风险两个因素，在风险大小及收益大小之间应合理搭配，适时捕捉有风险的机遇，保持总资本结构能增值保值。要进行投资风险组合，即投资要在不同产业、不同产品、不同风险的项目间进行组合，既保证资本的安全性，又保证资本的增值性。另外，资本运营同时还面临利率、汇率波动的风险和通货膨胀的风险，如金融资本特别是货币资本，会随通货膨胀的升高而贬值，因此要通过套利保值来回避风险。

六、资本运营与生产经营的区别与联系

随着股份公司和证券市场的迅速发展，所有权和运营权出现分离，企业的资本运营也分离为所有者对资本的运作和运营者对资本的运作两个层次，具体由公司的章程所规定的职责范围和程序来行使。由于证券市场的进一步发展和产权市场的形成，资本运营的内容和形式不断拓展，产权交易的扩大又推动了生产运营的迅猛发展。20 世纪 30 年代以来，西方国家的企业普遍将资本运营的原则和方法运用于生产运营管理之中，将资本运营与生产运营在更高的层次上结合起来。所有者侧重于资本运营，运营者按照资本运营的要求侧重于生产运营，保证资本保值、增值，提高资本效率和效益。

1. 资本运营与生产经营的区别

（1）从经营对象来看，资本运营的对象是企业的资本及其运动，侧重的是企业经营过程中的价值方面，追求的是资本增值；生产经营的对象则是产品及其生产销售过程，运营的基础是厂房、机器设备、产品设计、工艺、专利等。侧重的是企业经营过程的使用价值方面，追求产品数量、品种的增多和质量的提高。其目的主要是提供有竞争力的产品和服务。

（2）从经营领域来看，资本运营主要是在资本市场上进行运作和经营；而生产经营则主要是在生产资料市场、劳动力市场、技术市场、商品市场等市场上进行运作和经营。

（3）从经营方式来看，资本运营主要是通过资本的筹措与投资、兼并重组等方式，提高资本运营效率，实现价值增值；而生产经营主要是通过技术研发、产品创新、质量与成本控制、市场营销等，提升产品竞争力和市场占有率，从而实现利润最大化。

（4）从企业的发展战略来看，资本运营不但注重企业内部的资本积累，还注重通过资本的外部兼并重组等实现扩张或收缩的战略；而生产经营则主要通过销售更多的产品，创造更多的利润，实现企业自身的积累。

（5）从经营风险来看，资本运营基于组合投资、风险分散原则，常常将资本多样化；而生产经营则往往依靠一个或几个主导产品经营，通过产品开发和更新换代从而提升产品竞争力来规避风险。

表1-1清晰地表达出了资本运营与生产经营的区别。

表1-1 资本运营与生产经营的区别

内容	资本运营	生产经营
经营对象	资本	产品
经营领域	资本市场	商品市场、劳动力市场、技术市场等
经营方式	资本的筹措与投资、兼并重组等	技术研发、产品创新、质量与成本控制、市场营销等
发展战略	内部积累和外部扩张	内部积累
经营风险	多元化经营，风险分散	单一式经营，风险集中

2. 资本运营与生产经营的联系

（1）目的一致。企业进行资本运营的目的是追求资本的保值增值，而企业进行生产经营，即根据市场需要生产和销售商品，目的在于赚取利润，以实现资本增值，因此生产经营实际上是以生产、运营商品为手段，以资本增值为目的的运营活动。

（2）相互依存。企业是一个运用资本进行生产运营的单位，任何企业的生产运营都是以资本为前提条件的，如果没有资本，生产运营就无法进行，如果不进行生产运营活动，资本增值的目的就无法实现。因此，资本运营要为发展生产运营服务，并以生产运营为基础。

（3）相互渗透。企业进行生产运营的过程，就是资本循环周转的过程，如果企业生产运营过程供产销各环节脱节，资本循环周转就会中断；如果企业的设备闲置，材料和产品存量过多，商品销售不畅，资本就会发生积压，必然使资本效率和效益下降，因此资本运营与生产运营密不可分。

在市场经济条件下，企业家既要精通生产经营，又要掌握资本运营，并把两者密切结合起来。生产经营是基础，资本运营要为发展生产经营服务。通过资本运营，更好地发展生产经营；只有生产经营搞好了，资本运营的目标才能实现。忽视任何一方面，或者以为资本运营是高级的运营形式，盲目地从生产经营转向资本运营，都是错误的。

第三节　资本运营的内容与模式

一、资本运营的内容

资本运营是指对资本进行有效运作和经营，对资本的运动过程进行运筹和谋划。其内容可分为以下几个方面，就是资本的筹集与投入，资本的生产与增值、资本的循环与周转，资本结构的重新组合。

1. 资本筹集

企业进行生产经营和资本运营的前提条件是要有足够数量的资本，因此，资本筹集是资本运营的首要环节。所谓资本筹集是指企业为了满足各项经营的需要，筹措和集中所需资本的过程。企业创建时，首先必须筹集资本金；企业为了扩大生产经营规模，增添新设备，开发新产品，进行技术改造，兼并收购其他企业等，都要筹集资本，用于追加投资；企业经营不善，造成资本积压，周转不灵或销售亏损也须筹集资本，以补充资本的不足。

企业在筹资时，首先要正确进行筹资决策。一方面要准确确定企业经营对资本的需要量，资本过少不利于经营的顺利进行，过多会造成资本的闲置、浪费；另一方面要正确选择筹资来源渠道、筹资方式和筹资时机，测算筹资成本，衡量筹资风险。筹资的目标是在防范筹资风险的前提下，从多种来源渠道，以尽可能低的资本成本，用较灵活简便的方式，及时、适量地获得企业经营所需的资本，并保持资本结构的合理性。

在这一阶段，资本经营的内容是货币资本，经营的方式是以自有资本为基础，通过吸收直接投资发行股票，发行债券，银行借款，租赁补偿贸易和企业内部积累等方式来筹集资金，选择合理的投资方向，以最小的成本和风险获得最大的收益。

我国企业的筹资来源渠道，主要有国家财政资金、银行信贷资金、非银行金融机构资金、其他企业单位资金、民间资金和企业自留资金等。企业一般是在国内筹资，根据需要和可能也可以到境外筹集外资。企业可以采用吸收直接投资、发行股票、发行债券、银行借款、租赁、补偿贸易和企业内部积累等方式筹集所需要的资本。

2. 资本投资

投资就是资本形成，资本运营的内容是将融资获得的资本投入使用，从事生产经营和资本运营活动，以达到经营目的并获取资本价值最大限度的增值。企业投资的目的是扩大生产、实现财务盈利和降低风险，可以通过实业投资、金融投资和产权投资来实现。实业投资是主要以实业（工业、农业、商业等）为对象的投资，通过创建和经营企业，从事生产、流通等经营活动。金融投资则主要是指从事购买股票、债券和基金等金融产品的投资活动。产权投资则是以产权为对象的投资活动，主要包括兼并与收购、重组、剥离与分立、破产与清算以及风险投资等活动。

3. 资本运动与增值

在资本的运动与增值阶段，是指将筹集的资本投入使用，开始资本的运动过程，并在运动过程中实现价值增值。资本的运动大体可以分成三类。（1）实业资本的资本运动与价值增值。资本依次通过货币资本、生产资本和商品资本的循环，最后实现资本的价值增值。（2）金融资本的资本运动与价值增值。当企业通过投资于股票、债券、外汇等金融（货币）商品实现资本的价值增值。（3）产权资本的资本运动与价值增值。产权资本活动有并购重组、剥离与分立等多种形式，其运动过程也存在着中断和继起。

4. 资本运营增值的分配

资本是有社会属性的，资本归谁所有，其价值增值部分将由其所有者进行分配。企业通过资本运营实现的利润，在支付利息给贷款者、缴纳所得税、提取盈余公积金后即为净利润，归企业股东所有，并由其分配。企业可以将盈余公积金转增资本金，扩大资本运营的规模。股份有限公司的分红可以采取现金形式，也可以采取股票形式。

上述基本内容并未提及国内外的区分。如果资本运营活动跨越国界，就变成了国际资本运营。国际资本运营主要包括通过国际资本市场进行融资、向境外进行投资、外汇管理、国际资本的保值增值等。

总的来说，资本运营虽然涉及的内容广泛，但总体包括两个主要方面：一是通过市场对不同形态的资本进行买卖活动；二是通过对资本使用价值的运用，实现资本增值的最大化。

二、资本运营的基本模式

企业的战略选择可以有三条路径，一是扩张战略，二是收缩战略，三是内部调整。其中扩张战略又分为内部积累和外部扩张战略。企业的内部积累主要是指企业依赖自身盈利的再投入，以及在此基础上通过企业内部其他因素条件的改善，如改进管理方法、开发新产品等，从而实现的企业扩张。内部积累主要从属于生产经营。外部扩张战略则主要是指通过并购、战略联盟等形式实现企业的快速扩张。其中，外部扩张的模式又分为横向型资本扩张、纵向型资本扩张和混合型资本扩张。企业有时候为了提高运行效率，也会采取收缩性战略，即主要通过剥离、分立、股份回购等形式缩小企业规模。企业在运行过程中，也会出现结构需要优化的时候，这就需要进行内部调整，通常采取资产重组、债务重组等来优化企业资产结构、债务结构等。企业的发展战略如图1-2所示。

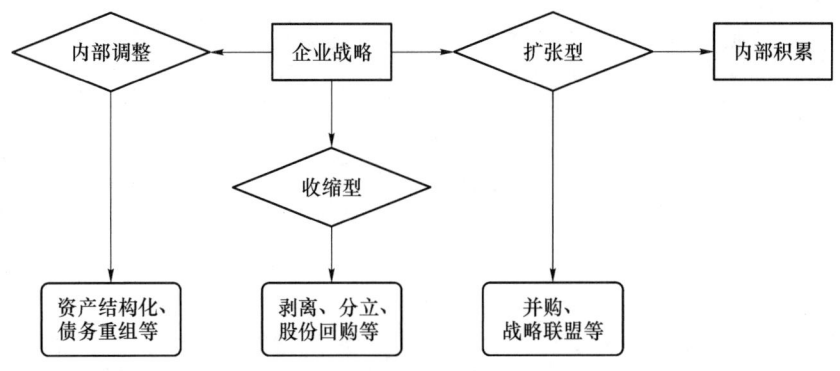

图 1-2 企业发展战略

(一) 扩张型资本运营模式

资本外部扩张是指在现有的生产经营规模和资本结构下,企业通过内部积累、资本市场融资、追加投资和购并外部资源等方式,实现资本规模和生产规模的扩张。主营业务突出、赢利能力强、资产负债状况优、信誉状况良、能找到新的发展项目的企业,适宜采用扩张型资本运营模式。根据企业产品的发展方向和产权流动的轨道,资本扩张有三种类型可供选择。

1. 横向型资本扩张

横向型资本扩张是指交易双方属于同一产业或部门,产品相同或相似,为了提高现有产品的市场占有率,实现规模经营,并购同一产业的企业产权或企业资产,进而实现资本扩张。横向型资本扩张不仅减少了竞争者的数量,增强了企业的市场支配能力,而且改善了行业的结构,解决了市场有限性与行业整体生产能力不断扩大的矛盾。

青岛啤酒集团的扩张就是横向型资本扩张的典型例子。近年来,青啤集团公司抓住国内啤酒行业竞争加剧,一批地方啤酒生产企业效益下滑,地方政府积极帮助企业寻找"大树"求生的有利时机,按照集团公司总体战略和规划布局,以开发潜在和区域市场为目标,实施了以兼并收购为主要方式的低成本扩张。几年来,青啤集团依靠自身的品牌资本优势,先后斥资 6.6 亿元,收购资产 12.3 亿元,兼并收购了省内外 14 家啤酒企业。不仅扩大了市场规模,提高了市场占有率,壮大了青啤的实力,而且带动了一批国企脱困。2003 年,青啤产销量达 260 万吨,跻身世界啤酒十强,利税总额也上升到全国行业首位,初步实现了做"大"做"强"的目标。

2. 纵向型资本扩张

纵向型资本扩张是指企业采用资本运营的手段,并购与本企业产品有上下游关系的企业产权或企业资产,或直接投资与本企业产品有上下游关系的产品生产,从而实现资本扩张。纵向型资本扩张不仅能使企业将供应端和销售端的产品纳入控制范围,提高企业对市场的控制力,而且能有效地促进相关行业的健康、协调发展。

格林柯尔集团是全球第三大无氟制冷剂供应商，处于制冷行业的上游；收购下游的冰箱企业，既有利于发挥其制冷技术优势，同时也能直接面对更广大的消费群体。从2002年开始，格林柯尔集团先后收购了包括广东科龙电器股份有限公司、合肥美菱日用电器有限公司等五家企业及其生产线。通过这一系列的并购活动，格林柯尔集团已拥有900万台的冰箱生产能力，居世界第二位、亚洲第一位，具备了打造国际制冷家电航母的基础。格林柯尔集团纵向产业链的构筑，大大提高了其自身的竞争能力和抗风险能力。

3. 混合型资本扩张

混合型资本扩张是指兼有横向型与纵向型资本的扩张模式，或直接投资，或并购与本企业产品不同或没有上下游关系的企业产权或企业资产，从而实现资本扩张。混合型资本扩张适应于现代企业多角化经营战略的要求，是跨越技术经济联系密切的部门之间的交易。它的优点在于分散风险，提高企业的经营环境适应能力。

实施多元化经营战略的现代企业集团，适宜采用混合型资本扩张模式。例如，美的集团一直是我国白色家电业的巨头，2003年的销售额达175亿元。在20年的发展历程中，美的集团从来没有偏离过家电这一主线：专业化的路线使美的风扇做到了全国最大，使空调、压缩机、电饭锅等产品做到了全国前三名，巨大的规模造就了明显的规模优势。然而，随着家电行业竞争形势的日益严峻，进军其他行业、培养新的利润增长点成为美的集团的现实选择。与此同时，美的集团在资本、品牌、市场渠道、管理和人才优势等方面也具备了进行多元化经营、资本化运作的能力。审时度势之后，美的集团毅然做出了从相对单一的专业化经营转向多元化经营发展的战略决策。2003年8月和10月，美的集团先后收购了云南客车厂和湖南三湘客车有限公司，正式进入汽车业。美的一直保持着健康、稳定、快速的增长。20世纪80年代平均增长速度为60%，90年代平均增长速度为50%。21世纪以来，年均增长速度超过30%。此后不久，又收购了安徽天润化学工业股份有限公司，进军化工行业。在未来的几年中，美的集团将以家电制造为基础平台，以美的集团既有的资源优势为依托，以内部重组和外部并购为手段，通过对现有产业的调整和新产业的扩张，实现多产业经营发展的格局，并最终发展成为多产品、跨行业、拥有不同领域核心竞争能力和资源优势的大型国际性综合制造企业。

（二）收缩型资本运营模式

收缩型资本运营是指企业把其拥有的一部分资产、子公司或分支机构转移到公司之外，或进行公司分立，以缩小公司规模的运作活动。但收缩运作的目的或结果并不是把企业做小，而是通过对企业经营业务的重组，达到突出主营业务，提高企业运行效率和实现企业价值最大化的目的，从而为企业的发展创造条件。收缩型资本运营通常是"弃小保大"，放弃规模小、贡献小、与企业核心业务没有协同效应的业务，当这部分业务被收缩掉以后，原来支持这部分业务的多种资源就会相应转移到被保留的重点发展的核心业务上去，从而使企业集中力量发展重点业务。收缩型资本运营的主要实现形式有以下四种：

1. 资产剥离

资产剥离是指企业把其所属的一部分资产剥离出来，出售给第三方。被剥离的资产形态可能是流动资产、固定资产、子公司或分公司，是不符合企业发展战略目标的资产。通过把这些资产剥离出去，突出主营业务的发展。例如，1998年，深圳、上海两地证券市场共发生606起上市公司资产重组事件，其中资产剥离重组有93起，占全部重组数的15%。

2. 公司分立

公司分立是指企业把其拥有的某一子公司的股份，重组给母公司的股东，使子公司从母公司的经营中分离出去，形成一个与母公司有着相同股东的新公司。公司分立后，母公司可以集中力量发展主营业务，分立的新公司可以单独面向市场寻求发展机遇。

3. 分拆上市

分拆上市是指企业把其拥有的某部分业务和资产独立出去，公开招股上市，或已上市公司将其拥有的某部分业务和资产独立出去，另行公开招股上市。"分拆"使企业规模收缩，但"上市"又实现了企业规模的扩大和资本的扩张。例如，TCL集团股份有限公司（简称TCL）发布公告称，公司已于2004年8月17日获得中国证券监督管理委员会（简称中国证监会）的批复，批准下属公司——TCL国际控股有限公司（在开曼群岛设立的香港地区上市公司）进行分立，分立后的新公司——TCL通讯科技控股有限公司（简称TCL通讯，在开曼群岛设立）可在香港交易及结算所有限公司主板上市。

4. 股份回购

股份回购是指股份有限公司为了达到股本收缩或改变资本结构的目的，购买本公司发行在外的股份的内部资产重组行为。在实际操作中，股份公司进行股份回购的原因一般有五种：第一，保持公司的控制权；第二，提高股票的市场价值，改善公司形象；第三，提高股票的内在价值；第四，保证公司高级管理人员认股制度的实施；第五，改善公司的资本结构。例如，2000年9月，上海海立（集团）股份有限公司回购并注销4206.2753万股国有股；2000年10月，云南云天化股份有限公司以当年中报每股净资产2.83元的价格回购了2亿股国有股；2000年12月，长春高新技术产业集团股份有限公司回购7000万股国有股，作价标准为2000年中报每股净资产3.44元。

（三）内部调整资本运营模式

内部调整资本运营模式主要包括四个方面：①内部资产重组，通过改变企业内部所有制结构，合理分配内部资源，提高资产赢利能力。这一方法已在国有企业公开上市、提升主营业务竞争力等企业经营过程中广泛采用。②运营无形资产，包括运用品牌效应、管理优势、销售网络等无形资产进行股权投资、吸引外资、资本扩张。③证券交易，包括不以收购为目的的股票投资、期货投资和债券投资。④资产租赁，通过成立资产租赁公司等形式，出租企业的闲散资产，盘活资本存量，使闲置资本充分发挥作用，最大程度地提高资产的利用率。

第四节 资本运营的主体和环境

一、资本运营的主体

企业是国民经济中独立的基本经济组织，企业是资本的载体，资本运营主要是对企业而言的，虽然政府和中介机构也会参与其中，但并不是主流，企业才是市场的经营主体，因此，我们认为资本运营的主体是企业。在我国，资本运营的主体是建立了适应社会主义市场经营机制、适应市场经济要求的企业。

什么是企业？企业是从事生产、流通、服务等经济活动，以生产或服务满足社会需要，实行自主经营、独立核算、依法设立、具有经济法人资格的一种营利性的经济组织。简言之，企业就是以营利为目的的，向社会提供产品和服务的经济组织。它具有下列基本特征：

（1）企业直接为社会提供产品和服务。

（2）企业是经济组织。它不同于政府机关、事业单位、社会团体等非经济性组织。

（3）企业是营利性的经济组织。营利是企业的基本目的和动力，是企业存在和发展的基本条件。

（4）企业是自主经营、独立核算、自负盈亏的经济组织。它不是政府的附属物，而是独立的经济实体，享有独立的经济利益，独立地承担经济责任，能够自我改造和自我发展。

二、资本运营的环境

资本运营是在市场经济环境中实施的，也是市场经济发展的必由之路。资本运营的支撑环境，也就是基础设施，有以下四个方面。

1. 完善规范的资本市场

资本运营必须要有完善规范的资本市场作为前提条件。要完善资本市场，必须明确资本市场的概念。所谓资本市场，是指一年期以上的各种资金交易关系的总和，它既包括证券市场，又包括中长期信贷市场以及非证券化产权交易市场。完善规范的资本市场，可以促进企业进行股份制改造和转换经营机制，有助于企业由外延式为主向内涵式为主的经济增长方式转变，更推动了企业资产的战略性重组。

2. 法律和政策体系

资本运营需要有健全的法制体系作为保证。从法律角度来看，它是企业依法通过交易行为取得其他企业经营控制权及全部或部分资产所有权的法律行为。所以，无论是在财产所有权及经营权转移上或者是控制权与产权的交易上，双方都必须遵守国家法律的规定。资本运营实施的政策支持体系主要由两部分组成：一是产业组织政策；二是财政金融政策。产业组织政策制定与实施的目的是为了保证社会资源的有效配置，实质在于鼓励与保护自由竞争，控制与防范垄断。财政金融政策的制定与实施，是为了减少产权市场进入的障碍，对运行效率低下的存量资产进行内部控制，充分释放稀缺资本资源的潜能。

3. 企业的资本运营机制

在市场经济环境中，企业要有效地实施资本运营，除了有明确的产权关系、发育良好的资本市场以外，企业本身必须具备与市场经济相适应的素质。必须具有符合竞争性市场经济体制要求的资本运营机制。企业应当具有实施资本运营的自主决策权，具有追求资本增值和资本价值最大化的内在动力，并且要实行资本运营型战略，还要建立内在的风险规避制度，并且要具有资本运营型的管理者。

4. 社会保障体系

社会保障制度为企业实施资本运营提供坚强的后盾。离开社会保障制度，劳动者的基本生活权利就无法保障，企业的资本运营也就无法实施。社会保障体系包括：社会保障、社会福利、优抚安置、社会互助、个人储蓄以及积累保障等，其中失业保险和养老保险问题最为突出。由政府提供一个广义上的安全网，降低工人和居民的风险，有利于资本运营的实施。

三、资本运营的中介机构

1. 投资银行

投资银行是指传统银行以外的主要从事证券发行及承销、企业重组、兼并与收购、投资分析、风险投资、项目融资等业务的金融服务机构，主要服务于资本市场。投资银行是资本市场上的主要金融中介。投资银行不但经营一般证券公司经营的代理发行证券业务、经销证券业务、经纪业务，同时还为企业经营理财融资，参与企业资本运营的咨询、策划与组织；在投资方面，投资银行利用其机构的综合优势，不仅代理社会个人投资者、机构投资者进行理财和投资，而且自己经营有价证券业务和对企业进行参股、控股，谋求自身的进一步发展。

目前，充当企业资本运营的中介，在为企业提供各种金融服务的投资银行业务中已居于核心地位，甚至超过其原本的证券承销、证券经纪业务。投资银行在其中主要扮演经纪人和财务顾问的角色，主要进行资本运营的策划，参与合同的谈判，确立交易条件，协助筹集必要的资金。在中国，投资银行的主要代表有中国国际金融有限公司，四大资产管理公司——华融、长城、东方、信达也在逐步向投资银行方向发展，国家主要大型金融企业控股的金融证券公司如中信证券、招商证券、投资银行在线等。

2. 会计师事务所

资本运营活动不仅需要投资银行在资产、金融等方面提供专业化服务，还离不开会计师事务所在财务、审计、税务等方面提供专业服务。会计师事务所是由有一定会计专业水平、经考核取得证书的会计师（如中国的注册会计师、美国的执业会计师、英国的特许会计师、日本的公认会计士等）组成的、受当事人委托承办有关审计、会计、咨询、税务等方面业务的组织。注册会计师执业业务，应当加入会计师事务所。在我国会计师事务所有合伙制和有限责任公司两种形式,在国外还有有限责任合伙制(LLP)。

会计师事务所与投资银行一样,是企业进行资本运营活动不可缺少的中介机构,很多大型会计师事务所都有自己的资本运营咨询部门,它们在企业的资本运营活动中主要扮演审计与评估的角色,并以顾问身份参加方案的制订、谈判,以及交易的最终达成。

3. 律师事务所

律师事务所是中华人民共和国律师执行职务进行业务活动的工作机构。律师事务所在组织上受司法行政机关和律师协会的监督与管理。它在规定的专业活动范围内,接受中外当事人的委托,提供各种法律帮助;并负责具体分配和指导所属律师的业务工作。根据需要,经司法部批准,可设立专业性的律师事务所,有条件的律师事务所可按专业分工的原则在内部设置若干业务组。各律师事务所之间没有隶属关系。

在资本运营过程中,律师的工作是必不可少的。因为任何一个哪怕是十分简单的资本运营活动都会涉及许多方面的内容,而法律是其中最重要的内容之一。不了解法律要求,不知道哪项活动会涉及哪些法律要求,要承担什么法律责任,应受到哪些法律保护,会产生什么法律效果等,一方面会在出现有关法律问题时手足无措,不知该怎么处理;另一方面则会因不熟悉有关法律问题而使已启动的资本运营行动遇到原本就已存在的法律障碍而中途搁浅,或者虽然交易完成,但埋下很多潜在法律隐患。

在资本运营活动中,律师针对资本运营的方案负责进行法律方面的策划;审查目标企业的相关资料;负责起草修改合同、相关文件,出具法律意见书;协调、沟通资本运营各方,帮助资本运营活动顺利地进行。

四、资本运营管理存在的现实问题

在社会主义市场经济条件下,企业开展资本运营活动,利用资产的兼并、并购、参股、重组、租赁等方式来调整所有制结构,吸收社会上的闲散资金,规划经济模式,发展和研制专业化技术手段,从而促进了各企业快速地发展,对加快我国企业改革步伐,提升企业竞争力发挥了重要的作用。然而目前在实际运行中,我国的企业资本运营依然存在着一些问题。

(一)对资本运营存在认识误区

由于人们长期形成的传统观念、经营思维与规范化的资本运营还存在一定的差距,加上资本运营所需的制度环境和条件尚不充分,我国企业对资本运营的认识还存在着诸多误区。在当前企业的资本运营过程中,有一种观点和倾向,认为资本运营是独立于生产经营而存在的。目的在于提高资本运营效率与效益的经济行为和经济活动,是比生产经营更为高级的经营方式。这种观点割裂了资本运营与生产经营的内在联系,把资本运营作为游离于生产经营的更为高级的经营形式。一般来讲,在市场经济条件下,资本运营在时空上可以暂时脱离生产经营而单独运作并获取一定的资本收益,但这仅是从表层来看的,实质上,资本运营最终必须服从或服务于生产经营。生产经营是资本运营的前提和基础,离开了生产经营,资本运营势必成为无源之水。

(二)片面追求规模和多元化经营

许多企业忽视资本效益原则,片面追求资产规模的扩大,不注重企业内部的产业关联,盲目并购其他企业,热衷于建立巨型企业,而对整合企业、组成企业团队缺乏兴趣。把经济规模等同于规模经济。规模经济本质是一种适应性生产经营规模带来的效率与效益。经济规模仅仅是一个总量概念,并不涉及成本收益分析。成本低、收益递增的经济规模才可以称之为规模经济。经济规模的扩大可能是规模经济,也可能不是规模经济。企业在并购和资本运营中经常混淆两者的关系。把企业集团规模的扩大等同于规模经济,事实上,集团规模的扩大可能是经济的,也可能是不经济的,关键要看集团有没有充分利用各种要素,看能否提高集团的专业水平和技术水平。

(三)资本运营受政府的干涉过多

资本运营的主体是企业,企业自身选择资本运营活动。可是在现有机制下,较多地体现了政府行为,一种具有代表性的现象是政府往往成为资本运营的实际主导者。为了不同的目的,各地方政府采用不同的形式利用政府本身的权力对企业给予大力的支持,不是从企业效率和效益出发而是从自身的政绩出发,为兼并而兼并,为重组而重组,将效益很差的企业硬与效益好的企业搭配,结果差的企业没有得到改进,反而好的企业也被拉下去了,造成了"1+1<1"的局面。这扭曲了企业资本运营,严重影响了资本运营效率。

(四)资本运营人才缺乏,中介组织严重不规范

资本运营是一种融科学性和艺术性于一体的经营活动,它要求从业人员不仅要具有广泛的金融、证券、税务、财务、法律、经营管理等方面的知识,能够熟练运用各种金融工具和管理手段,而且要具有企业家的市场洞察力及处理各种复杂事务的能力和谈判能力。但是,我国这些方面的人才严重短缺,这也是我国企业资本运营难以走向规范的一个重要原因。同时,资本运营的复杂性和专业性决定了中介组织在其中的重要作用。中介组织在资本运营中承担着提供信息、咨询、资产评估、融通资金等作用。然而,我国资本运营中介组织发育严重不良,从事资本运营的中介组织数量过少,从业人员素质不高,行为极不规范。正是由于缺少规范化的中介机构,导致了我国企业在资本经营的过程中经常出现信息风险。

(五)对资本经营中的风险缺乏认识和心理准备

在资本经营过程中,风险是不可避免的,经营不善有可能会使企业盈利能力下降,甚至会造成企业破产。资本经营的风险具有客观性、可变性、可观测性和较强的破坏性等特征。客观性是资本经营风险的本质特征,它的存在不是以经营主体的意志为转移的,不管经营主体承不承认,它都是客观存在的;可变性是指风险在不同情况下是不断变化的,资本经营的风险在资本运营的各个时期、各个环节,风险能否发生,发生的概率和大小程度都是不同的;可观测性是指虽然风险可变、不可确定,但是资本经营的风险是可以识别和预测的。其实在资本经营的整个过程中,风险的发生都是伴随着某些特征,只要经营主体能够及时地发现,便能够做出预测,提早做好防范的准备。较强的破坏性是指资本经营是

一套系统的工程，涉及的范围很广，过程也是相当的复杂，更重要的是有时涉及国家的宏观配套措施，所以说如果运作成功了则效果很好。但是一旦发生风险，将会造成巨大的损失。可见资本经营也不是作用那么的大，并非是一颗灵丹妙药。资本经营只是为企业的发展和资产的增值提供了可能性，而企业是否能够利用好将其转换为现实，关键在于企业能否提高经营管理水平，提高生产效率同时增强对资本经营作用的认识，时刻保持着防范风险的准备。

（六）我国的资本市场还不够完善

与国外的资本市场相比，我国的资本市场发展时间还是太短，各地的产权交易市场形成的比较晚；相关制度体系还是不够完善，可以说我国的产权交易市场还是处于初级阶段。我国政府的外部推动力很大，但是产权交易市场缺乏宏观的指导和统筹规划，因而导致产权交易主体不规范等；市场规模还是不够大，资本的运营模式还是不够成熟，就我国证券市场而言，其发展时间只有十年左右，可以说是初级阶段，其问题的存在是避免不了的。首先是由于行政部门的干涉，我国证券市场被严重行政化了。其次是证券市场没有明确的主体，竞争机制、约束机制和激励机制都还存在缺陷，导致正常竞争时不能形成市场价格，进而不能形成有效的资源配置。再次是我国证券市场结构单调，只有股票、证券等现货市场，缺乏期权期货和其他金融衍生品市场。最后是价格市场化没有基础，我国证券市场上价格形成的市场机制还远不具备，市场的起落不能如实地反映供求关系，所以失真的价格不能引导社会资源达成最优资源配置的功效。

五、我国企业资本运营未来发展趋势及特点

（一）资本运营向科技化、网络化方向发展

信息化、网络化及高科技正在改变着我们的生活。尤其是近几年及未来几年里，我国经济与世界经济一体化步伐加快，世界并购浪潮中的科技化、网络化趋势将影响我国企业资本运营，因此我国企业资本运营将逐步向这两个方向发展。

（二）服务业成为并购的重要战场，资本运营中介组织的并购重组成为热点

服务业是我国较薄弱的行业。近几年，外资银行、证券商、保险公司、投资银行等服务性企业的大批进入将加剧服务业的竞争，以致服务业将成为并购的重要战场。其中，资本运营的中介组织的并购重组成为并购的热点，通过并购重组，资本运营中介组织功能将逐步完善。

（三）产业资本和银行资本结合形成金融资本

随着规模扩张，我国产业资本面临着巨大的资本需求压力，为加快资本流动，提高资本运营效率，建立企业和银行之间的联盟非常有必要。一些实力比较雄厚的企业通过资本运营进入银行业，如新希望集团入主中国民生银行，海尔集团通过入主长江证券股份有限公司，与以法国巴黎银行为背景的百富勤有限公司合资成立中外投资银行，以及许多企业

建立内部银行等。随着我国对金融业的开放，产业资本和银行资本结合形成金融资本的趋势将会进一步发展。

(四) 我国将掀起一股对外资本运营热潮

我国企业有较强的对外直接投资和海外上市愿望，只是受信息缺乏、国家政策的限制，这种愿望难以实现。随着经济全球化的不断发展，国家在这方面的限制将逐步取消，如果再出台相关鼓励措施，建立相应中介组织，以及充分发挥我国驻外使馆的商务功能，将大大加速对外资本运营步伐。企业对外资本运营热将带动银行的对外资本运营，从而掀起对外资本运营热潮。

(五) 人力资本成为资本运营的新宠

人力资本是最重要、最稀缺的资本，企业竞争实质上是人力资本的竞争。一方面，外资企业的进入加大了企业竞争压力，企业对人力资本的争夺将趋于白热化，人力资本运营提上议事日程。另一方面，外资企业在我国的资本运营，首先是人力资本运营，而非货币资本运营，这种做法为我国的企业起到了示范作用，从而推动了我国企业的人力资本运营。

六、提高我国企业资本运营效率的对策

(一) 正确认识资本运营的内涵

资本经营是一种以生产经营为基础，又超越生产经营的经营观念。它不仅包括货币资本经营，而且包括实业资本经营、产权资本经营以及无形资本经营等各种形式。如果把资本经营仅仅理解为炒货币、炒股票，最大的危害就是可能使企业不安心于实业资本的开发，不把资本用在生产经营上，看不到资本经营的最终实现成果必须通过生产经营才能得到，其结果就会使资本经营成为一种追求泡沫的行为。生产经营是企业发展永恒的主题，任何一个企业，当生产经营达不到一定程度的时候，也就是生产经营收益不好的时候，要想进行资本经营，那必然是很难的。资本经营是服从和服务于生产经营的企业行为，生产经营是资本经营的前提和基础，脱离了生产经营主题，资本经营就失去了根本，企业在加强资本运营管理时，应更加注重生产经营管理，坚持以生产经营为主体，积极探索资本运营的途径和方法。

(二) 合理选择企业资本运营的方式

资本运营的实践证明，资本运营方式对资本运营效果的影响很大。在我国企业的资本运营中，大部分企业偏重于资本扩张，而忽视资本运营的适当收缩和有效内部调整，形成了各种各样过度多元化的非效率企业。为实现企业资本的有效运营，应合理选择资本运营方式，根据企业资本运营的实际情况选择扩张型运营、收缩型运营或者内变型运营。只有根据企业资本运营的实际情况，在企业生产经营的不同阶段采取不同的资本运营方式，才能取得较好的资本运营效果。

(三) 加强资本运营中介组织的建设

市场中介组织要发挥承上启下的经济职能，必须理清与政府的关系，对于那些由政府职能部门转变而来的中介组织，应该坚决与之分离和脱钩，使其真正成为独立的中介性组织。此外，应该研究和借鉴国外市场中介组织的先进经验，同时结合我国的具体情况，建立健全各项规章制度，形成一套自我约束、自我管理的内在机制，以保证服务经营活动能有条不紊地进行。严格考核各类市场中介组织的开业资格，使其有严格的信誉、资产、专业技能和组织程序方面的限制。政府也应该通过一定的经济政策的引导，使各种市场中介组织的发展有一个良好的政策和体制环境。通过产权变革，实现政企分开，使企业成为真正的市场主体，企业才能按照市场经济的规律进行资本运营，才能调动产权主体的积极性，才能使财产的所有者自觉地进行资产运营。

(四) 优化国有企业资本经营风险管理的外部和内部环境对策

对于外部环境我们应该：(1) 进一步完善资本经营的各项政策法规，使国有企业的资本经营有法律制度作保障；(2) 规范政府行为，正确发挥其在资本经营中的作用，提高政府的办事效率和效益；(3) 加强创新，建立新型的现代企业制度，从而提高国有企业资本经营的总体协调能力；(4) 建立健全的市场体系和市场机制，构建多元化的资金融通渠道，加快发展资本市场；(5) 加快经济体制改革，完善社会保障体系，促进我国市场经济体制改革顺序地进行，降低资本经营的系统风险；(6) 优化社会文化环境，为了降低和防范文化风险，必须对价值观念、制度和物质文化进行整合。

对于内部环境我们首先应该建立科学的人力资源管理制度，企业管理人员素质较低、收入分配不公等不健全的制度严重影响了企业员工的积极性，对资本经营带来严重的危害；然后我们要加强信息风险的管理和控制，在资本运作的整个过程中，重视资本经营中的尽职调查，及时收集资本经营相关的信息，并且对信息设置合理的使用权限，注意信息的保密等。最后做到技术风险的防范，包括策略性防范和组织性防范。

(五) 大力发展我国的资本市场

增加、培育机构投资者和投资银行的比例，使我国的资本经营有真正的寄托。我们可以采取以下措施：

(1) 分散投资，组建各项投资基金来降低风险获得稳定的收益；

(2) 加大银行的投资业务，如兼并收购、资产重组、资金管理、风险投资、抵押贷款等其他业务；

(3) 针对证券市场，应将管理制度由上市规模控制改为资格审查制，完善证券市场的管理规则，加强对资本市场的监督，防止内幕交易等行为的发生；

(4) 加强企业的融资，最好增大直接融资的比重。

【复习思考题】

1. 什么是资本？资本有哪些表现形式？
2. 什么是资本运营？企业凭借资本运营希望达到什么根本目的？
3. 资本运营的作用有哪些？

4. 资本运营包含哪些具体内容？

案例分析

惠普收购康柏案

2001年9月3日，高科技巨头惠普和电脑制造商康柏发布联合声明，宣布已经达成合并协议，惠普公司以250亿美元的价格，按换股的方式收购康柏公司，从而建立起一个870亿美元的"全球科技领袖"。双方的换股以每1股康柏股票换取0.6325股惠普股票的比率进行，康柏股东因此可获得约19%的股票溢价。合并后，惠普股东将持有新公司64%左右的股票，康柏股东将持有36%左右。该项交易目前价值约为250亿美元，惠普采用债务融资的方式来筹集这笔合并所需资金。根据协议，合并后的新公司将保留惠普（HP）的名称。

双方之所以一拍即合，主要源于两方面的原因：①股价及业绩下滑的压力。2002年两家公司的销售收入及利润均不如2001年同期水平。惠普2002年第三季营业收入较同期下滑14%。康柏公司第二季度比2001年同期下降了26%。宣布合并前，康柏的股价收为每股12.35美元，比1999年年初下跌76%。惠普收为每股23.21美元，比2001年夏季下跌了66%。这种业绩下滑、股价不振的状况加速了两家公司的联姻。②竞争以及自身发展的压力。合并后的新公司在PC、服务器、中高端打印机领域称雄全球，具备了挑战IBM、EMC霸主地位的实力。合并前的惠普和康柏分别是全球PC业的老二、老三，老大戴尔对它们构成了极大的威胁。由于市场不景气和价格战盛行，两家公司的PC销售均不尽如人意，拖了整体业绩的后腿。合并后的新公司可占有全球PC市场份额的19%，高于戴尔的13%，如能体现规模经济，压低PC代工及零部件采购价格，则可遏制戴尔的逼人气势。

两家公司的合并使得世界震惊！须知，这是电脑业老二、老三的并购案！二者合并后，其营业收入将直追IBM，把戴尔公司远远地甩在后面。合并后的新公司拥有员工15万人，市值550亿美元，2002年营销收入可望达到740亿美元，赢利26亿美元。在服务器、外部存储和个人电脑等方面，新惠普已成为全球最大厂商，在信息技术服务领域也居世界第三。惠普现任董事长菲奥莉娜在声明中说："这是一项决定性的重大举措"，"在目前对信息产业特别具有挑战性的时期，此项合并将使我们在未来占据领导性的地位。"而由《Computer World》报举办的一项民意测验中，共有129位IT界高级经理人参与测验，有60%的认为此次并购是"令人绝望的"。

案例来源：编者由网络信息整理

【思考】惠普与康柏的合并属于资本运营中的哪种运营模式？从此次并购中双方各自得到了什么结果？

第二章 资本筹措

【学习目标】
◆ 了解资本筹措的含义、原则、渠道和方式；
◆ 正确理解并掌握银行贷款的主要方式；
◆ 掌握股权融资的方式及影响因素；
◆ 掌握债券融资的方式；
◆ 了解风险投资、私募股权投资等新型投资方式的含义及具体操作。

导入案例

诺基亚对外转让数字地图业务

2015年，芬兰诺基亚公司已经雇请了财务顾问公司，正准备对外转让数字地图业务（品牌为 Here）。这一消息给同业带来不小的震动，其中有市场观点认为，诺基亚抛售数字地图业务之后，可能利用所得资金，并购欧洲移动通信设备行业竞争对手阿尔卡特朗讯公司（以下称阿朗公司）。受此影响，上周五，阿朗公司股价大涨了4%有余。这一收盘价已经接近阿朗公司股票在过去52周内的最高股价4.15美元。行情数据显示，阿朗公司的资本市值为112亿美元。

早前，诺基亚将智能手机和互联网服务业务转让给了微软公司。此后剩下三个业务：移动通信设备制造、数字地图以及专利库授权。据媒体分析，数字地图业务和移动通信设备制造业务之间，没有协同效应，另外数字地图业务的业绩也十分平淡，这是诺基亚萌生转让意图的主要原因。不难看出，诺基亚转让数字地图业务之后，移动通信设备将成为其唯一留下的核心业务。而在这一领域，诺基亚面临中国华为科技和瑞典爱立信这两个强劲的对手，诺基亚需要通过并购增强自己的"肌肉"。

媒体分析认为，一旦抛售数字地图业务，诺基亚收购阿朗公司的可能性增大。诺基亚和阿朗公司之间的"绯闻"，早在2013年就已经传出。2014年12月，德国一家媒体再度报道，诺基亚和阿朗公司之间，已经重启了并购谈判。一些主张诺基亚和阿朗公司合并的市场人士认为双方合体能够产生显著的协同效应，可以大幅扩大诺基亚的移动通信设备产品线，提高诺基亚与中国华为、瑞典爱立信和美国思科公司之间的竞争力。

（案例由作者根据新闻报道整理而来）

【思考】案例中诺基亚公司对外转让数字地图业务是否属于资本筹措？为什么？

第一节 资本筹措概述

资本是企业发展中的短缺性资源，占有一定量的资本是企业从事生产经营活动的基本条件。筹集资本是企业一项重要而经常性的工作。资本筹措又称融资决策，是指企业从自身生产经营现状和资本需求情况出发，根据企业的经营策略和发展规划，通过一定的渠道和方式，经济有效地筹集一定数额资本的行为。资本筹措是企业资本运营的首要任务，是企业资本运营、资本活动的起点，也是资本运营正常开展的前提和基础。企业资本的筹措，还是决定企业资本运动规律和生产经营发展的重要环节。

一、筹资的含义与动机

筹资是企业根据生产经营等活动对资金的需要，从企业外部有关单位和个人，或从企业内部获取所需资金的一种行为，是企业财务管理的重要内容。企业筹资的基本目的是为了自身的生存和发展。具体来说，企业的筹资动机有以下四种：

（一）设立性筹资动机

这是企业设立时为取得资本金而产生的筹资动机。资本是公司持续从事生产经营活动的基本条件。创建一个公司，首先要筹集一定数量的资本，才能进行公司的设立、登记。开展正常的生产经营活动。企业可以通过借款、发行股票等方式进行最初的资本筹集过程。公司制的企业在设立之初一般会采用权益融资的模式进行资本的筹集，以形成所有权资本金。

（二）扩张性筹资动机

这是企业为扩大生产经营规模或增加对外投资而筹集资金的动机。凡是具有良好的发展前景，处于成长期的企业通常都会产生这种筹资动机。筹集大量的资本，尤其是长期资本，用于生产经营规模的扩大、设备更新和技术改造，以利于提高产品的产量和质量，增加新品种，满足不断扩大的市场需要。扩张性筹资动机所产生的直接结果，使企业的资产规模有所扩大，资本结构也有可能发生变化。

（三）偿债性筹资动机

偿债性筹资动机是指企业为了偿还某些债务而进行筹资的动机。偿债筹资主要分为以下两种情况。

（1）调整性偿债筹资，是企业因调整现有资本结构的需要而产生的筹资动机。例如，企业虽然有足够的能力支付到期的旧债，但为了调整原有的资本结构，仍然举债以使资本结构更加合理，这是主动的筹资策略；再如企业现有负债率太高，采取债转股等措施予以调整，这是被动的筹资策略。

(2) 恶性偿债筹资，即企业现有的支付能力已不足以偿还到期旧债，被迫举债偿还，即借新债还旧债，这种情况说明财务状况已有恶化。这种偿债筹资的直接结果是并没有扩大企业的资产总额和负债总额，而是改变了企业的负债结构。

（四）混合性筹资动机

这是企业为同时实现扩大规模以及调整资本结构等几个目标而产生的筹资动机。通过混合性筹资，企业既扩大了资金规模，又调整了资本结构，偿还了部分旧债。即在这种筹资中混合了扩张性筹资和偿债性筹资两种动机。

二、资本筹集的原则

正确的筹资活动应该根据企业财务活动的基本规律，保证筹资活动的科学合理，为此应遵循如下原则。

（一）以"需"定"筹"原则

企业筹资取决于企业经营活动项目投资的客观需要，并不是一种盲目行为。也就是说，是由于企业经营活动对资金的客观需求，才导致企业筹资的发生。因此，企业筹资不仅是企业经营活动的一个重要环节，也是建立在企业经营基础上的理性行为。这就在客观上要求企业筹资的时机、筹资的规模和筹资组合必须依据和适应经营的要求，以满足经营或投资项目最低限度的资本需要为筹资目标，既要做到精打细算，又应适当留有余地，以需求决定筹资。

（二）量力而行、适度负债原则

筹资一般总是要付出代价的，这是市场经济等价交换原则的客观体现。根据这一原则，企业在筹资时，必须全面衡量企业自身或经营项目的收益水平和偿还能力，做到量力而行。如果负债过度，则会扩大经营风险，降低经营效益，甚至会导致资不抵债，直至企业破产。

（三）降低筹资成本原则

筹资成本是指为筹措资金而支出的一切费用，主要包括：筹资过程的组织管理费，筹资后的利息或股息、租金等支出，筹资时所支付的其他费用。企业筹资成本是企业筹资效益的决定性因素，对于选择和确定企业筹资方式、筹资规模的基本标准具有重要意义。筹资必须考虑资本成本的高低，选择低利率筹资渠道，必须使平均资本成本低于资本回报，否则就无法取得资本收益。

（四）筹资相关原则

筹资的目的是为了运用。企业经营是一项复杂的系统工程，因而在筹资时不能仅仅就资金而论资金，必须综合考虑对筹集来的资金、资产、技术的掌握，管理和运用或吸收能力，考虑企业人、财、物、技术、信息、管理等与筹集资本的相关性。

(五) 择优选择筹资渠道原则

可供企业选择的筹资渠道多种多样,不同的资本要求必须择优选择不同的筹资渠道。例如进行长期投资就应按长期资金的形式筹资,而不应采用短期借款等形式筹资。

(六) 易于管理原则

筹资管理的难度主要是筹资时的审批程序及筹资过程的组织管理工作。筹资的审批程序主要涉及两个问题:一是筹资方案能否得到批准;二是审批机构的工作效率。前者取决于国家政策及有关机构的规定,后者取决于审批机构的层次与数量以及人员的工作效率等,此外,筹资者的谈判技巧也起着十分重要的作用。筹资管理的难度,主要取决于筹资的范围、投资者的意愿以及对筹资条件的要求。企业筹资管理的难度,决定企业能否及时得到资金以及为此而付出代价,这也是评价企业筹资方案时应着重考虑的问题。

(七) 筹资期限适当原则

筹资的期限包括付息的时间和还本的时间。决定企业筹资期限的因素,主要是企业投资以及生产经营活动的规划和企业的还债率,不同使用方向的资金有不同的期限要求,在筹资时,应当充分予以考虑。

(八) 利于企业竞争能力提高原则

企业竞争能力的提高,主要指以下几种情况:通过筹资,使企业减少了竞争对手;通过筹资,提高了企业信誉,扩大了企业产品的销路;通过筹资,充分利用规模经济的优势,扩大了市场占有率。企业竞争能力的提高,与企业所筹集资金的使用效益有密切联系,是企业筹资时应予考虑的因素。

三、筹资渠道和方式

(一) 筹资渠道

筹资渠道是指资本从谁那里取得,确定筹资渠道是筹资的前提。企业筹资渠道受制于国家的经济体制和资金管理政策,并与企业的所有权形式和企业的组织形式密切相关。改革开放初期,我国企业取得资本的渠道主要以财政拨款和银行贷款为主,随着经济体制的改革和资本市场的建立,企业的筹资渠道逐步由单一渠道向多渠道发展,由纵向渠道为主向横向渠道为主转变。随着企业经营机制的转换和现代企业制度的确立,企业为了生存和发展,客观上要求不断扩大筹资规模,开拓更多的筹资渠道。从现实来看,我国企业的筹资渠道主要有以下几种:

1. 财政资金

财政资金是指中央或者地方政府以财政拨款的形式投入企业的资本。财政资金过去至未来一定时期内,仍将是国有企业的主要资金来源。对于国家或地方的重点建设项目,可以申请中央财政或地方财政投资,通过国有资本金的形式投入企业。对于过去"拨改贷"

政策时期的国家财政贷款,在符合当前政策的前提下,也可申请实现"贷改投",转为国有资本金。

2. 企业积累资金

企业积累资金是指企业在生产经营过程中形成的资本积累和增值,主要包括资本公积金、盈余公积金和未分配利润等。这些资金的重要特征使它们无须企业通过一定的方式去筹集,而直接由企业内部自动生成或转移,几乎无须花费任何筹资费用,筹资风险较小。并且不存在时期长短问题,能够自主灵活。因此,这是一种代价最小、效益最大的筹措方法,在企业筹资时应首先考虑。

3. 金融机构资金

金融机构资金是指各种商业银行和非银行金融机构向企业提供的资金,它包括银行信贷资金和其他金融机构资金。目前,我国的商业银行主要有中国银行、工商银行、农业银行、建设银行、交通银行等,它们资金雄厚,是我国目前各类企业最为重要的资金来源。此外,世界银行及外国银行在中国境内的分支机构为我国企业及外商投资企业提供的外汇贷款,也是企业的资金来源。各级政府和其他组织主办的非银行金融机构主要有信托投资公司、经济发展投资公司、租赁公司、保险公司等,虽然其资金实力不及商业银行,融资额有限,但其资金供给方式灵活方便,可以作为企业补充资本的来源渠道。此外,随着中国金融机构的改革,本土化的中小金融机构近几年快速发展,农村商业银行、农村合作银行、村镇银行、农村信用社、农村资金互助社、贷款公司及小额信贷公司等中小金融机构不断涌现,形成了对大型金融机构的有力补充,为中小企业的融资提供了更多的渠道。

4. 其他企业和单位的资金

其他企业和单位的资金是指其他企事业单位、非营利的社团组织等,在组织生产经营活动和其他业务活动中暂时或长期闲置,可供企业调剂使用的资金。企业可以通过接受投资、联营和商业信用等方式加以使用。

5. 职工和社会个人资金

职工和社会个人资金是指企业职工和社会个人以个人的合法财产向企业提供的资金。改革开放以来,随着居民收入的增加,我国国民财富的积累正发生由国家积累为主向居民积累为主的转变,居民手中有大量的闲置资金而缺乏有效的投资渠道,长期以来只能以储蓄的形式投放,因此,建立企业与居民之间的直接融资渠道是企业拓宽融资渠道的主要出发点和整个社会资本良性循环的关键。

6. 企业利用外资

企业利用外资是指国外的企业、政府和其他投资者以及我国港、澳、台地区的投资者向企业提供的货币资金,设备、原材料等有形资产,与专利、商标等无形资产。利用外资的方式是我国企业在改革中不可忽视的资本来源。

7. 金融机构资本的创新组织形式

随着资本市场的进一步发展和国际化,筹资渠道呈现进一步拓宽和多样化的发展趋势,尤其是上述金融机构资金的组织形式越来越多,已经从传统的银行、租赁公司、信托公司等向多样化发展。从现实来看,各种各样的基金、私募股权、风险投资公司等组织形式已经成为我国金融资本创新和发展的主流,也为调动和整合更大资本提供了可能。这些创新的金融资本组织形式在资本所有者和资本的需求者之间充当了中介。基于这些创新组织形式专业化的管理可以在一定程度上降低资本所有者的投资风险,并由于其专业化的管理和广泛的信息渠道拓宽资本所有者的投资范围,有利于调动资本流向收益最高的领域;从资本需要者的角度来看,各种创新的资本组织形式,可以降低资本需求者的找寻成本,因此,金融工具创新是资本市场发展的主流,并逐渐成为筹资渠道的主流。

因此,进行企业资本筹措,必须明确"谁是资本的最终所有者",不管其组织形式如何创新,筹资渠道也不会由于组织形式的变化而改变,金融精英可以创造资本的创新组织形式,提升社会资本的整合和使用效率,但创造不了基本筹资渠道,也改变不了资本最终所有者的地位。

从发展的角度来看,资金的提供者和资金的需求者之间将会越来越多地通过各种形式的中介机构进行资金的交易。在这个意义上,资本市场就是资金提供者和资金需求者之间的交易平台,该平台的存在和创新有利于整合资本,降低交易成本或者交易风险。因此,银行、信托公司、租赁公司等传统的金融机构和证券发行市场,如上海和深圳证券交易所、创业板、各种基金、风险投资公司、私募股权投资机构等,均是现代资本交易的组织形式,均是联系最终的资金需求者和最终资金提供者的纽带。当然,在资金市场化、证券化的过程中,会衍生各种基于基础证券的资金工具或者金融工具,其存在可以进一步增加资本的流动性,降低资本交易中的风险和资本成本,但无论如何演化,都可以创新筹资的渠道,增加资本的流动性。

筹资渠道的选择是筹资决策中的一个重要环节,筹资渠道的分析包括以下几个方面:(1)各种渠道资本存量和流量的大小;(2)各种渠道提供资本的使用期的长短;(3)每种渠道适用于哪些筹资方式;(4)本企业可以利用哪些渠道,目前已经利用了哪些渠道;(5)每种渠道适用于哪些经济类型的企业。

(二) 筹资方式

筹资方式是指可供企业在筹措资金时选用的具体筹资形式。筹资管理的重要内容是如何针对客观存在的筹资渠道,选择合理的筹资方式进行筹资,降低筹资成本,提高筹资效益。目前我国企业筹资方式主要有以下几种。

(1) 吸收直接投资。吸收直接投资是指企业按照"共同投资、共同经营、共担风险、共享利润"的原则来吸收国家、法人、个人、外商投入资金的一种筹资方式。投资者的出资方式主要有现金投资、实物投资、工业产权投资、土地使用权投资等。吸收直接投资与发行股票、利用留存收益都属于企业筹集自有资金的基本方式。它是非股份有限责任公司筹措资本金的基本形式。吸收直接投资的优点:有利于增强企业信誉,有利于尽快形成生产能力,有利于降低财务风险。吸收直接投资的缺点:资本成本较高,容易分散控制权。

(2) 发行股票。发行股票指股份公司通过股票发行筹措资金的一种筹资方式。按股东权利和义务,股票分为普通股和优先股,普通股是股份公司资本的最基本部分。普通股筹资的优点:筹资风险小,有助于增强企业的借债能力,筹资数量大,筹资限制较少。普通股筹资的缺点:资金成本较高,容易分散控制权。

(3) 发行公司债券。发行债券是指企业按照债券发行协议通过发售债券直接筹资,形成企业债务资金的一种筹资方式,是企业主要筹资方式之一。债券筹资的优点:资金成本低,保证控制权,可以发挥财务杠杆作用,具有优化资本结构、提高公司治理的作用。债券筹资的缺点:筹资风险高,限制条件多,筹资额有限。

(4) 银行借款。银行借款是指企业按照借款合同从银行等金融机构贷款而获得短期或长期债务资金的一种筹资方式。它是企业负债的主要来源之一。银行长期借款筹资的优点:筹资速度快,筹资成本低,借款弹性好,不必公开企业经营情况,有杠杆效应。银行长期借款筹资的缺点:财务风险较大,限制条款较多,筹资数额有限。

(5) 利用留存收益。留存收益主要是指企业在生产经营过程中形成的资本积累和增值,主要包括资本公积、盈余公积金和未分配利润等。

(6) 融资租赁。融资租赁是指企业按照租赁合同租入资产从而筹措资金的特殊筹资方式。在融资租赁中,资产的所有权最终可以转移,也可以不转移。融资租赁是区别于经营租赁的一种长期租赁形式。它满足企业对资产的长期需要,分为售后租回、直接租赁、杠杆租赁。融资租赁筹资的优点:筹资速度快,有利于保存企业举债能力,设备淘汰风险小,财务风险小,可以获得减税的利益。融资租赁筹资的缺点:租赁成本高,有利率变动的风险。

(三) 影响企业选择筹资方式的因素

筹资方式是企业筹资决策的重要部分,外部的筹资环境和企业的筹资能力共同决定了筹资方式。在实际的资本运营中,筹资渠道的选择需要综合考虑以下因素:

1. 资金成本

资金成本是指企业为筹集和使用资金而发生的代价。融资成本越低,融资收益越好。由于不同融资方式具有不同的资金成本,为了以较低的融资成本取得所需资金,企业自然应分析和比较各种融资渠道的资金成本的高低,尽量选择资金成本低的融资渠道及融资组合。

2. 融资风险

不同融资渠道的风险各不相同,一般而言,债务融资因其必须定期还本付息,因此,可能产生不能偿付的风险,融资风险较大。而股权融资由于不存在还本付息的风险,因而融资风险小。企业若进行债务融资,由于财务杠杆的作用,一旦企业的息税前利润下降时,税后利润及每股收益下降得更快,从而给企业带来财务风险,甚至可能导致企业破产。

3. 企业的盈利能力及发展前景

企业的盈利能力越强,财务状况越好,变现能力越强,发展前景良好,就越有能力承担财务风险。当企业的投资利润率大于债务资金利息率的情况下,负债越多,企业的净资产收益率就越高,对企业发展及权益资本所有者就越有利。因此,当企业正处于盈利能力不断上升、发展前景良好时期,债务筹资是一种不错的选择。而当企业盈利能力不断下降,财务状况每况愈下,发展前景欠佳时期,企业应尽量少用债务融资,以规避财务风险。当然,盈利能力较强且具有股本扩张能力的企业,若有条件通过新发或增发股票方式筹集资金,则可用股权融资或股权融资与债务融资两者兼而用之来筹集资金。

4. 企业的资产结构和资本结构

一般情况下，企业固定资产在总资产中所占比重较高，总资产周转速度慢，要求有较多的权益资金等长期资金作后盾；而流动资产占总资产比重较大的企业，其资金周转速度快，可以较多地依赖流动负债筹集资金。

为保持较佳的资本结构，资产负债率较高的企业应降低负债比例，改用股权筹资；负债率较低、财务较保守的企业，在遇到合适的投资机会时，可适度加大负债，分享财务杠杆利益，完善资本结构。

5. 企业的控制权

发行普通股会稀释企业的控制权，可能使控制权旁落他人，而债务筹资一般不影响或很少影响控制权。

6. 利率、税率的变动

如果当前利率较低，但预测以后可能上升，那么企业可通过发行长期债券筹集资金，从而在若干年内将利率固定在较低的水平上。反之，若目前利率较高，企业可通过流动负债或股权融资方式筹集资金，以规避财务风险。就税率来说，由于企业利用债务资金可以获得减税利益，因此，所得税税率越高，债务筹资的减税效益就越大。此时，企业可优先考虑债务融资；反之，则可考虑股权融资。

因此，按照现代资本结构理论中的"优序理论"，企业筹资的首选是企业的内部资金，主要是企业留存的税后利润，在内源融资不足时，再进行外源融资。而在外源融资时，企业一般优先选择低风险类型的债务筹资，如银行贷款和发行债券，资金不足时再发行股票筹资。

（四）各种筹资方式在公司上市中的利弊比较

1. 发行新股

发行新股的优势：①对所有股东公平；②如果大股东有足够资金，便不会摊薄其控股；③通常需要全面承销以保证筹得资金；④可以包括一项配售以引入新股东。

发行新股的弊端：①必须作现股折让（通常折让会大于配售）；②基于监管原因通常不包括海外股东；③摊薄股价；④完成时间长于配股，因此风险较大，承销商要求较多费用；⑤现有股东可能有资金限制。

发行新股适用于以下三种情况：①业务很好但因货币贬值而导致资产负债表出现问题的公司，可通过重整资本来补救；②大股东有足够现金行使购股权的公司可重整资本，因为大股东资金充足不会摊薄控股，还可增强市场信心，鼓励其他股东行使购股权；③允许现有股东对其有信心的公司增加投资，并降低平均投资成本。

2. 通过配售增发新股

已上市公司通过配售增发新股的优势：①交易迅速，可在12小时内完成；②增加股份流通性；③扩大投资者层面；④在波动的市场中容许公司利用股价强势及股市出现的窗口快速行动；⑤成本相对低廉；⑥不影响公司的资本与负债比率。

已上市公司通过配售增发新股的弊端：①必须作现股价折让；②降低大股东控股数量（可通过"补足"减少影响）。

3. 进行业务分拆

企业进行业务分拆的优势：①精简业务，允许公司集中于核心业务；②通过实现分拆业务的全部价值，提高公司股价；③独立上市公司受益于上市母公司的声誉，可进入债券及股本市场融资，作公司未来扩展之用，并减少对母公司的依赖；④可售予策略合伙人，定价可溢价。

企业进行业务分拆的弊端：①时间表与传统企业初次上市一样，因此耗时较多；②由于需要专业顾问进行大量工作，费用与初次上市相近；③不能脱离母公司的影响（难以实现"转移"风险）。

4. 发行可转换债券

可转换债券，即企业所发行的债券在一定的宽限期后可以由定息债券转换成公司普通股。由于转换价格比发行债券时的股票价格高，也被称作转换溢价。投资者预测股票价格将会在转换溢价时上升，这样他们就可以按低成本价转换债券，从而牟利。

公司发行可转换债券的优势：①对更广泛的投资者具有吸引力，如股本及固定收益组合投资者，以及可转换债券的投资专家和对冲基金的投资者；②限制下跌风险，因此对股本投资者有吸引力；③允许公司以现市价和溢价之和发行股份，对公司有吸引力；④延迟发行人股本摊薄直至转换，转换方式非常灵活，可组合成为合成债券、合成股本或混合产品。

公司发行可转换债券的弊端：①增加公司负债直至转换；②如将可转换债券挂牌买卖，则时间较长（虽然非挂牌买卖的可转换债券的时间可缩短，但快者也需 4~6 周）；③固定收益投资者可能成为主要投资者，可能会延迟转换甚至持有到期；④如可转换债券发行规模大于现有在市场进行买卖股份的规模，则有可能出现"股票过剩"。

5. 借壳上市

企业借壳上市，即通过收购已上市公司来上市的优势：①交易迅速、确定；②允许公司控制上市定价与价值，而并非由市场决定；③允许在较后时间进行筹资，定价较为明确。

企业借壳上市的弊端：①被收购公司规模不能小于将注资的业务（以资产净值、利润等计算）；②被收购公司的现有业务必须与将注资的业务性质相同，或必须有明确表示，在注入新业务的同时还会继续被收购公司现有的业务。

第二节 银行贷款

一、银行贷款的分类

银行贷款是指银行根据国家政策以一定的利率将资金贷放给资金需要者，并约定期限归还的一种经济行为。

根据不同的划分标准,银行贷款具有各种不同的类型。

(1) 按偿还期不同,可分为短期贷款、中期贷款和长期贷款。

(2) 按偿还方式不同,可分为活期贷款、定期贷款和透支。

(3) 按贷款用途或对象不同,可分为工商业贷款、农业贷款、消费者贷款、有价证券经纪人贷款等。

(4) 按贷款担保条件不同,可分为票据贴现贷款、票据抵押贷款、商品抵押贷款、信用贷款等。

(5) 按利率约定方式不同,可分为固定利率贷款和浮动利率贷款等。

根据中国人民银行颁布的《贷款通则》,我国的银行贷款分为以下三种。

1) 自营贷款、委托贷款和特定贷款。

①自营贷款,是指贷款人将以合法方式筹集到的资金自主发放的贷款,其风险由贷款人承担并由贷款人收回本金和利息。②委托贷款,是指由政府部门、企事业单位及个人等委托人提供资金,由贷款人(受托人)根据委托人确定的贷款对象、用途、金额、期限、利率等代为发放、监督使用并协助收回的贷款。贷款人(受托人)只收取手续费,不承担贷款风险。③特定贷款,是指经国务院批准并对贷款可能造成的损失采取相应的补救措施后责成国有独资商业银行发放的贷款。

2) 短期贷款、中期贷款和长期贷款。

①短期贷款,是指贷款期限在一年以内(含一年)的贷款。②中期贷款,是指贷款期限在一年以上(不含一年)、五年以下(含五年)的贷款。③长期贷款,是指贷款期限在五年(不含五年)以上的贷款。

3) 信用贷款、担保贷款和票据贴现。

①信用贷款,是指以借款人的信誉发放的贷款。②担保贷款,是指保证贷款、抵押贷款、质押贷款。保证贷款,是指按《中华人民共和国担保法》规定的保证方式,以第三人承诺在借款人不能偿还贷款时,按约定承担一般保证责任或者连带责任而发放的贷款;抵押贷款,是指按《中华人民共和国担保法》规定的抵押方式,以借款人或第三人的财产作为抵押物发放的贷款;质押贷款,是指按《中华人民共和国担保法》规定的质押方式,以借款人或第三人的动产或权利作为质物发放的贷款。③票据贴现,是指贷款人以购买借款人未到期商业票据的方式发放的贷款。

二、长期贷款

(一) 长期贷款的来源

金融机构通过各种渠道集中资金,具有雄厚的资金基础,其贷款的形式也灵活多样,是我国企业筹措长期资本的重要方式之一。我国股份制企业的长期贷款主要是向金融机构借入的长期贷款,如从各专业银行、商业银行取得的贷款。除此之外,还包括向财务公司、投资公司等金融企业借入的款项。

为了保证国家信贷资金体系的完整,促进金融机构对各种贷款的管理,提高贷款的经济效益,金融机构制定了一系列的贷款管理办法,规定了申请贷款的企业应该具备的条件及应该履行的程序。一般而言，贷款人应该具备的条件有以下六个方面。

(1) 企业实行独立核算，自负盈亏，具有法人资格，有健全的机构和相应的企业管理的技术人才。

(2) 用途合理合法，具有贷款项目的可行性报告。

(3) 具有一定的物资和财产保证，担保单位具有相应的经济实力。

(4) 具有偿还贷款本息的能力。

(5) 财务管理和经济核算制度健全，资金使用效果良好。

(6) 在有关金融部门开立账户并能办理结算。

一般来说，贷款企业的条件越充分，申请贷款越容易，资本成本越低。

(二) 长期贷款的主要用途

(1) 长期贷款可以弥补企业流动资金的不足，在某种程度上，还起着提供企业正常施工生产经营所需垫底资金的作用。

(2) 长期贷款可以弥补企业固定资产投入的不足。企业为了扩大生产经营、实施多种经营，需要添置各种机械设备，建造厂房，这些都需要企业投入大量的长期占用的资金，而企业所拥有的经营资金，往往是无法满足这些需要的，如等待用企业内部形成的积累资金去购建，则可能丧失企业发展的有利时机。

(3) 长期贷款可以为投资人带来获利的机会。企业需要的长期资金来自两个方面：一是增加投资人投入的资金；二是举借长期贷款。从投资人角度来看，长期贷款往往更为有利。一方面有利于投资人保持原有控制企业的权利，不会因为企业筹集长期资金而影响投资者本身的利益；另一方面还可以为投资人带来获利的机会，因为长期贷款利息，可以计入财务费用在税前利润列支，在企业赢利的情况下，就可少交一部分所得税，为投资人增加利润。

(三) 长期贷款费用的处理方法

企业由于借入长期贷款而发生的贷款费用，如长期贷款利息、汇兑损益等，可以采取两种方法进行处理。一是在发生时直接确认为当期费用；二是予以资本化。资本化是指符合条件的相关费用支出不计入当期损益，而是计入相关资产成本，作为资产负债表的资产类项目管理。简单地说，资本化就是公司将支出归类为资产的方式。新企业会计准则规定：企业发生的贷款费用，可直接归属于符合资本化条件的资产购建或者生产的，应当予以资本化；符合资本化条件的资产，是指需要经过相当长时间的购建或者生产活动才能达到可使用或者可销售状态的资产。根据这一规定，可能会有公司将一般贷款的利息支出和符合资本化条件的资产上资本化，从而达到调节利润的目的。

在我国的会计实务中，对不同的长期贷款费用采用了不同的处理方法。

(1) 用于企业生产经营正常周转而借入的长期贷款所发生的贷款费用，直接计入当期的财务费用。

(2) 筹建期间发生的长期贷款费用（购建固定资产所贷款项除外）计入长期待摊费用。

(3) 在清算期间所发生的长期贷款费用，计入清算损益。

(4) 为购建固定资产而发生的长期贷款费用，在该项固定资产达到预定可使用状态前，按规定予以资本化，计入所建造的固定资产价值；在固定资产达到预定可使用状态后，直接计入当期的财务费用。

三、短期银行贷款

短期贷款是指企业用来维持正常的生产经营所需的资金或作为抵偿项而向银行或其他金融机构等外单位借入的、还款期限在一年以下或者一年的一个经营周期内的各种贷款。

（一）短期银行贷款类型及用途

工商企业的短期贷款按照其最终使用来区分，主要有经营周转贷款、临时贷款、结算贷款、票据贴现贷款、卖方信贷、预购定金贷款和专项储备贷款等。

(1) 经营周转贷款，也称生产周转贷款或商品周转贷款，是企业因流动资金不能满足正常生产经营需要，而向银行或其他金融机构取得的贷款。办理该项贷款时，企业应按有关规定向银行提出年度、季度贷款计划，经银行核定后，由贷款计划指定人根据贷款借据办理贷款。

(2) 临时贷款，是企业因季节性和临时性客观原因，正常周转的资金不能满足需要，而借入超过生产周转或商品周转资金的款额的短期贷款。临时贷款实行"逐笔核贷"的办法，贷款期限一般为3~6个月，按规定用途使用，并按核算期限归还。

(3) 结算贷款，是在采用托收承付结算方式办理销售货款结算的情况下，企业为解决商品发出后至收到托收货款前所需要的在途资金而借入的款项。企业在发货后的规定期间（一般为三天，特殊情况最长不超过七天）内向银行托收的，可申请托收承付结算贷款。贷款金额通常按托收金额和商定的折扣率进行计算，大致相当于发出商品销售成本加代垫运杂费。企业的货款收回后，银行将自行扣回其贷款。

(4) 票据贴现贷款，是持有银行承兑汇票或商业承兑汇票的企业，在发生经营周转困难时，申请票据贴现的贷款，期限一般不超过三个月。贴现贷款额一般是票据的票面金额扣除贴现息后的金额，贴现贷款的利息即为票据贴现息，由银行办理贴现时先行扣除。

(5) 卖方信贷，是产品列入国家计划，质量在全国处于领先地位的企业，经批准采取分期收款销售引起生产经营资金不足而向银行申请取得的贷款。这种贷款应按货款收回的进度分次归还，期限一般为1~2年。

(6) 预购定金贷款，是商业企业为收购农副产品发放预购定金而向银行借入的款项。这种贷款按国家规定的品种和批准的计划标准发放，实行专户管理，贷款期限最多不超过一年。

(7) 专项储备贷款，是商业批发企业由国家批准储备商品而向银行借入的款项。这种贷款必须实行专款专用，贷款期限根据批准的储备期确定。

（二）短期银行贷款的核算

短期银行贷款的核算主要包括借入时、利息提取及支付偿还本金三个环节的处理。短期银行贷款一般期限不长，通常在取得贷款日，按取得的金额入账。利息支出，是企业理账活动中为筹集资金而发生的耗费,应作为一项财务费用计入当期损益。由于利息支付的方式不同,其会计核算也不完全一样。若短期银行贷款的利息按月计收,或者还本付息一次进行、但利息数额不大时,利息费用可直接计入当期损益;若短期银行贷款的利息按季(或半年)计收,或者还本付息一次进行、但利息数额较大时,则可采用预提的方式按月预提、确认和计入费用。具体操作如下:

(1) 企业所发生的短期贷款业务,应设置"短期贷款"科目。该科目应按照债权人和短期贷款的种类设置明细科目,按照明细进行分类核算。该科目的贷方登记取得的贷款本金,借方登记贷款本金的偿还;期末贷方余额表示期末尚未偿还的贷款本金,列示在资产负债表负债方的流动负债项下。对短期贷款利息,应设置"财务费用"科目。该科目的借方登记利息费用的发生,贷方登记期末结转至"本年利润"科目的金额。

(2) 短期银行贷款的目的一般是为了弥补企业自有流动资金的不足,属于企业流动负债,因此,其利息应作为财务费用处理。

(3) 如果企业的短期银行贷款利息是按月支付的,或者短期银行贷款的利息数额不大时,根据会计上的重要性原则,可以在实际支付时,或者收到银行的计息通知时,直接计入"财务费用"科目;如果短期银行贷款利息是按季支付的,或者是在贷款到期时连本金一起归还且利息数额较大的,为了正确计算各期盈亏,应按照预提的方法,按月预提,计入损益。

四、票据贴现

票据贴现是企业将未到期的应收商业承兑汇票或者银行承兑汇票向银行提前转让,以获取现金的行为。银行以票面余额扣除贴现利息后的票款付给收款人,汇票到期时,银行凭票向承兑人收取现款。就客户而言,贴现即贴息取现。一般来讲,用于贴现的商业汇票主要包括商业承兑汇票和银行承兑汇票两种。

(一) 申请票据贴现的条件

申请票据贴现的单位必须是具有法人资格或实行独立核算、在银行开立有基本账户并依法从事经营活动的经济单位。贴现申请人应具有良好的经营状况,具有到期还款能力,贴现申请人持有的票据必须真实,票式填写完整、盖印、压数无误,凭证在有效期内,背书连续完整。贴现申请人在提出票据贴现的同时,应出示贴现票据项下的商品交易合同原件并提供复印件,或者其他能够证明票据合法性的凭证,同时还应提供能够证明票据项下商品交易确已履行的凭证(如发货单、运输单、提单、增值税发票等复印件)。

(二) 票据贴现和发放贷款的异同

票据贴现和发放贷款,都是银行的资产业务,都为客户融通资金,但二者之间却有许多差别。

(1) 资金流动性不同。由于票据的流通性,票据持有者可到银行或贴现公司进行贴现,换得资金。一般来说,贴现银行只有在票据到期时才能向付款人要求付款,但银行如果急需资金,可以向中央银行再贴现。而贷款是有期限的,在到期前是不能回收的。

(2) 利息收取时间不同。贴现业务中利息的取得是在业务发生时即从票据面额中扣除,是预先扣除利息。而贷款是事后收取利息,它可以在期满时连同本金一同收回,或根据合同规定,定期收取利息。银行在贴现票据时,贴现付款额的计算公式为:

银行贴现付款额 = 票据面额 $\times (1 - $ 年贴现率 $\times$ 贴现后到期天数$/365$ 天$)$

(3) 利息率不同。票据贴现的利率要比贷款的利率低,因为持票人贴现票据是为了得到现有资金的融通,并非没有这笔资金。如果贴现率太高,则持票人取得融通资金的负担过重,成本过高,贴现业务就不可能发生。

(4) 资金使用范围不同。持票人在贴现了票据以后,就完全拥有了资金的使用权,他可以根据自己的需要使用这笔资金,而不会受到贴现银行和公司的任何限制。但借款人在使用贷款时,要受到贷款银行的审查、监督和控制,因为贷款资金的使用情况直接关系到银行能否很好地回收贷款。

(5) 债权的关系人不同。贴现的债务人不是申请贴现的人而是出票人(付款人),遭到拒付时才能向贴现人或背书人追索票款。而贷款的债务人就是申请贷款的人,银行直接与借款人发生债务关系。有时银行也会要求借款人寻找保证人以保证偿还款项,但与贴现业务的关系人相比还是简单得多。

(6) 资金的规模和期限不同。票据的期限较短,一般为 2~4 个月。票据贴现的金额一般不太大,每笔贴现业务的资金规模有限,可以允许部分贴现。然而贷款的形式多种多样,期限长短不一,规模一般较大,贷款到期的时候,经银行同意,借款人还可继续贷款。

思考案例

2011 年,福建省邵武中竹纸业有限责任公司(以下简称中竹纸业)与上海浦东发展银行股份有限公司温州分行签订了邵武市首份股权质押合同,获贷款 1.87 亿元。中竹纸业是邵武市一家龙头企业,因发展需要,与浦发银行达成亿元贷款意向,因无法提供可抵押的不动产,贷款陷入困境。邵武市工商部门获悉情况后,一方面建议中竹纸业以相应的股权作质押担保,并派业务骨干指导企业完善资料,填写相关表格,并为其办理了所有的股权质押登记手续;另一方面,积极与浦发银行温州分行沟通协商,得到银行认可,并以最快速度为中竹纸业提供了 1.87 亿元贷款。

股权质押是以公司股权为标的物而设定的质押行为,相对于其他担保方式,股权质押具有成本较低、手续简便、效率高等特点。同时,股权质押经工商部门登记后即具备物权效力,且股权在押期间因被工商部门锁定而无法进行转让,可有效降低银行风险。

案例来源:中国经济网

【思考】中竹纸业是采用银行贷款的形式融资的吗?具体采用的哪种形式?

案例分析

阿里巴巴美国上市

阿里巴巴于美国时间2014年9月19日在纽约证券交易所进行IPO，股票代码为"BABA"。美国东部时间9月19日上午9时30分，阿里巴巴集团的8名客户敲响上市的钟声，标志着这家互联网公司正式登陆美国纽约证券交易所。按每股68美元和发行股数计算，阿里巴巴将筹资218亿美元，超越美国历史上各大互联网科技公司上市的筹资规模。不仅如此，阿里巴巴整个公司的估值也由此高达1680亿美元，一举超过美国网络公司eBay、领英与推特的总和，成为纽约证交所上市公司中市值最大的公司之一。

自从2014年5月向美国证交会提交上市申请以来，阿里巴巴就成为美国资本市场和媒体追逐的焦点。据悉，9月8日阿里巴巴在纽约举行上市的首场路演，吸引了800多位投资界人士到场。路演启动仅两天后就已收到足够的订单。投资者盼望能从这场盛宴中分得一杯羹。由于需求旺盛，阿里巴巴及其承销商团队9月15日决定提高IPO定价，由原先确定的每股60~66美元，上调至66~68美元。而9月18日最终确定的价格，为上调后价格区间的上限。

面对纷至沓来的投资者，阿里巴巴将它的投资者基础定位在一些大的共同基金公司，比如富达、贝莱德集团等，这些投资公司有望对阿里巴巴进行长线投资。

阿里巴巴的上市，给其早期投资者带来了丰厚回报。资料显示，阿里最大的股东为日本软银集团和美国雅虎公司。按照9月18日确定的每股68美元，软银所持股份价值542亿美元，雅虎通过减持部分股份将从阿里上市中套现近83亿美元。马云个人通过出售部分股份将收入8.67亿美元，其持有的剩余股份价值131亿美元。

案例来源：http://www.dianpifa.com/news/140246

【思考】

1. 阿里巴巴在美国纽交所上市，无疑是2014年最热的事件之一，你是如何看待阿里巴巴在美国上市的？
2. 阿里巴巴在美国上市的目的是什么？
3. 中国企业境外上市有何优势，又伴随着哪些风险呢？

请分组准备资料进行讨论，并以PPT的形式展示讨论成果。

第三节 股权融资

股票市场是股票发行和交易的场所，包括发行市场和流通市场两部分。股份公司通过面向社会发行股票，迅速集中大量资金，实现生产的规模经营；而社会上分散的资金盈余者本着"利益共享、风险共担"的原则投资股份公司，谋求财富的增值。

一、股票市场的基本功能

股市一方面为股票的流通转让提供了基本的场所；另一方面也可以刺激人们购买股票的欲望，为一级股票市场的发行提供保证。同时由于股市的交易价格能比较客观地反映出股票市场的供求关系，股市也能为一级市场股票的发行提供价格及数量等方面的参考依据。股票市场的职能反映了股票市场的性质。在市场经济社会中，股票有如下四个方面的职能。

1. 积聚资本

上市公司通过股票市场发行股票来为公司筹集资本。上市公司将股票委托给证券承销商，证券承销商再在股票市场上发行给投资者。而随着股票的发行，资本就从投资者手中流入上市公司。

2. 转让资本

股市为股票的流通转让提供了场所，使股票的发行得以延续。如果没有股市，很难想象股票将如何流通，这是由股票的基本性质决定的。当一个投资者选择银行储蓄或购买债券时，他不必为这笔钱的流动性担心。因为无论怎么说，只要到了约定的期限，他都可以按照约定的利率收回利息并取回本金，特别是银行存款，即使提前去支取，除本金外也能得到少量利息。总之，将投资撤回、变为现金不存在任何问题。但股票就不同了，一旦购买了股票就成为企业的股东，此后，我们既不能要求发行股票的企业退股，也不能要求发行企业赎回。如果没有股票的流通与转让场所，购买股票的投资就变成了一笔死钱，即使持股人急需现金，股票也无法兑现。这样的话，人们对购买股票就会有后顾之忧，股票的发行就会出现困难。有了股票市场，股民就可以随时将持有的股票在股市上转让，按比较公平与合理的价格将股票兑现，使死钱变成活钱。

3. 转化资本

股市使非资本的货币资金转化为生产资本，它在股票买卖者之间架起了一座桥梁，为非资本的货币向资本的转化提供了必要的条件。股市的这一职能对资本的追加、促进企业的经济发展有着极为重要的意义。

4. 给股票赋予价格

股票本身并无价值，虽然股票也像商品那样在市场上流通，但其价格的多少与其所代表的资本的价值无关。股票的价格只有在进入股票市场后才表现出来。股票在市场上流通的价格与其票面金额不同，票面金额只是股票持有人参与红利分配的依据，不等于其本身所代表的真实资本价值，也不是股票价格的基础。在股票市场上，股票价格有可能高于其票面金额，也有可能低于其票面金额。股票在股票市场上的流通价格是由股票的预期收益、市场利息率以及供求关系等多种因素决定的，但即使这样，如果没有股票市场，无论预期收益如何，市场利率有多大的变化，也不会对股票价格造成影响。所以说，股票市场具有赋予股票价格的职能。

二、股票发行融资

(一) 股票发行的目的

(1) 设立发行。即在股份公司设立或经改组、变更而成立股份公司时,为募集资本而进行的股票发行。

(2) 增资发行新股。即股份公司成立以后,在其存续期间为增加资本而发行股票。

(3) 发放股票股利。

(二) 股票发行方式

股票发行方式是指公司通过何种途径发行股票。股票的发行方式可分为如下两类:

(1) 公开间接发行。公开间接发行是指通过中介机构,公开向社会公众发行股票。我国股份有限公司采用募集设立方式向社会公开发行新股时,须由证券经营机构承销的做法,就属于股票的公开间接发行。这种发行方式的发行范围广、发行对象多,易于足额募集资本;股票的变现性强,流通性好;股票的公开发行还有助于提高发行公司的知名度和扩大其影响力。但这种发行方式也有不足,主要是手续繁杂,发行成本高。

(2) 不公开直接发行。不公开直接发行是指不公开对外发行股票,只向少数特定的对象直接发行,因而不需经中介机构承销。我国股份有限公司采用发起设立方式和以不向社会公开募集的方式发行新股的做法,即属于股票的不公开直接发行。这种发行方式弹性较大,发行成本低;但发行范围小,股票变现性差。

(三) 股票的销售方式

股票的销售方式,指的是股份有限公司向社会公开发行股票时所采取的股票销售方法。股票销售方式有两类:自销和委托承销。

(1) 自销方式。股票发行的自销方式,是指发行公司自己直接将股票销售给认购者。这种销售方式可由发行公司直接控制发行过程,实现发行意图,并可以节省发行费用;但往往筹资时间长,发行公司要承担全部发行风险,并需要发行公司有较高的知名度、信誉和实力。

(2) 委托承销方式。股票发行的委托承销方式,是指发行公司将股票销售业务委托给证券经营机构代理。这种销售方式是发行股票所普遍采用的。我国《公司法》规定股份有限公司向社会公开发行股票,必须与依法设立的证券经营机构签订承销协议,由证券经营机构承销。股票承销又分为包销和代销两种具体办法。所谓包销,是根据承销协议商定的价格,证券经营机构一次性全部购进发行公司公开募集的全部股份,然后以较高的价格出售给社会上的认购者。对发行公司来说,包销的办法可及时筹足资本,免于承担发行风险(股款未募足的风险由承销商承担);但股票以较低的价格售给承销商会损失部分溢价。所谓代销,是证券经营机构代替发行公司代售股票,并由此获取一定的佣金,但不承担股款未募足的风险。

（四）股票发行价格

股票的发行价格是股票发行时所使用的价格，也就是投资者认购股票时所支付的价格。股票发行价格通常由发行公司根据股票面额、股市行情和其他有关因素决定。以募集设立方式设立公司首次发行的股票价格，由发起人决定；公司增资发行新股的股票价格，由股东大会做出决议。

股票的发行价格一般有以下三种：

（1）等价。等价是以股票的票面额为发行价格，也称平价发行。这种发行价格，一般在股票的初次发行或在股东内部分摊增资的情况下采用。等价发行股票容易推销，但无从取得股票溢价收入。

（2）时价。时价是以本公司股票在流通市场上买卖的实际价格为基准确定的股票发行价格。其原因是股票在第二次发行时已经增值，收益率已经变化。选用时价发行股票，考虑了股票的现行市场价值，对投资者也有较大的吸引力。

（3）中间价。中间价是以时价和等价的中间值确定的股票发行价格。

按时价或中间价发行股票，股票发行价格会高于或低于其面额。前者称为溢价发行，后者称为折价发行。如属溢价发行，发行公司所获的溢价款列入资本公积金。

我国《公司法》规定，股票发行价格可以等于票面金额（等价），也可以超过票面金额（溢价），但不得低于票面金额（折价）。

三、股票上市的目的

股份公司申请股票上市，一般出于以下目的：

（1）资本大众化，分散风险。股票上市后，会有更多的投资者认购公司股份，公司则可将部分股份转售给这些投资者，再将得到的资本用于其他方面，这就分散了公司的风险。

（2）提高股票的变现力。股票上市后便于投资者购买，提高了股票的流动性和变现力。

（3）便于筹措新资本。股票上市必须经过有关机构的审查批准并接受相应的管理，执行各种信息披露和股票上市的规定，这就大大增强了社会公众对公司的信赖，使之乐于购买公司的股票。同时，由于一般人认为上市公司实力雄厚，也便于公司采用其他方式（如负债）筹措资本。

（4）提高公司知名度，吸引更多顾客。股票上市公司为社会所知，并被认为经营优良，会带来良好声誉，吸引更多的顾客，从而扩大销售量。

（5）便于确定公司的价值。股票上市后，公司股价有市价可循，便于确定公司价值，有利于促进公司财富最大化。但股票上市也有对公司不利的一面。这主要包括：公司将负担较高的信息披露成本；各种信息公开的要求可能会暴露公司的商业秘密；股价有时会歪曲公司的实际状况，丑化公司声誉；可能会分散公司的控制权，造成管理上的困难。

四、影响股票价格的有关因素

(一) 影响股票价格的公司内部因素

(1) 赢利能力。赢利是企业发展的基础和经营的主要目的，因此赢利能力的变化会直接反映在股价的波动上面，是影响股票价格变动的最重要因素之一。

(2) 现金流量。现金流量是公司经营状况是否良好、债务偿还能力是否足够、支付股东现金股利是否充足的反映。一般来说，公司的现金流量状况越好，债务偿还能力和支付股东现金股利能力越强，公司股价越可能上升。

(3) 可持续成长能力。对于投资者来说，投资具有高成长性的企业也就意味着将来有较高的预期回报，因此会使股票价格升高。公司的成长性越好，未来赢利能力就会越强，相应地，股票的内在价值就会越大，股价上升的可能性就越大。

(4) 公司经营管理的变动。股份公司董事会、监事会人选的更换及经理人员的调整，可能改变公司的经营方针，进而影响公司的财务状况、赢利水平、股息政策等，这有可能会波及股票价格的变动。

(二) 影响股票价格的市场因素

股票市场对股票价格的影响是直接的、密切的，市场的供求状况、市场操纵等都会对股票价格造成影响。

(1) 市场供求。影响股票市场的供求关系是决定价格的直接因素。从经济学角度看，股价主要由股市本身的供求关系决定的，即由股票的总量和股市资金总量决定。当大量货币资金流入股市，造成股票供不应求时，股票价格就会上涨；反之，股价就会下跌。

(2) 市场操纵。主要是投资者通过买卖操作来影响证券市场价格。我国某些上市公司为了达到配股资格线，或为了逃避惩罚，纷纷进行业绩造假，操纵股市，左右股市价格，使股价严重偏离投资价值，加剧市场投机气氛。

(3) 主管机关的限制行为。证券主管机关为了维持股票市场的秩序，在某些股票价格因过度投机而大幅度波动时，会采取相应的措施予以平抑，从而影响股票价格。

(三) 影响股票价格的宏观经济因素

宏观经济政策因素是指国家针对经济领域出台的政策、法规、条例等因素，主要包括以下四个方面。

(1) 货币政策因素。货币政策的松紧直接关系到证券市场资金量的多少。在实行紧缩型货币政策时，货币供给减少，利率上升，对股价形成下跌压力；而实行扩张的货币政策意味着货币供给增加和利率下调，使股价水平趋于上升。

(2) 财政政策因素。一国的财政政策的实施不仅会对社会经济运行产生巨大影响，还将对证券市场交易产生重大影响。扩张型的财政政策会使股价上涨，紧缩型的财政政策会使股价下跌。

(3) 物价变动的影响。物价上升会使公司的资产净值相对提高,固定资产折旧相对降低,增强了公司的获利能力,因而其股票更具吸引力。同时,物价上升也促使社会公众因受通货膨胀的压力而将货币投于股票,寻求保值,从而引起股票市场供不应求,股价上升。相反,物价下降时,股价下跌。

(4) 国际收支的影响。国际收支赤字的增加会使国家为减少赤字而提高中央银行贴现率、收缩银根,结果一方面银行利率上升,另一方面本国货币贬值,对外国投资者失去吸引力,所以在此情况下,股票价格一般看跌。反之,股票价格就看涨。

(四) 其他因素

其他因素主要包括政治因素、社会心理因素等。尤其是投资者对股票价格的影响力不可低估,如果投资者对股票市场行情的前景过于悲观,就会大量抛售手中的股票,引起股价下跌;反之,如果投资者持乐观的态度,就会引起股价上涨。

第四节 债券融资

一、公司债券

(一) 公司债券的内涵

债券是政府、金融机构、工商企业等直接向社会借债以筹措资金时,向投资者发行,承诺按一定利率支付利息并按约定条件偿还本金的债权债务凭证。债券是现代经济中主要信用形式之一,也是各国经济和金融发展不可缺少的金融工具。按照发行主体划分,可分为政府债券、金融债券和企业(公司)债券。公司债券的风险与企业本身的经营状况直接相关,由于具有较大风险,它们的利率通常也高于政府债券。

公司债券包含以下四层含义:

(1) 债券的发行人是股份制公司,是资金的借入者。

(2) 购买债券的投资者是资金的借出者。

(3) 发行人(借入者)需要在一定时期内还本付息。

(4) 债券是债务证明书,具有法律效力。债券购买者与发行者之间是一种债权债务关系,债券发行人即债务人,投资者(或债券持有人)即债权人。

(二) 公司债券的特征

公司债券具有债券的一般特征,即到期还本付息。作为债券的一种,与政府债券和金融债券相比,公司债券还具有以下特别之处。

1. 风险性

公司债券与政府债券或金融债券相比,风险较大。公司债券的还款来源是公司的经营利润，但是任何一家公司的未来经营都存在很大的不确定性，因此公司债券持有人承担着损失利息甚至本金的风险。

2. 收益率较高

按照风险与收益成正比的原则，要求较高风险的企业债券需提供给债券持有人较高的投资收益，公司债券利率通常高于国债和地方政府债券。

3. 优先性

公司债券反映的是债权关系，不拥有对公司的经营管理权，但是可以比股东优先享有索取利息和优先要求补偿和分配剩余资产的权利。债券持有者是公司的债权人，有权按期取得利息，且利息分配顺序优于股东；公司破产清理资产时，债券持有者也优先于股东收回本金。

（三）公司债券的发行方式

按照公司债券的发行对象，可分为公募发行和私募发行两种方式。

1. 公募发行

公募发行是指公开向不特定的投资者发行债券。公募债券发行者必须向证券管理机关办理发行注册手续。由于发行数额一般较大，通常要委托证券公司等中介机构承销。公募债券信用度高，可以上市转让，因而发行利率一般比私募债券利率低。公募债券采取间接销售，具体方式又可分为三种：

①代销。发行者和承销者签订协议，由承销者代为向社会销售债券。承销者按规定的发行条件尽力推销，如果在约定期限内未能按照原定发行数额全部销售出去，债券剩余部分可退还给发行者，承销者不承担发行风险。采用代销方式发行债券，手续费一般较低。

②余额包销。承销者按照规定的发行数额和发行条件，代为向社会推销债券，在约定期限内推销债券如果有剩余，须由承销者负责认购。采用这种方式销售债券，承销者承担部分发行风险，能够保证发行者筹资计划的实现，但承销费用高于代销费用。

③全额包销。首先由承销者按照约定条件将债券全部承购下来，并且立即向发行者支付全部债券价款，然后再由承销者向投资者分次推销。采用全额包销方式销售债券，承销者承担了全部发行风险，可以保证发行者及时筹集到所需要的资金，因而包销费用也较余额包销费用高。

2. 私募发行

私募债券是指面向少数特定的投资者发行债券，一般以少数关系密切的单位和个人为发行对象，不对所有的投资者公开出售。具体发行对象有两类：一类是机构投资者，如大的金融机构或是与发行者有密切业务往来的企业等；另一类是个人投资者，如发行单位自己的职工，或是使用发行单位产品的用户等。私募发行大多采取直接销售的方式，不经过证券发行中介机构，不必向证券管理机关办理发行注册手续，可以节省承销费用和注册费用，手续比较简便。但是私募债券不能公开上市，流动性差，利率比公募债券高，发行数额一般不大。

公募债券与私募债券在欧洲市场上区分并不明显，可是在美国与日本的债券市场上，这种区分是很严格的,并且也是非常重要的。在日本发行公募债券时,必须向有关部门提交《有价证券申报书》,并且在新债券发行后的每个会计年度还要向日本政府提交一份反映债券发行国有关情况的报告书。在美国,在发行公募债券时必须向证券交易委员会提交《登记申报书》,其目的是向社会上广泛的投资者提供有关债券的情况及其发行者的资料,以便于投资者监督和审评,从而更好地维护投资者的利益。

(四) 公司债券的发行价格

债券的发行价格按照与票面金额的差异可以分为平价发行、溢价发行和折价发行。

(1) 平价发行,指债券的发行价格和票面额相等,因而发行收入的数额和将来的还本数额也相等。平价发行的前提是债券发行利率和市场利率相同,这在西方国家比较少见。

(2) 溢价发行,指债券的发行价格高于票面额,但以后偿还本金时仍按票面额偿还。只有在债券票面利率高于市场利率的条件下才能采用这种方式发行。

(3) 折价发行,指债券发行价格低于债券票面额,而偿还时却要按票面额偿还本金。折价发行是因为规定的票面利率低于市场利率。

(五) 公司债券信用评级

1. 公司债券信用评级的内涵

公司债券信用评级,是评级机构根据发行债券的公司提供的有效信息和自身搜集的信息,对该债券是否能按照约定支付本金和利息的可靠程度进行评价,并用简单的符号表示不同级别,进而给投资者提供有关信用风险方面的陈述意见,有时随着公司经营的变化或者外部客观情况的变化评级机构会变更评级结果。

信用评级有狭义的和广义的两种定义。狭义的信用评级指独立的第三方信用评级中介机构对债务人如期足额偿还债务本息的能力和意愿进行评价,并用简单的评级符号表示其违约风险及其损失的严重程度。广义的信用评级则是对评级对象履行相关合同和经济承诺的能力和意愿的总体评价。

2. 我国公司债券信用评级

①我国公司债券信用评级的指标体系

信用评级机构主要提供被评主体的风险信息,在对公司债券的评级中,债券评级指标体系是评级机构开展评级调查的指南,是决定被评对象信用等级的标准。我国的资信评级业发展历史不长,国内的专业评级机构采用的技术与方法大多都是学习和借鉴国际著名的评级机构的先进经验,再充分结合我国资本市场的状况、相应的政策法规、公司会计准则等多方面的特点,从而形成我国公司债券评级的指标体系的。

②我国公司债券级别表示

公司债券按照上述指标体系计算出分数以后,就可以确定公司债券的级别。根据国际上通用的表达方式,一般采用 ABC 来表示公司债券的信用级别,再结合我国评级机构的特点,评级主要侧重两个方面,一方面是债券到期还本付息的能力,即债券的违约风险,同时还包括公司债券抵御经济环境变化带来的冲击、经济政策和形势变化带来的影响的能力；另一方面是投资者对债券的投资风险。公司债券的设置、表达符号及含义如表2-1所示。

③ 我国债券评级发展历程

我国企业债券和公司债券既有区别，也存在联系，2007年8月证监会公布《公司债券发行试点办法》以后，才有了真正意义上的公司债券。我国债券评级的发展历程大体可分为两个阶段：

第一阶段是企业债券评级。1987年国务院颁布了《企业债券管理暂行条例》，规定企业发行债券必须经中国人民银行审批。中国人民银行吉林省分行成立的第一家债券评级机构，主要评级范围是企业债券，随后各地成立的资信评估公司有20家之多。到1990年，一些信用较差、规模较小的企业也进入债券市场进行债券融资，由于当时缺乏一些行业基本规范，导致市场中出现了一定的经济隐患。1990年8月，中国人民银行下发了《关于设立信誉评级委员会有关问题的通知》，对银行内部信用评级的组织体系进行了规范。1993年8月国务院颁布了《企业债券管理条例》，规定企业发行的企业债券可以向认可的债券评级机构申请债券评级。1996年5月，《上海证券交易所企业债券上市管理规则》和《深圳交易所企业债券上市管理规则》中规定，凡是申请上市的债券的信用等级不得低于A级。1997年12月，中国人民银行认可了中国诚信证券评估有限公司、大公国际资信评估有限责任公司、深圳市资信评估公司、云南资信评估事务所、长城资信评估有限公司等9家可从事全国范围内企业债券评级业务的评级公司。

第二阶段是公司债券评级。2003年8月，中国证监会颁布了《资信评级机构出具证券公司债券信用评级报告准则》，其中规范了评级报告的内容与格式，并规定了资信评级机构应当在首次评级报告之后进行定期与不定期的跟踪评级。2007年8月，中国证券监督委员会公布的《公司债券发行试点办法》，以及颁布实施的《证券市场资信评级业务管理暂行办法》，从业务规则、法律责任等方面对证券资信评级业务进行了比较系统地规范。2007年9月，中国长江电力股份有限公司发行公司债券40亿元，这是我国真正意义的首只公司债券，标志着公司债券正式登陆我国资本市场。

表2-1 公司债券的设置、表达符号及含义

等级符号	含 义
AAA	受评对象偿还债务的能力极强，基本不受不利经济环境的影响，违约风险极低
AA	受评对象偿还债务的能力很强，受不利经济环境的影响较小，违约风险很低
A	受评对象偿还债务的能力较强，较易受不利经济环境的影响，违约风险较低
BBB	受评对象偿还债务的能力一般，受不利经济环境的影响较大，违约风险一般
BB	受评对象偿还债务的能力较弱，受不利经济环境的影响很大，有较高违约风险
B	受评对象偿还债务的能力较大地依赖于良好的经济环境，违约风险很高
CCC	受评对象偿还债务的能力极度依赖于良好的经济环境，违约风险很高
CC	受评对象在破产或重组时可获得保护较小，基本不能保证偿还债务
C	受评对象不能偿还债务

注：除AAA级和CCC级以下等级外，每一个信用等级可用"+""-"符号进行微调，表示略高或略低于本等级级别。通常BBB级以上称为投资级，BB级及以下级别称为投机级。

二、可转换公司债券

(一) 可转换公司债券的含义

可转换公司债券,又称可转换债券、可转债,是一种可以在特定时间、按特定条件转换为普通股股票的特殊公司债券。我国2006年5月8日起施行的《上市公司证券发行管理办法》明确定义可转换公司债券为发行公司依法发行、在一定期间内依据约定的条件可以转换成股份的公司债券。

可转换公司债券是一种兼具了债务性、股权性和期权功能的混合型融资工具。可转债持有人可以选择持有至债券到期,要求发行人还本付息;也可以选择在约定的时间内转换成股票,享受股利分配或资本增值。可转换债券对于投资者来说,是多了一种投资选择机会。其实质是由普通债券与认股权证组成的混合金融衍生工具。因此,即使可转换债券的收益比一般债券收益低些,但在投资机会选择的权衡中,这种债券也受到投资者的欢迎。可转换债券在国外债券市场上颇为盛行。早在1843年,美国New York Erie铁路公司就发行了世界上第一只可转债。

(二) 可转换公司债券的特性

可转换公司债券是一种混合融资工具,含有以下六种特性。

1. 债权性

与其他债券一样,可转换债券也有规定的利率和期限。投资者可以选择持有债券到期,收取本金和利息;也可以在未到期时在二级市场上抛售债券,获取本金和价差收益。

2. 股权性

可转换债券在转换成股票之前是纯粹的债券,但在转换成股票之后,原债券持有人就由债权人变成了公司的股东,可参与企业的经营决策和红利分配。

3. 可转换性

可转换性是可转换债券的重要标志,债券持有者可以按约定的条件将债券转换成股票。转股权是持有可转换债券的投资者享有的、一般债券持有者所没有的选择权。可转换债券在发行时就明确约定债券持有者可按照发行时约定的价格将债券转换成公司的普通股股票。对投资者来说,转换前为债权人,享受利息;转换后为股东,可以获得红利或资本收益。对发行人来说,转换前属于债务,转换后属于股权资本。可转债的价值在涨势中与股价联动,在跌势中可收息保本。

4. 可赎回性

赎回是指发行人在可转债发行一段时期后,当标的股票市价持续一段时间高于转股价格且达到某一幅度时,发行人有权按照契约约定的价格从投资者手中买回尚未转股的可转债,一旦公司发出赎回通知,可转债持有者必须立即在转股或卖出可转债之间做出选择。因此,赎回条款最主要的功能是强制可转债持有者行使其转股权,从而加速转换,因此它又被称为加速条款。

5. 可回售性

可转换债券的投资者还享有将债券回售给发行者的权利。一些可转换债券附有回售条款，规定当公司股票的市场价格持续低于转股价（即按约定可将债券转换成股票的价格）达到一定幅度时，债券持有人可以把债券按约定条件售给债券发行人。

6. 风险中性

当发行人的风险水平提高时，随着发行人违约率的提高，可转债价值中纯债券的部分价值降低；但与此同时，发行人标的股票的价格波动率也会相应提高，则可转债的转换期权价值会升高。这样，可转债纯债券价值的下降与转换期权价值的上升会相互抵消，从而导致可转债的价值对发行人风险水平的变化相对不太敏感。布伦南和施瓦茨（Brennan and Schwartz，1988）把可转债的这种特征称为"风险中性"。

（三）可转换公司债券的优缺点

1. 可转换公司债券的优点

（1）可转换公司债券通过出售看涨期权可降低融资成本

可转换公司债券发行相当于投资者投资了一份买入期权，其票面利率低于其他普通债券，也就是说在投资者转股之前，发行公司需要支付的利息低于其他普通债券的利息，减轻了企业的负担。

（2）可转换公司债券可使发行公司获得长期稳定的资本供给

可转换债券的发行可看作未来股票的发行或配股，可转换公司债券在转换前作为公司的负债，而转换后则成为了公司所有者权益的一部分，本来需要还本付息的债务转变为永久性的资本投入。这样就增强了发行公司日后运营的举债能力。

（3）可转换公司债券可改善发行公司资本结构

发行可转换公司债券，可使得公司的原本资产负债比率提高，有利于优化公司的资本结构，有利于发挥财务杠杆作用和税盾效应，进而可以提高股权资本的收益率。借助可转换公司债券这种工具，公司在资本结构的调整上就有了一定的弹性，从而能够适应日趋复杂多变的理财环境。

2. 可转换公司债券的缺点

（1）可转换债券的定价难题

对于发行公司来说，可转换公司债券虽然票面利率低于其他普通债券，但降低的幅度难以确定。制定的票面利率高，会增加成功发行的可能性；制定的票面利率低，成本固然降低了，但很可能丧失债券的投资吸引力，导致债券不能成功发行。

（2）公司的财务风险

如果标的股票价格长期达不到约定的转换价格，公司将被迫以较高的代价来提前赎回，这样就会造成公司流动资金紧张。另外，若可转换公司债券不能按期转换成股票，势必会提高企业资产负债率，这样便加大了企业的财务风险，造成了发行公司在资本市场上再融资的困难。

（3）公司稀释股权风险

可转换公司债券实现转股后，流通在外的股权数增加了，稀释了原有的股权结构，摊薄了每股净收益，损害了原有股东的利益。同时，发行公司就丧失了原有债券利息抵税的好处。

（4）投资者的收益存在风险

对于投资者来说，持有可转换公司债券也是存在风险的。如果公司经营不善，其股价长期低迷，达不到转换价格，投资者就只能选择长期持有。由于其利率低于其他普通债券，因此，得到的利息收入十分有限。另外，当市场利率发生改变时，比如利率升高时，投资者得到的收益则相对将变得更低。

巩固案例

长江三峡工程开发总公司2001年的债券融资

中国长江三峡工程开发总公司是由国务院批准成立的，计划在国家单列的自主经营、独立核算、自负盈亏的特大型国有企业，是三峡工程的项目法人，全面负责三峡工程的建设、资金的筹集以及项目建成后的经营管理。三峡总公司拥有全国特大型的水力发电厂葛洲坝水力发电厂，今后还将按照国家的要求，从事和参与长江中上游流域水力资源的滚动开发。该公司财务状况较好，净利润的增长速度较快，资产负债率也较理想，最高也未超过50%（我国大多数企业的资产负债率在30%～40%）。

本期债券的基本事项：

（1）债券名称：2001年中国长江三峡工程开发总公司企业债券。

（2）发行规模：人民币50亿元整。

（3）按债券品种不同分为10年和15年。其中10年期浮动利率品种20亿元，15年期固定利率品种30亿元。

（4）发行价格：平价发行，以1000元人民币为一个认购单位。

（5）债券形式：实名制记账式企业债券，使用中央国债登记结算有限责任公司统一印制的企业债券托管凭证。

（6）债券利率：本期债券分为10年期和15年期两个品种。10年期品种采用浮动利率的定价方式，15年期品种采用固定利率方式，票面利率为5.21%。

案例来源：百度文库

【思考】

1. 案例中长江三峡工程开发总公司的债券发行是哪种形式？
2. 如果你有闲置的资金，是否愿意购买公司发行的债券？为什么？

资本运营理论与实务

第五节 其他融资方式

一、风险投资

(一) 风险投资的概念

风险投资一词属于外来语,它所对应的英文是 venture capital,简称 VC,也可翻译为风险资本、创业投资,属于投资范畴,是资本运营方式之一,具有广义和狭义之分。

广义的风险投资泛指一切具有高风险、高潜在收益的投资,其突出特点在于"高风险、高收益",强调其有强烈的"承受风险"的特征,同时以得到中长期高投资收益的机会作为高投资风险的回报。与传统投资的回避风险相比,广义风险投资的不同之处在于试图驾驭风险。

狭义的风险投资是指以高新技术为基础,生产与经营技术密集型产品的投资,其侧重点不仅在于"高风险、高收益",还在于投资对象主要是那些处于启动期或发展初期却快速成长的新兴技术型企业,并主要着眼于那些具有发展潜力的高科技产业。现在看来,狭义的风险投资定义更为理论界和实务界所接受。例如美国风险投资协会将风险投资定义为:由职业金融家投入到新兴的、迅速发展的、有巨大竞争潜力的企业中的一种权益资本。

从资本运营的角度看,风险投资是指向具有高增长潜力的创业企业进行股权投资,并通过提供创业管理服务参与所投资企业的创业过程,以期在所投资企业发育成熟后通过股权转让实现高资本增值的资本运营方式。

(二) 风险投资与传统投资的主要区别

传统投资主要是指银行贷款、传统产业投资等。风险投资与传统投资的主要区别如表 2-2 所示。

(三) 风险投资的特征

风险投资与一般投资活动相比,既有共性,也有其特殊之处。综合考虑风险投资在投资对象特征、投资特性和风险投资者的作用三个方面,风险投资具有如下五个特征。

1. 高风险性

风险投资的高风险性是由风险投资的对象决定的。传统投资的对象往往是成熟企业,社会地位、信誉、技术、市场和管理等风险均已得到克服,因而风险很小;而风险投资的对象主要是高科技中小企业,它看重投资对象潜在的技术能力和市场潜力,因而具有很大的不确定性,即风险性。从新产品的研究和开发到推向市场过程较长,其中每一个环节都可能面临许多失败的风险。这种风险表现为管理风险、市场风险、政策风险、财务风险、技术风险的组合,因此,一着不慎,就会满盘皆输。从投资回报上看,大多数的风险投资项目都是失败的。在美国硅谷,有一个广为流传的所谓"大拇指定律",即在10个由风险投资支持的创业公司中,有3个会垮台,3个会勉强生存,还有3个能够上市并有不错的市值,只有1个能够脱颖而出,大发其财。

表 2-2 风险投资与传统投资的主要区别

项 目	风 险 投 资	传 统 投 资
投资对象	中小企业为主	大中型企业为主
资本用途	高新技术企业创业及新产品开发	传统企业扩大生产规模,技术改造等
投资方式	股权投资	借贷方式
投资审查	重点是技术实现的可能性,关键是技术创新与市场前景	重点是财务分析,关键是有无偿还能力
投资管理	合同关系,直接参与企业管理与决策	借贷关系,不参与企业管理与决策
投资风险	风险大	风险相对较小
投资收益	收益大,不确定性高	收益稳定,相对安全
市场重点	潜在市场,难以预测	现有市场,相对容易预测
人员素质	懂技术、管理、金融和市场,承受力强	懂财务管理,不要求懂技术和承受力强
投资回收	公开上市、兼并收购、回购、清算	按合同期限收回本息

2. 高收益性

根据风险价值理论的观点,高风险必然以高收益作为回报。事实证明,风险投资作为一种经济机制之所以能经受长时间考验,并没有因为高风险而衰败,反而蓬勃发展,关键是其所带来的补偿甚至超额补偿机制。

(1) 风险投资公司选择的投资企业是由非常专业化的风险投资家经过严格的程序筛选的。选择的投资对象一般是具有潜在市场规模大、高风险、高成长、高收益的新创事业或投资计划的企业,诸如信息技术、生物工程等高增长领域的企业。投资企业一旦成功,就会为投资者带来少则几倍、多则百倍甚至上千倍的投资收益。

(2) 风险投资家能获得投资企业较多股份。因为处于发展初期的小企业资本结构以自有资本为主,而非借贷资本。而风险投资恰恰能够提供该资金。

(3) 投资企业股票上市(IPO方式)是风险投资收益实现的最佳形式。从成功的投资中退出时所缴纳的资本收益税低于公司所得税,税收差异会使投资产生更大的收益。

(4) 风险投资不但提供资金,还会带来丰富的管理经验,从而弥补了一些企业家管理经验的不足,增加了企业快速取得成功的机会。

3. 投资过程高度专业化和程序化

由于风险投资主要投向高新技术产业,而且风险投资为了分散风险一般以基金的形式投资于一个包含10个项目以上的项目群,利用成功项目所取得的高回报来弥补失败项目的损失并获得收益。同时由于单个项目风险较大，这要求风险资本具有很高的专业水准，项目的选择要求高度专业化，并且要求通过严格的决策程序，精心组织、安排和挑选。尽可能减少投资风险。

4. 中长期性

风险投资属于长期权益资本，这是由投资对象的特点决定的。高新技术的产业化通常分为技术酝酿与发明、技术创新、技术扩散和工业化大生产四个阶段，与之相适应的风险投资投入也分为四个阶段，即种子期、导入期、成长期和成熟期，如图2-1所示，即风险投资不会将创业资本一次性投入创业企业，而是随着企业的发展分阶段注入。风险投资从最初的投入到最后退出，通常需要3～7年的时间甚至更长。因此风险投资会在被投资企业滞留很长时间。

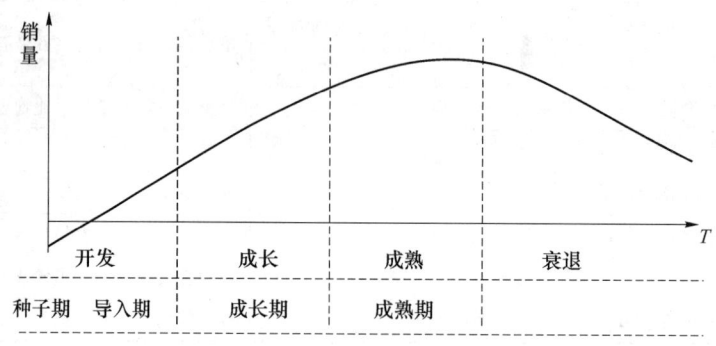

图2-1　高新技术产业的四个阶段与风险投资投入的四个阶段

5. 高度参与管理

与传统投资只提供资金而不介入企业或项目的管理不同，风险投资者在向高技术企业投入资金的同时，也参与企业或项目的经营与管理，因而表现出很强的"参与性"。一方面，参与管理是风险投资在公司治理结构方面的制度创新，由于投资的高风险特征，风险投资家为了有效地降低风险，会参与风险企业的管理，主要形式有组建、主导风险企业的董事会，策划追加投资，监控财务业绩和经营状况，物色、挑选和更换管理层，处理风险企业的危机事件。另一方面，风险投资家一般对于所投资领域具备丰富的经验，具有各类人才网络，这就保证了获得投资的公司同时能够在管理方面得到及时的指点和所需的人才资源。有关研究表明，由于风险投资者介入管理，使得风险企业的企业价值增大，得到风险资本支持的企业比没有得到风险资本的类似企业表现得更为出色，风险企业公开上市后，其股票也更加受人关注。

（四）风险投资的运行机制

在风险投资的运营过程中，风险资本从其供给开始，到退出结束，完成一个循环，如图2-2所示。风险投资运行主要包含三个主体：风险投资者、风险投资机构、创业企业。投资者是资金的供给者，风险投资机构是资金的运作者，风险企业是资金的使用者。在风险资本的循环中，各主体都可以获得相应回报。

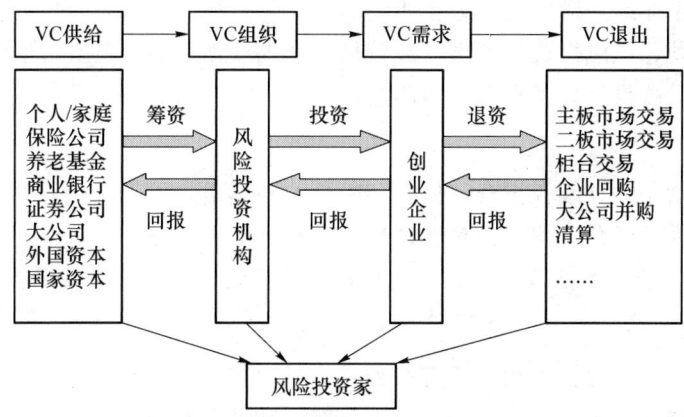

图 2-2　风险投资的运行机制

(五) 风险投资体系的构成

围绕着风险资本的循环和增值，风险资本体系由风险资本、风险投资人、投资对象、投资期限、投资目的、投资方式、风险资本市场和退出方式等要素构成。

1. 风险资本

风险资本是指由专业投资人提供给快速成长并且具有很大升值潜力的新兴公司的一种资本。风险资本通过购买股权、提供贷款或既购买股权又提供贷款的方式进入这些企业。风险资本的来源因时因国而异。一般有银行、保险公司、年金、外国资金、捐赠和公共基金以及大公司产业资金，个人和家庭资金占比较少。

2. 风险投资人

风险投资人大体可以分为以下四类：

(1) 风险资本家。他们用自身所有的资产向其他企业家投资，通过投资来获得利润。

(2) 风险投资公司。风险投资公司的种类有很多种，但是大部分公司通过风险投资基金来进行投资，这些基金一般以有限合伙制为组织形式。

(3) 产业附属投资公司。这类投资公司往往是一些非金融性实业公司下属的独立风险投资机构，他们代表母公司的利益进行投资。这类投资人通常主要将资金投向一些特定的行业。

(4) 天使投资人。这类投资人通常投资于非常年轻的公司以帮助这些公司迅速启动。在风险投资领域，"天使投资人"这个词指的是企业家的第一批投资人，这些投资人在公司产品和业务成型之前就把资金投入进来。

3. 投资对象

风险投资的产业领域主要是高新技术产业。以美国为例，1992 年对计算机和软件业投资的占 27%；其次是医疗保健产业，占 17%；再次是通信产业，占 14%；生物科技产业占 10%。

4. 投资期限

风险投资人帮助企业成长，但他们最终会寻求渠道将投资撤出，以实现增值。风险资本从投入被投资企业起到撤出投资为止所间隔的时间长短就称为风险投资的投资期限。作为股权投资的一种，风险投资的期限一般较长。其中，创业期风险投资通常在7～10年内进入成熟期，而后续投资大多只有几年的期限。

5. 投资目的

风险投资虽然是一种股权投资，但投资的目的并不是为了获得企业的所有权，不是为了控股，更不是为了经营企业，而是通过投资和提供增值服务把投资企业做大，然后通过公开上市（IPO）、兼并收购或其他方式退出，在产权流动中实现投资回报。

6. 投资方式

从投资性质看，风险投资的方式有三种：一是直接投资；二是提供贷款或贷款担保；三是提供一部分贷款或担保资金，同时投入一部分风险资本购买被投资企业的股权。但不管是哪种投资方式，风险投资人一般都附带提供增值服务。

7. 风险资本市场

从市场的开放程度和所参与企业的发展阶段来划分，风险资本市场又包含了三个子市场，它们是：①非正式的私人风险投资市场（Informal Business Angel），它是一个没有中介的市场，是富裕的家庭和个人直接向企业进行股份投资的市场，投资项目的选择、投资过程的管理、投资后的监控和投资的收获等均由投资者完成；②风险资本，它是一种有组织、有中介的资本形式，风险资本家是资本供给者和资本使用者之间的中介机构，它从资本供给者手中获取资本，再以股份投资的方式投到具有高成长性的新生中小企业中；③专门为中小高成长性企业设立的证券市场（Small Stock Market），通常称之为小盘股市场或二板市场，是高新技术企业走向市场、成为公众公司的第一步，它为企业的扩张提供了更为广阔的融资渠道，是风险资本市场的重要组成部分。

8. 退出方式

退出决策就是在风险投资收益最大化的目标下决定以什么方式和什么时间退出。风险投资从风险企业退出主要有四种方式：首次公开发行，也称公开上市；被其他企业兼并收购；股本回购；破产清算。显然，以何种方式退出，在一定程度上是风险投资成功与否的重要标志。能通过首次公开上市发行是风险投资家的奋斗目标，而破产清算则意味着风险投资可能会损失一部分或全部损失。

（六）风险投资运作过程

一般化的风险投资运作过程可分为以下六个主要环节：建立风险投资基金和搜寻投资机会；筹集风险资金以备投资；识别和筛选有潜力的投资项目；评估、谈判和达成投资协议；风险投资家和创业家共同通力合作发展风险企业；策划、实施风险投资退出风险企业，如图2-3所示。

1. 建立风险投资基金和搜寻投资机会

风险投资以基金方式运作，由于风险投资承担风险企业的各种风险，因此风险投资建立后，为了最大限度地降低投资风险，风险投资公司需要搜寻一定数量的投资项目，并对寻求投资的投资项目进行非常严格的筛选和评审，从而确定潜质较好的投资项目。

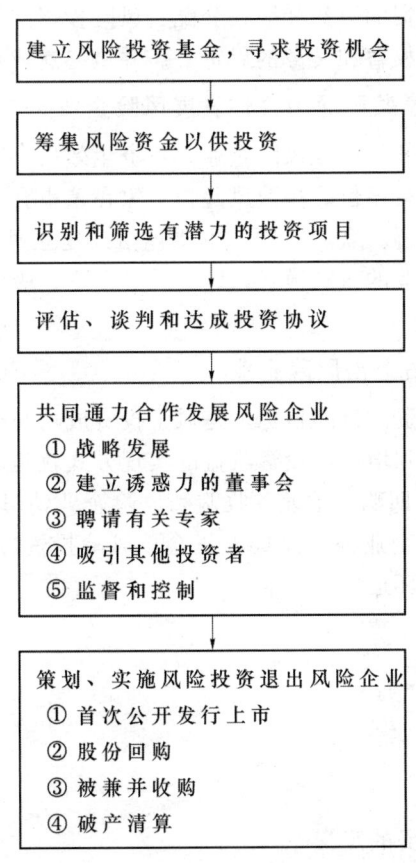

图 2-3 风险投资的基本过程

2. 筹集风险资金

风险资金的来源较多，国外主要包括退休基金、保险公司、公司财务基金、银行控股公司、富有家庭和个人、捐赠基金、投资银行及部分非银行金融机构等。而国内比较成熟的出资人主要有三类：机构投资者、政府和企业及富裕的个人。目前国内机构投资者中比较有代表性的就是全国社会保障基金会，即社保基金。相比社保基金，我国的保险公司、证券公司和商业银行则由于政策原因尚未涉足风险投资基金的出资。而政府出资包括两种：一种是追求投资回报的政府出资；另一种则是带有政府引导性质的财政性出资。

3. 识别和筛选有潜力的投资项目

风险投资家根据企业家提供的项目计划书，对项目进行初次审查，包括创业家的基本素质、投资项目的市场前景、产品技术的可行性、公司管理水平等方面。通过认真、仔细和综合的考察与了解，从大量寻求风险投资加入的风险企业中，筛选出真正具有发展潜力的少数企业，作为公司进行风险投资的初选企业。

4. 评估、谈判和达成投资协议

运用专业方法对初选企业提供的项目计划书和产品市场前景进行预测，如果风险投资家对申请项目做出肯定的技术和经济评价，双方便会进一步进入谈判阶段。谈判中主要解决的问题有：风险投资家投资的数额和股权分配、风险投资的分段投资时间、企业组织结构和管理层职务安排、双方权益和义务的界定等。并最终达成投资协议。

5. 风险投资家和创业家共同通力合作发展风险企业

协议签订后，风险投资开始进入风险企业，投资生效后，风险投资家便有了风险企业的股份，并在其董事会中占有席位。多数风险投资家在董事会中扮演着咨询者的角色。风险投资家和风险企业需共同解决众多问题，主要包括：建立风险企业的董事会和管理层，制定企业发展战略，设计企业的盈利模式，聘请外部专家，吸收其他的投资者以及企业的监督和控制等。

6. 策划、实施风险投资退出风险企业

退出风险企业是风险投资的最终目标，是风险投资成功与否的关键。经过投资项目的发展，最初的风险资本已得到增值，投资收益的实现方式就是退出。退出的方式主要有四种：公开上市（IPO）、股份回购、被兼并收购和风险企业清算。其中 IPO 方式退出的平均收益最高，但并不是每个企业都有这样的机会。风险投资应根据实际情况选择退出方式，以保证资金能够顺利循环运作。

二、创新融资方式

（一）私募股权

1. 私募股权（PE）投资的定义

私募是相对于公募而言的，就证券发行方法之差异，即以是否向社会不特定公众发行或公开发行证券的区别，界定为公募和私募，或公募证券和私募证券。私募股权投资与私募股权融资是相对的，一方是投资机构的私募股权投资过程，与之相对应的另一方就是企业的私募股权融资过程。

私募股权投资，也可翻译成"私有权益投资""私募资本投资"等，是指投资于非上市股权，或者上市公司非公开交易股权的一种投资方式。从投资方式角度看，私募股权投资是指通过私募形式募集资金，并对私有企业，即非上市企业进行的权益性投资，在交易实施过程中附带考虑了将来的退出机制，即通过上市、并购或管理层回购等方式，出售持股获利。

在对私募股权投资的理解上，有广义与狭义之分：（1）广义的 PE 为涵盖企业首次公开发行前各阶段的权益投资，即对处于种子期、初创期、成长期、扩张期、成熟期和 Pre-IPO 各个时期企业所进行的投资，以及上市后的私募（或定向募集）投资。（2）狭义的 PE 主要指对已经形成一定规模的，并产生稳定现金流的成熟企业的私募股权投资部分，主要是指创业投资后期的私募股权投资部分，而这其中并购基金和夹层资本在资金规模上占最大的一部分。在中国 PE 主要是指这一类投资。

2. 私募股权投资的特点

（1）私募。在资金募集上，主要通过非公开方式面向少数机构投资者或个人募集，它的销售和赎回都是基金管理人通过私下与投资者协商进行的。另外，在投资方式上也是以私募形式进行，绝少涉及公开市场的操作，一般无须披露交易细节。

（2）多采取权益型投资方式，绝少涉及债权投资，PE投资机构也因此对被投资企业的决策管理享有一定的表决权。反映在投资工具上，多采用普通股或者可转让优先股，以及可转债的工具形式。

（3）一般投资于非上市企业，绝少投资已公开发行公司，不会涉及要约收购义务。

（4）投资对象相对稳定。比较偏向于已形成一定规模和产生稳定现金流的成形企业，这一点与风险投资有明显区别。

（5）投资期限较长，一般可达3～5年或更长，属于中长期投资。

（6）流动性差，没有现成的市场供非上市公司的股权出让方与购买方直接达成交易。

（7）资金来源广泛，如富有的个人、风险基金、杠杆并购基金、战略投资者、养老基金、保险公司等都有可能成为私募股权投资的资金来源，并且是更稳定的融资来源。

（8）PE投资机构多采取有限合伙制。有限合伙制度是指在有一个以上的合伙人承担无限责任的基础上，允许更多的投资人承担有限责任的经营组织形式。这种企业组织形式有很好的投资管理效率，并避免了双重征税的弊端。

（9）投资退出渠道多样化，有首次公开募股IPO、售出（Trade Sale）、兼并收购（M&A）、标的公司管理层回购等。

3. 私募股权的运作流程

私募股权的运作流程可以分为三个部分，即资金募集、投资决策选择（又分为项目寻找、项目评估和项目管理）和退出渠道（包括公开上市、并购、股权回购和清算）。这三个部分将PE基金如何能够充分募集到资金、如何运用资金投资以及如何把资金从企业中安全地撤离并获取收益，有效地联结在了一起，使PE基金能良好地运作。

（二）QFII制度

自2002年起，中国证监会颁布《合格境外投资者境内证券投资管理办法》，标志着我国正式施行QFII（Qualified Foreign Institutional Investors）制度，中国证券市场逐步向境外投资者开放。该制度的引进，可以有限度地扩充我国资本市场的参与群体，增加资金供给量，为我国证券市场的国际化积累经验和奠定基础。QFII资金是上市公司筹资的重要来源。截至2012年6月底，QFII账户总资产合计2759.34亿元，较2011年年底上升8.55%。

2012年7月27日，中国证监会网站公布了《关于实施〈合格境外机构投资者境内证券投资管理办法〉有关问题的规定》（以下简称"新规定"）。该新规定降低了QFII资格要求，简化审批程序，放宽QFII开立证券账户、投资范围和持股比例限制，进一步完善监管制度。来自监管层的数据显示：在过去10年间，境外资金通过QFII投资我国资本市场取得了较好回报。2002年以来，QFII净汇入资金1213亿元，与截至2012年4月QFII资产2656亿元相比，累计盈利1443亿元。

然而过去几十年，国外金融资本和金融创新高速发展，各种组合形式层出不穷，百般变化，由于监管的缺乏、信息的不对称和道德风险的泛滥，金融创新带来了越来越多的"金融欺诈"和"风险不对称"，使得资本的基础所有人遭受了巨额的损失，自2008年以来的金融海啸不断暴露出金融创新滥用和缺乏监管的弊端。尤其是在2008年金融海啸中，雷曼兄弟、美林、高盛、摩根斯丹利、贝尔斯登等全球知名投资银行和"金融工具创新中心"纷纷倒闭、被收购或者转为银行，这更为滥用的金融创新敲响了警钟。

因此，进行企业资本筹措，必须明确"谁是资本的最终所有者"，不管其组织形式如何创新，筹资渠道也不会由于组织形式的变化而改变，金融精英可以创造资本的创新组织形式，提升社会资本的整合和使用效率，但创造不了基本筹资渠道，也改变不了资本最终所有者的地位。

从发展的角度来看，资金的提供者和资金的需求者之间将会越来越多地通过各种形式的中介机构进行资金的交易。在这个意义上，资本市场就是资金提供者和资金需求者之间的交易平台，该平台的存在和创新有利于整合资本，降低交易成本或者交易风险。因此，银行、信托公司、租赁公司等传统的金融机构和证券发行市场，如上海和深圳证券交易所、创业板、各种基金、风险投资公司、私募股权投资机构等，均是现代资本交易的组织形式，是联系最终的资金需求者和最终资金提供者的纽带。

风险投资成功与失败案例

成功案例：

◆1997年12月，中国创业投资有限公司联合华平、富达对亚信科技投资1800万美元；2000年3月，亚信作为中国首家互联网企业登陆纳斯达克，股价一度攀升到111美元/股。

◆1998年5月1日，IDG向从事财务软件开发的金蝶公司注资2000万元人民币，占有其25%的股份。在金蝶成功上市后，IDG仍持有其8750万股，占其股份的20%；金蝶上市后，股价一度在每股4港元以上，按照每股4港元计算，IDG在金蝶所持股份价值3.5亿港元，投资增值17.5倍。

失败案例：

◆中国新技术创业投资公司（简称中创公司）是我国成立最早的一家风险投资公司，称得上是我国风险投资业的先行者，但不幸的是，由于持续亏损，1998年6月22日中国人民银行责令其停业关闭。

◆中国香港明珠兴业集团是以房地产、酒店和金融业为主的上市公司，资产一度达到300亿港元，2000年3月，明珠兴业宣布向"中关村在线"注资3亿元人民币，给正在疯狂的互联网投资加上了一把火，这是当时港资进入国内互联网以来最大的一笔投资。但2000年6月，纳斯达克骤然大跌，波及国内互联网经济，明珠兴业投资的网站裁员节流未果后，渐渐消失在大众视线。

请分组搜集资料并讨论，风险投资人在选定风险投资对象时应该关注哪些要素？如何才能降低失败的风险？并以PPT的形式展示。

"如家"酒店私募股权案例

2002年6月,携程与中国资产最大的酒店集团——首旅集团共同出资成立经济型连锁酒店"如家",注册资本1000万元,按双方股权比例出资。按照当时的保守估计,双方的自有资金杯水车薪,因而在开始设立"如家"时,就打算进行私募股权融资。经过一番波折,"如家"终于获得投资者的青睐,于2003年年初开启了第一轮私募股权融资。

"如家"私募股权融资过程

投资方	第一轮私募股权融资	第二轮私募股权融资	第三轮私募股权融资
IDG	150万美元	30万美元	
美国梧桐	250万美元	50万美元	
SIG			600万美元

经过三轮私募股权融资,除了在一定程度上缓解了"如家"对资金的需求外,投资者也为其注入新鲜血液,提供增值服务,为"如家"2006年成功登陆纳斯达克奠定了基础,更为其上市后在资本市场的后续发展埋下了伏笔。

请分组搜集私募案例,并以PPT的形式与其他小组分享。

【复习思考题】
1. 企业资本筹措的原则是什么?
2. 企业进行资本筹措的渠道可以分为哪些?
3. 企业进行资本筹措的方式一般分为哪些?影响筹资方式的因素都有什么?
4. 股权融资的功能是什么?股权融资与债券融资的区别是什么?
5. 风险投资与传统投资有哪些主要区别?风险投资是如何运行的?
6. 风险投资有哪几种退出方式?

第二单元
资本的扩张

　　企业经营规模的不断扩大是市场经济发展的必然结果。随着企业可控制资源的增加,企业的经营规模实现了外部扩张。资本扩张既是资本自身生存发展的需要,也是资本具有的本质属性。资本扩张的实现途径有两个,一个是企业的内部资本扩张,另一个是企业的外部资本扩张。企业的内部资本扩张是资本扩张的一个重要途径,但完全依靠自身的积累形成资本的扩张,难以达到快速实现资本扩张的目的。美国著名经济学家、诺贝尔经济学奖获得者施蒂格勒指出:"一个企业通过兼并其竞争对手的途径成为巨型企业是现代经济史上的一个突出的现象。"因此,企业的外部资本扩张是实现资本扩张的更迅速、更有效、更重要的途径。资本扩张是当今企业经济发展的一大趋势。通过资本运营实现扩张的方式有兼并、收购与反收购、上市、战略联盟等。

第三章 兼并收购

【学习目标】
◆深刻理解并购的概念和实质；
◆了解并购的分类、目标的选择；
◆熟练掌握并购的收购方式、支付方式；
◆理解并购后整合的重要性及具体实施。

 导入案例

大众公司并购奥迪

奥迪公司的前身是由四家公司合并而成的汽车联盟股份公司（AUTO UNION），在1957年由戴姆勒—奔驰公司对汽车联盟股份公司进行了收购。当时汽车联盟拥有年营业额4亿德国马克及10000名员工，是德国第五大汽车制造商。1962年开始，汽车联盟陷入困顿，因为当时生产的两冲程小马力汽车满足不了市场对中高档汽车需求。到1964年，新汽车联盟各方面出现了严重的危机，使得戴姆勒—奔驰公司不得不贴钱偿还贷款，这促使戴姆勒—奔驰最终放弃了新汽车联盟。

大众汽车公司是德国最年轻的、同时也是德国最大的汽车生产厂家。在二十世纪五六十年代，大众收购奥迪的时候，大众是德国最高产值的公司。为了从戴姆勒—奔驰手中接过这块烫手的山芋，大众一共花了2.97亿马克，大众买下了包括工厂、标志、品牌等一系列和奥迪有关的东西。奥迪被大众汽车股份公司收购，免遭了破产。这次收购获得了西德政府的大力支持，因此收购非常顺利。

大众当时买下奥迪，最看重的是汽车联盟花费了1.27亿马克兴建的新生产基地，这也是当时欧洲最大、最现代化的汽车工厂。其次是大众由"平民汽车"起家，要打开高端市场的大门，最好就是打出一个曾经在高端市场很知名的品牌。而奥迪在"二战"前曾经是豪华汽车市场的一面旗帜，大众收购汽车联盟后，以奥迪品牌进军豪华车市场，与大众汽车相辅相成，以获取更为有利的竞争地位。大众公司在建立初期就受到德国政府的大力支持，获得了许多先进的技术。并且多年来大众公司一直是德国最高产值的公司，拥有雄厚的财力。因此大众公司以强大的技术实力、雄厚的资金实力注入奥迪，加以不断创新的精神，保证了被收购后的奥迪度过了最困难的时期，并且投资开发新产品，使奥迪重获新生，重新进入高级车市场并走上了一条快速发展的道路。

案例来源：中国人民大学管理学精品课程网

【思考】
1. 此次并购属于哪种类型的并购？是否成功？
2. 大众公司为什么要收购奥迪公司？而奥迪为何愿意并入大众？

请分组准备资料进行讨论，并以PPT的形式展示讨论成果。

第一节　并购的概念和分类

一、并购的概念

企业并购，就是企业间的兼并与收购（Merger & Acquision）。兼并，泛指两家或两家以上公司的合并，权利、义务由存续（或新设）公司承担，一般是在双方经营者同意并得到股东支持的情况下，按法律程序进行合并。

收购是指一家企业用现金或者有价证券购买另一家企业的股票或者资产，以获得对该企业的全部资产或者某项资产的所有权，或对该企业的控制权。

与并购意义相关的另一个概念是合并（consolidation），合并是指两个或两个以上的企业合并成为一个新的企业，合并完成后，多个法人变成一个法人。

二、兼并与收购的异同点

1. 兼并与收购的区别

兼并与收购作为不同形式的企业买卖行为，各自具有不同的特点，存在着一定的差别。

（1）兼并中、兼并后，被兼并企业作为法人实体不复存在，兼并企业则保持原有的法人资格。合并中、合并后，参与合并的企业都将丧失原有的法人资格，而另外组建一个新企业取得法人资格。收购中、收购后，不仅收购企业仍将保持原有的法人资格，被收购企业也将以法人实体存在，不仅是收购部分或全部资产如此，收购部分股权如此，收购全部股权也如此。

（2）兼并中、兼并后，被兼并企业原来的全部资产负债和所有者权益一并转移到兼并企业，兼并企业作为被兼并企业的新的所有者，理应承担被兼并企业的全部债务。合并中、合并后，参与合并企业的债务一并归于合并后的新企业承担。而在收购中如果是收购资产，不论是收购部分资产还是全部资产，收购后收购企业完全不承担被收购企业的债务；如果是收购股权，则收购企业仅以收购出资的股本为限承担被收购企业的偿债责任，对被收购企业的原债务不负连带责任。

（3）在兼并中需要先计算出目标企业及兼并企业各自的价值，经双方认同再计算出交换比率，通过股权交换使目标企业原股东改持存续的兼并企业股票。在新设合并中也需要先计算出参与合并的企业各自的价值,经参与合并各方认同后,再计算出交换比率,通过股权交换使参与合并企业原股东改持新设立企业的股票;而在收购中只需要计算目标企业其资产的价值而无须计算收购企业的价值。

(4) 兼并多发生在被兼并企业财务状况不佳、生产经营处于停滞或半停滞状态时。因此,兼并后兼并企业一般要对被兼并企业的生产经营进行调整以重新组合资产;收购一般发生在被收购企业财务状况正常或企业处于正常的生产经营状况时,无须做大的整合。

2. 兼并与收购的相似之处

(1) 基本动因相似

兼并与收购是企业谋求自身发展中所采取的外部扩张战略,进行兼并与收购都是为了增强企业的竞争能力,扩大企业的市场占有率,扩大生产经营规模并形成规模经济;或是为了扩展企业的经营范围,实现多样化经营等。

(2) 交易对象相同

兼并与收购都是在企业商品化的前提下,以企业这一商品为对象的企业产权交易的形式,都是企业资本运营的基本方式。

(3) 兼并、收购行为都是企业产权的有偿转让

就其活动而言,都是企业的买卖,所不同的只是买卖方式。在实际运作中,由于兼并与收购的联系远远超过其差别,所以通常以"并购"统称企业的兼并、收购行为,而一般不作仔细区分。企业并购的实质是在企业控制权运动过程中,各权利主体依据企业产权做出的制度安排而进行的一种权利让渡行为。并购活动是在一定的财产权利制度和企业制度条件下进行的,在并购过程中,某一或某一部分权利主体通过出让所拥有的对企业的控制权而获得相应的受益,另一个权利主体则通过付出一定代价而获取这部分控制权。企业并购的过程实质上是企业权利主体不断变换的过程。

三、并购的分类

(1) 企业并购按法律形式分为吸收并购、创立并购和控股并购。

①吸收并购:是指一家公司和另外一家公司合并,其中一家公司从此消失,另一家公司则为存续公司,可概括表示为"A+B=A(B)"。

②创立并购:是指两家或两家以上公司合并,另外成立一家新公司,成为新的法人实体,原有两家公司都不再继续保留其法人地位,可概括表示为"A+B=C"。

③控股并购:控股并购也称取得控制股权,是指一个企业通过支付现金、发行股票或债券的方式取得另一企业全部或部分有表决权的股份。取得控制股权后,原来的企业仍然以各自独立的法律实体从事生产经营活动。

(2) 按并购双方的行业关系分为横向并购、纵向并购和混合并购。

①横向并购:也即水平并购,指并购双方处于相同或横向相关行业,生产经营相同或相关的产品的企业之间的并购,或者在同一市场领域销售相互竞争的商品的企业之间的并购。横向并购的结果是使资本在同一生产、销售领域或部门集中,优势企业吞并劣势企业,组成横向托拉斯,扩大生产规模,以达到新技术条件下的最优经济规模。由于横向并购容易破坏竞争而形成高度垄断的局面,所以许多国家都密切关注并严格限制此类并购的

发生。

②纵向并购：也即垂直并购，指生产和销售过程处于产业链的上下游，或有前后关联的企业之间的并购。纵向并购有向后并购和向前并购之分。向后并购指生产原材料和零部件的企业并购加工装配企业，或生产企业并购销售企业；向前并购则是生产流程后一阶段的企业并购生产流程前一阶段的企业。纵向并购的结果会导致某一产品劳务生产的产供销一体化。纵向并购较少受到各国反垄断法律规范的限制。

③混合并购：是指处于不同产业领域、产品属于不同市场，且其产业部门不存在特定的生产技术联系的企业之间的并购。并购各方既非商业上的竞争对手，也非生产经营上的上下游关系。混合并购又分为产品扩张型并购、市场扩张型并购和纯粹混合并购三种。产品扩张型并购指具有相关经营活动的企业之间的并购；市场扩张型并购指一个企业为扩大其竞争地盘，而对它尚未渗透的地区生产经营同类产品的企业的并购；纯粹混合并购指那些生产和经营彼此间毫无联系的产品或服务的企业之间的并购。混合并购的主要目的在于减少长期经营一个行业所带来的风险。也较少受到各国反垄断法律规范的限制。在20世纪50年代前后，它逐渐成为企业并购的主要形式，在未来的企业并购浪潮中混合并购仍将占据相当的地位。

(3) 按并购是否取得企业的同意与合作分为善意并购和恶意并购。

①善意并购：也称友好并购，指并购企业事先与目标企业协商，征得目标企业同意并谈判达成并购条件的一致意见后而实现的企业并购。善意并购有利于降低并购成本和风险，成功率较高。但协商谈判时间过长也可能降低并购行为的价值。

②恶意并购：也称强迫接管并购，指并购企业在目标企业对并购行动不知晓或持反对态度的情况下，对目标企业强行进行并购的行为。恶意并购由于得不到目标企业的合作，甚至目标企业还会采取一系列措施反并购，所以风险较大，成功率较低。但并购行动节奏快、时间短，可有效控制并购成本。

(4) 按照是否通过中介实施并购分为直接并购和间接并购。

①直接并购：是指并购企业不通过中介机构，直接向目标企业提出并购要求，双方通过一定程序进行磋商，共同商定达成并购的各项条件，进而在协议的条件下达到并购的目的。在直接并购中，一般是并购企业采取主动攻势。被并购企业也可能出于各种原因主动提出被并购要求，如在被并购企业遇到经营困难、股东对经营缺乏信心而对并购企业寄予厚望，或是在遭遇敌意并购意图而寻求友好并购者等情况下，被并购企业常常主动提出被并购要求。

②间接并购：是指并购企业不直接向目标企业提出并购要求，而是通过中介机构，在证券市场上大量购进目标企业股票，从而达到控制目标企业的目的。由于间接并购一般不是建立在双方自愿、协商的基础之上，所以间接并购往往是恶意并购。

(5) 按照并购的具体运作方式分为现金购买式并购、股份交易式并购和承担债务式并购。

①现金购买式并购：是指并购企业使用现金购买目标企业的部分或全部资产或股权而实现的并购。现金购买式并购又有两种情形：一种是并购企业使用现金购买目标企业的全部资产，使得被并购企业除现金外没有持续经营的实物基础，成为有资本结构而无生产资源的空壳而被并购；另一种是并购企业使用现金通过市场、股票柜台协商购买目标企业的

股票或股权，直至拥有目标企业大部分或全部股份，并购就实现了。

②股份交易式并购：是指并购企业以本企业发行的股票换取目标企业的部分或全部资产或股权而实现的并购股份。交易式并购也有两种情形：一种是并购企业以本企业发行的股票换取目标企业的大部分或全部资产，并购企业在有选择的情况下承担目标企业的部分或全部债务责任；另一种是并购企业以本企业发行的股票换取目标企业的大部分或全部股票，达到控制目标企业、实现并购的目的。通过换取股票，目标企业或是成为并购企业的子公司，或是解散而并入并购企业。

③承担债务式并购：是指在目标企业资不抵债或资产债务相等、债务负担虽过重但产品有发展前途的情况下，并购企业以承担目标企业的部分或全部的债务为条件，取得目标企业的资产所有权和经营权。

（6）按并购形式是否受到法律规范强制分为强制并购和自由并购。

①强制并购：是指并购企业持有目标企业股份达到一定比例，可能操纵后者的董事会并对股东的权益造成影响时，根据《证券法》的规定，并购企业负有对目标企业所有股东发出收购要约，并以特定价格收购股东手中持有的目标企业股份的强制性义务而进行的并购。

②自由并购：是指并购方可以自由决定收购被并购方任一比例股权的并购。

（7）按并购企业是否利用自有资金可以分为杠杆收购和非杠杆收购。

①杠杆收购：是指并购企业通过信贷所融资本获得目标企业的产权，并以目标企业未来的利润和现金流偿还负债的并购方式。

②非杠杆收购：是指并购企业不用目标企业的自有资金及营运所得来支付或担保并购价款的并购方式。

第二节　并购的战略及相关决策

并购活动是一项复杂的交易过程，风险极大，在并购前必须进行深入、细致的调查研究才能制定企业并购战略的规划。企业在根据发展的战略需要决定实施并购后，必须慎重选择目标企业，做出正确的并购决策。

一、并购的动因

企业并购的一般动因体现在以下几个方面：

1. 获取战略机会

并购者的动因之一是要购买未来的发展机会，当一个企业决定扩大其在某一特定行业的经营时，一个重要战略是并购那个行业中的现有企业，而不是依靠自身内部发展，原因在于：直接获得正在经营的发展研究部门，获得时间优势，避免了工厂建设延误的时间；减少一个竞争者，并直接获得其在行业中的位置。企业并购的另一个战略动因是市场力的运用，两个企业采用统一价格政策，可以使它们得到的收益高于竞争时的收益，大量信息资源可能用于披露战略机会,财会信息可能起到关键作用,如会计收益数据可能用于评价行业内各个企业的赢利能力;可被用于评价行业赢利能力的变化等,这对企业并购十分有意义。

2. 降低交易费用

企业和市场是两种不同但又可以相互替代的交易制度。企业可通过"内部化"来节省交易所导致的交易费用。企业的规模边界在于企业内部的边际组织成本与企业外部的边际交易成本相等的那一点。因此,当企业认为通过并购将企业的外部交易转为企业内部的调拨更能节约交易费用时,就会发生企业并购。

3. 发挥协同效应

并购后两家企业合成为一个有机的整体,企业的总体效益要大于两家独立企业效益的算术和,此即所谓的"1+1>2"的原理,称为"协同效应"。它包括管理协同效应、经营协同效应和财务协同效应,可节省管理费用、营销费用,减少库存现金等。协同效应主要来自以下几个领域:在生产领域,可产生规模经济性,可接受新技术,可减少供给短缺的可能性,可充分利用未使用生产能力;在市场及分配领域,同样可产生规模经济性,是进入新市场的途径,扩展现存分布网,增加产品市场控制力;在财务领域,充分利用未使用的税收利益,开发未使用的债务能力;在人事领域,吸收关键的管理技能,使多种研究与开发部门融合。

4. 提高管理效率

其一是企业现在的管理者以非标准方式经营,当其被更有效率的企业收购后,更替管理者而提高管理效率,当管理者自身利益与现有股东的利益更好地协调时,则可提高管理效率,如采用杠杆购买,现有的管理者的财富构成取决于企业的财务成功,这时管理者集中精力于企业市场价值最大化。此外,如果一个企业兼并另一个企业,然后出售部分资产收回全部购买价值,结果以零成本取得剩余资产,使企业从资本市场获益。

5. 减少投资和经营风险

一家企业如只生产单一品种的产品,在激烈的市场竞争和瞬息万变的市场环境中很易陷入困境,而多样化经营则是公司分散风险,抵补产品亏损的有效措施。尤其在纵向并购的情况下,企业控制了产品的供、产、销过程,大大降低了经营风险。

6. 获得规模效益

企业的规模经济是由生产规模经济和管理规模经济两个层次组成的,生产规模经济主要包括:企业通过并购对生产资本进行补充和调整,达到规模经济的要求,在保持整体产品结构不变的情况下,在各子公司实行专业化生产。管理规模经济主要表现在:由于管理费用可以在更大范围内分摊,使单位产品的管理费用大大减少;可以集中人力、物力和财力致力于新技术、新产品的开发。

7. 取得上市资格

企业通过并购已上市公司而取得上市资格,即所谓的"买壳上市"。一家企业从发行股票到上市往往要通过一系列严格的审批程序,并要付出相当大的成本,有时甚至会由于各种原因难以取得上市资格。这样，这家企业就难以享受到上市公司具有的高溢价发行股票、高价配股的特权和其无形中的广告效应。而通过并购一家上市公司就可迅速获用上述利益，不失为一条捷径。

二、企业并购战略的规划

企业并购战略的规划，是并购成功的关键。

企业并购战略有水平式整合战略、垂直式整合战略、中心式多角化战略、复合式多角化战略等多种模式。进行企业并购，首先应在充分调查分析研究所处的环境并预测未来环境变化的前提下，根据企业的并购目的，做出企业并购战略的规划。

1. 水平式整合战略

所谓水平式整合战略是指通过横向并购目标企业，以扩大产品市场规模，强化市场竞争，快速取得设备。主要有扩张产品线的水平整合、强化市场竞争的水平整合及取得生产设备的水平整合三种类型。

美国的 RAY-CHEM 公司（瑞侃公司）一贯采用水平式整合战略，消减竞争者，强化市场竞争。该公司不论是在本国还是在国外，一旦发现潜在竞争者，就毫不犹豫以高价诱惑对方，并屡屡得手。

2. 垂直式整合战略

所谓垂直式整合战略是指通过并购上游或下游企业，以获得稳定的零部件、原料、成品供应来源或产品销售市场，从而获得经济规模，以求取得更多获利来源。垂直式整合还具有分散风险到上游、下游企业的效果。需要注意的是，垂直式整合常因需要大量增加固定成本支出而越来越深入某企业，因而降低了未来转换到其他企业的弹性，反将风险集中在某一行业。进行垂直式整合时，事前必须经过周密谨慎的规划，不能为拯救目前的危急事业而贸然进行。

德国巴斯夫公司（BASF）就是采用垂直式整合战略并购成功的典型范例。在纤维、油漆、塑料等产品方面，BASF 均本着唯有控制生产的每一个过程才能获得长期性的成功这一原则，将大量资金用于进行垂直性投资，其从初始原料到最终产品，均自行生产。

3. 中心式多角化战略

所谓中心式多角化战略是指通过并购与本企业高度相关的目标企业，实现多角化经营。中心式多角化战略是企业寻求新的利益的上好选择，它要比内部发展与复合接收的风险小得多。但采用中心式多角化战略，一是要注意新的目标企业的竞争环境是否有利于进入，如果对目标企业缺乏了解就贸然进入，并购后会因此产生很多问题；二是要充分考虑在研究开发的协调性工作中所产生的额外成本，可能抵消相当大的技术互补利益。

4. 复合式多角化战略

所谓复合式多角化战略是指通过并购与本企业完全无关的目标企业，实现多角化经营。复合式多角化战略，使企业活动广泛涉足不同行业，以避免资金集中于某一行业，使投资风险予以分散。复合式多角化也是企业成长的必然结果。为分散风险，很多企业采用复合式多角化战略,在几个主要产业内发展,形成几个核心产业。所以复合式多角化战略应是企业长期性发展所必须采取的策略。

必须注意的是,复合式多角化战略风险较高。跨入的产业应是成长快的产业,还应避免对税法、会计原则不熟悉的国外投资并购。新企业的财务控制的管理方式也应与本企业近似,至少不会复杂到不易了解产业状况的地步。美国国际电话电报公司过去几年的营业额扶摇直上,就是采用复合式多角化战略进行并购的结果。

综上所述,根据企业并购的动机,谨慎规划企业并购战略,对企业并购成功至关重要。

三、并购目标选择决策

企业在制定并购目标标准,进行并购目标的选择决策时,主要应考虑以下五个重要方面。公司的自我评估;备选目标的基本情况分析;公司并购依据分析;公司并购可能性分析;经济效益和社会效益评估。

(1) 公司自我评估

公司自我评估是并购决策的起点,在进行并购决策时只对目标企业进行了解是不够的,只有对自身具有清醒的认识,才可能做到"知己知彼,百战不殆"。

①公司的经济实力。在进行并购决策,选择并购目标前,收购方都要作一番深刻的自我反省。公司目前的资金实力如何,业务水平如何,市场上产品份额多大,利润率高低,公众形象与资信等级如何。若公司经济实力较强,具有独特的核心竞争力,被公众长期看好,则该公司就有实力充当收购者。

②公司所在行业的发展前途。公司对所属行业的现状、前景的评价也是自我评估的重要方面。因为这将影响决策者对是继续在本行业谋求发展,还是放弃本行业而进入其他行业等问题的决策,从而对并购目标的选择标准产生影响。

③公司对发展战略的考虑。对发展战略的考虑不同,确定的并购对象也会有所不同。公司并购有横向并购、纵向并购、混合并购之分,即基于不同的发展战略。

④ 科技的发展趋势及本公司在发展中会面临哪些机遇与挑战。对科技发展的考虑也是选择并购目标的一个重要方面。例如,一个急需获得技术力量上优势的企业很可能收购一些高科技产业及研究院所,或者与同行业的其他企业合作。

(2) 备选目标的基本情况分析

对于目标企业的考察可以从以下七个方面着手进行。

①目标企业面临的行业环境、国内外竞争状况。

②目标企业拥有的市场份额与实力的大小。

③目标企业的利润水平及前景。

④企业所有制性质、财政隶属关系,政府对该企业或该企业所代表的行业的现状与前景所持的态度,是否会出现政府干预收购或支持收购的行动。

⑤企业净资产规模、资产负债水平等情况。

⑥企业经营管理水平、管理者素质的高低。

⑦目标企业的出售动机等。

特别要注重对目标企业产品市场需求的调查研究：①产品的用途及发展趋势；②客户的现状及将来的分布情况；③市场的需求量和产品的销售量及发展潜力；④企业产品市场占有率及开发新产品的能力；⑤产品的竞争情况、发展趋势及替代品的威胁；⑥产品的现行价格及未来趋势。以上这些问题可以借助一些并购中介机构及相关市场调查技术来完成。

（3）公司并购依据分析

①分析并购双方的优势与不足，包括财务经济、市场营销能力、市场分布状况、生产能力、产品质量、产品销售量、技术潜力等。要做到优势互补，扬长避短。

②确定公司并购的类型，根据并购的目标、国家行业的相关政策规定、双方工艺技术相关性等判定采取何种并购方式。

③分析协同作用，通过分析并购后协同效应的大小来决定是否实施并购，协同作用主要包括投资协同效应、管理协同效应、财务协同效应及功能协同效应。

④分析人力、财力、物力，指收购方在管理人员的输出、资金实力及筹措资金的能力、原材料、设备等方面能否适应并购的需要。

（4）公司并购可能性分析

公司并购可能性主要包括两个方面的含义。一是目标企业自身具有被并购的可能性；二是目标价格高低及收购方承受能力的大小。如果目标价格处于收购方可承受范围之内，就有并购的可能性。

①目标企业本身的因素。主要应考虑以下四点：公司股本结构盘子小，极易被操纵；大股东控股权不稳，给人以可乘之机；公司具有发展与赢利的潜力，或市价低于价值，或拥有可观的物业等，能吸引投资者；公司虽有发展前景，但经常欠进取，引起能人伸手；目标企业的估价率异常低下。

②对收购方而言，主要衡量标准是目标价格。如果目标价格高于公司所能承受的范围，则对买方而言，收购可能性不太大，因为没有必要用高昂代价冒险；反之，收购的可能性就大。在实际操作中，可以通过列出与并购密切相关的各种指标，采用专家打分的方法对并购可能性进行评定，并结合定性分析来确定可能的并购目标。

（5）经济效益和社会效益评估

一项并购活动只有在技术上具有可行性，在经济上具有合理性，才有可能实行。因此，对并购的效益进行评估是非常必要和不可或缺的。效益的评价主要包括两个方面：一是经济效益；二是社会效益。经济效益的评估有静态分析法与动态分析法两种。静态分析法包括投资回收率法、投资回收期法、追加投资回收期法等；动态分析法包括NPV法、现值指数法和IRR法等。社会效益也是收购者必须考虑的一个问题。如果选定的收购目标在社会效益上很差，甚至可能构成对公众的侵害，就可能引起公众的反对，甚至引起政府干预。

综上所述，企业在并购中对于目标企业的选择，需要运用许多不同层次的思路和方法，仅让一种方法主宰决策是错误的。在每次交易时都使用所有的决策方法、权衡所有的影响因素也是不切实际的。应当根据并购的特点，选择那些更适合企业自身特点的决策标准和模型，并进行深入的分析研究。

四、并购的收购方式

1. 协议收购

协议收购是收购人在证券交易所之外以协商的方式与被收购公司的股东签订收购其股份的协议,从而达到控制该公司的目的。由于目前我国上市公司中的国家股与法人股均未上市流通,一般只能采取协议方式收购,而且其在上市公司股份总额中所占比例较大,往往只有收购国家股或法人股才能达到控股目的,加上其收购成本远比要约收购低,所以,目前在我国上市公司收购的实践中,对非流通股一般采取协议收购方式进行收购。

采取协议方式收购上市公司,收购人可以依照法律、行政法规的规定与被收购公司的股东协议转让股份。收购协议达成后,收购人必须在3日内将该收购协议向国务院证券监督管理机构及证券交易所做出书面报告,并予公告。在公告前不得履行收购协议。协议收购的双方可以临时委托证券登记结算机构保管协议转让的股票,并将资金存放于指定的银行。

采取协议收购方式,收购人收购或者通过协议、其他安排与他人共同收购一个上市公司已发行的股份达到30%时,继续进行收购的,应当向该上市公司所有股东发出收购上市公司全部或者部分股份的要约。但是,经国务院证券监督管理机构免除发出要约的除外。

为保障社会投资者的利益,协议收购的各方当事人应依法履行相应的信息披露义务。鉴于协议收购双方的目标股权份额一般是预定的,当事人一方面要尽快以低成本达到收购目的,另一方面要尽快依法履行信息披露义务。为解决这一矛盾,对协议收购当事人的某些信息披露义务与要约义务,中国证监会和证券交易所可在符合一定条件时予以豁免。如协议收购受让方直接或间接持有一上市公司发行在外的普通股达到5%或以上时,或者受让方(或出让方)增、减持股达到规定比例以上时,可向证券交易所提交书面报告,申请豁免法律规定每增、减持股达到法定比例时就须中断收购、公告披露的多次转让、多次披露等义务,使得受让方一次即可收购到其预定收购的持股比例。协议收购受让方累计持有上市公司的股份达到或者超过该公司股份总额的30%时,可以向中国证监会申请豁免履行向所有其他股东发出收购要约的义务。

根据有关法律、法规及沪、深两市证券交易所《股票上市规则》的规定,在非流通股的协议转让中应当注意:第一,发起人所持的股份在公司成立后三年内不得转让;第二,国家股的转让,应经国务院授权的部门或者国家国有资产管理部门的批准,其中,金融类上市公司国家股的转让,还应获得中国人民银行总行的批准;第三,外资收购控股上市公司,应经有关部门批准。

2. 要约收购

要约收购(即狭义的上市公司收购)是指通过证券交易所的买卖交易使收购者持有目标公司股份达到法定比例(《证券法》规定该比例为30%),若继续增持股份,必须依法向目标公司所有股东发出全面收购要约。要约收购是各国证券市场最主要的收购形式,它通过公开向全体股东发出要约,达到控制目标公司的目的。其最大的特点是在所有股东平等获取信息的基础上由股东自主做出选择,因此被视为完全市场化的规范的收购模式,有利于防止各种内幕交易,保障全体股东尤其是中小股东的利益。

要约收购具有以下特点:

(1) 要约收购的对象范围较广。要约收购是收购方通过向目标公司的非特定股东发出要约方式进行的收购,要约价格适用于全体股东。

(2) 要约收购的交易价格高于其市场价格。要约收购价格有要约人自由定价和法律明文规定价格两种,但都高于该股票的市场价格。

(3) 要约收购事先对有关信息的披露较充分。在收购前及收购过程中均需要严格的信息披露。

要约收购是国外上市公司收购的最重要的方式,我国由于不能上市流通的国有股和法人股的存在,上市公司收购的主要方式却不是要约收购而是协议收购,但近几年,我国也终于在要约收购方面开始有所进展。

与协议收购相比,要约收购要经过较多的环节,操作程序比较繁杂,收购方的收购成本较高。但是一般情况下要约收购都是实质性资产重组,非市场化因素被尽可能淡化,重组的水分极少,有利于改善资产重组的整体质量,促进重组行为的规范化和市场化运作。要约收购和协议收购的区别主要体现在以下几个方面:

①交易场地不同。要约收购只能通过证券交易所的证券交易进行,而协议收购则可以在证券交易所场外通过协议转让股份的方式进行。

②股份限制不同。要约收购在收购人持有上市公司发行在外的股份达到30%时,若继续收购,须向被收购公司的全体股东发出收购要约,持有上市公司股份达到90%以上时,收购人负有强制性要约收购的义务。而协议收购的实施对持有股份的比例无限制。

③收购态度不同。协议收购是收购者与目标公司的控股股东或大股东本着友好协商的态度订立合同收购股份以实现公司控制权的转移,所以协议收购通常表现为善意的;要约收购的对象则是目标公司全体股东持有的股份,不需要征得目标公司的同意,因此要约收购又称恶意收购。

④收购对象的股权结构不同。协议收购方大多选择股权集中、存在控股股东的目标公司,以较少的协议次数、较低的成本获得控制权;而要约收购倾向于选择股权较为分散的公司,以降低收购难度。

⑤收购性质不同。根据收购人收购的股份占该上市公司已发行股份的比例,上市公司收购可分为部分收购和全面收购两种。部分收购是指试图收购一家公司少于100%的股份而获得对该公司控制权的行为,它是公司收购的一种,与全面收购相对应。

3. 委托书收购

委托书收购是指收购者以大量征集股东委托书的方式,取得表决权,在代理股东出席股东大会时,集中行使这些表决权,以便于通过改变经营策略、改选公司董事会等股东大会决议,从而实际控制上市公司经营权的公司收购的特殊方式。委托书收购的核心在于收购者可以借助第三方力量以低成本取得对目标公司的实际控制权。其本质是一种收购人(股权征集人)在授权范围内,代理股东行使表决权的行为,产生的是委托代理关系。这本应遵循当事人意思自治、契约自由等原则,但是,由于该行为所产生的后果可能与股权式收购一样,导致上市公司控制权的转移,同样也涉及公司、股东及债权人利益的保护问题，不予以严格的规制很可能导致委托书收购的功能被严重扭曲。因此，法律要将其作为特殊的收购行为予以特别规制。

委托书收购作为一种创新的金融工具，以委托代理关系保障了中小股东参与上市公司重大决策的权利。立法者设置委托书授权的初衷是为了让广大无法或无力参加股东大会的中小股东得以通过合法的渠道，以他们所信任的形式行使投票权。这对于公司法人治理结构的完善有着十分重要的意义。委托书收购一方面可以使股东大会的召开容易达到法定人数，提高公司的运作效率，使少数股的股东通过集中表决权的行使，实现自己的股东权利；另一方面，它具有收购成本低、程序简单、既可单独使用又可配合股权式收购使用等优点，因此，在国际市场上已成为与股权式收购并列的一种收购方式。但是，委托书收购作为一种收购工具来讲，是一把双刃剑，它总是在完善法人治理结构与损伤公司及股东利益间游走，它的优点同时也使其容易沦为有效的、廉价的工具，被用来争夺公司经营权，干扰公司的正常运行；或是披用来操纵股票价格，在二级市场牟取暴利，影响证券市场的稳定发展。委托书收购在其他国家和地区二十多年的发展历史也说明了这些问题。

委托书收购是成本最为低廉的一种并购方式，资本市场作为优化配置资源的重要场所，并购方式当然应该节约成本，而正是因为它经济，就能够成为受到市场欢迎并积极应用的并购发生方式，这显然能够促进中国股东并购，更好地发挥股市优化配置资源的作用。

4. 杠杆收购

杠杆收购是指收购者用自己很少的本钱为基础，然后从投资银行或其他金融机构筹集、借贷大量的、足够的资金进行收购活动，收购后公司的收入（包括拍卖资产的营业利益）刚好支付因收购而产生的高比例负债，这样能达到以很少的资金赚取高额利润的目的。这种方式也有人称之为高度负债的收购方式，这样的收购者往往在做出精确的计算以后，使得收购后公司的收支处于杠杆的平衡点，他们头脑灵活，对市场熟悉，人际关系处理恰当，最善于运用别人的钱，被称为"收购艺术家"。

杠杆收购的优势在于该方式实际上是举债收购，通过投资银行安排过渡性贷款，并购企业只要很少部分资金就可买下目标企业，以目标企业的资产为担保对外举债，并且还可通过投资银行安排发行该利率的高息债券来偿还过渡性贷款；其中，银行贷款约占并购资金的60%，高息债券约占30%，而并购企业自己投入的股本资本只约占10%；该方式的股权回报率远高于普通资本结构下的股权回报率，被并购方的股票溢价高达40%；享受债务免税优惠；减少代理成本。杠杆收购具有如下特点：

（1）杠杆收购的资金来源主要是不代表企业控制权的借贷资金。杠杆收购中的杠杆即是指企业的融资杠杆，反映的是企业股本与负债的比率，发生杠杆作用的支点即是企业融资时预付给贷款方的利息。杠杆收购的融资结构为：优先债券，约占收购资产的60%，是由银行提供的以企业资产为抵押的贷款。其次是约占收购资金30%的居次债券，它包括次级债券、可转换债券和优先股股票。最后是体现所有者权益的普通股股票，是购并者以自有资金对目标企业的投入，约占收购资金的10%，如此的融资结构产生的结果是：

① 企业负债率大幅度上升；

② 如果企业赢利增加，那么每股收益会大幅度上升，因为每单位利润所承担的利息支付是固定的。

如此安排融资结构就在于并购者不希望让他人过多地分享并购后产生的利润,所以不享有企业控制权的融资方式进行融资就成为理所当然。

(2) 杠杆收购的负债是以目标企业资产为抵押或以其经营收入来偿还的,具有相当大的风险性。在杠杆收购中购并企业主要不是用本企业的资产或收入作为担保对外负债,而是用目标企业做担保的。在实际操作中,一般是由购买企业先成立一家专门用于收购的"纸上公司",再由投资银行等向并购企业提供一笔"过渡性贷款"用于购买目标企业股权,取得成功后,以这家"纸上公司"的名义举债和发行债券,然后依照公司法使两者合并将"纸上公司"因并购的负债转移到目标公司名下,再通过经营目标公司偿债、获利。由此而发行的债券由于企业负债率较高和以未来收入或资产做担保,因而信用等级不到,被称为垃圾债券。

(3) 杠杆收购融资中投资银行等市场中介组织的作用十分重要。以投资银行为主的市场中介组织在杠杆收购的融资中作用重大,由于杠杆融资的资金绝大部分依赖于外部融资,并且风险较高,因此只有获得金融组织的强力支持才能完成,一般的商业银行往往不愿涉足风险较高的投资,只有投资银行愿意承担较高的风险,以求获取丰厚回报,并且垃圾债券的发行也只有由投资银行进行操作,才能发行出去。而投资银行之所以愿意提供服务,是因为投资银行在获取高利率回报的同时,还可以得到巨额的佣金。因此,有人将杠杆收购归纳为投资银行和购并企业的合作博弈,双方都从中获得了巨额交易合作剩余。

(4) 杠杆收购融资依赖于发达资本市场的支持杠杆。收购以外部融资为主,其中间接融资由投资银行等提供,居次债券中的次级债券、可转换债券以及优先股股票都是直接融资形式,严重依赖于资本市场的发展。首先,资本市场得允许企业以这些金融工具进行筹资,有相应市场环境和制度安排;其次,投资者也需要通过资本市场来分散风险。更为重要的是资本市场中要有进行杠杆收购的大环境,形成对杠杆收购的信任预期,只有如此,杠杆收购的融资才会顺利进行,否则,只能是一些意见而已。

杠杆收购必须考虑到债务的偿还能力,采用这种大量举债的收购方式,必须要有足够的信心偿还债务和利息。因为利息支出可在税前所得扣除,因此可减少税负,所以企业的实际价值比账面价值要高很多。杠杆收购的目标企业大都是具有较高而稳定的现金流产生能力,或者是通过出售或关停目标公司部分不赢利业务和经过整顿后可以大大降低成本,提高利润空间的企业。因为杠杆收购需要通过借债完成,因此目标企业本身的负债比率必须较低。

五、并购的支付方式

1. 现金支付

现金收购是指收购公司支付一定数量的现金,以取得目标公司的所有权。在实际操作中,并购方的现金来源主要有自由资金、发行债券、银行借款和出售资产等方式,按付款方式又可分为即时支付和递延支付两种。

现金支付当然是最迅速、清楚的支付方式。但是,现金支付对并购方而言,有着即付现金的负担;对目标企业股东而言,当期交易的所得税负担也相应地增加。因此,在巨额的并购案中,现金的支付比率往往是比较低的。纵观美国收购历史,也可发现"小规模交易更倾向于至少是部分地使用现金支付,而大规模交易更多地、至少是部分使用股票支付"。

2. 股权置换

股权置换是指并购公司按一定比例将目标公司的股权换成本公司的股权,目标公司从此终止或成为收购公司的子公司,从而达到收购目的。在西方,并购各方企业往往以股权置换的形式达成并购。这样做的好处是既减少了并购方的财务负担,又使目标企业成为并购后新公司的股东。在我国,由于《公司法》规定公司不得持有自身的股票,所以在我国并购案中若以换股方式收购某家公司时,必须利用实际现金作为媒介,还要缴纳证券交易税。

在实施换股付款时,卖方必须考虑买方股票的市值、未来潜力及各种长期性的税负问题。收购方企业如果是优质的上市公司,其股票反比现金更受卖方欢迎。同时,由于现金必须在当年上报所得税,若以股票支付,卖方只有在出售时才须对利得加以课税,所以换股对卖方较为有利。总之,在决定是否以换股方式进行并购时,双方对收购方的股票价值是否有一致的估值至关重要。

3. 卖方融资

所谓卖方融资,是指被并购企业以取得固定的购并企业的未来偿付义务承诺的方式出让股权或资产。这种付款方式常发生于目标企业获利不佳,其股东急欲脱手的情况下,因此有利于收购者。

以卖方融资方式实施并购,并购方可减少收购当时的现金负担,也可免除很多保护措施,还可建立激励的经营机制。对于目标企业股东而言,则有税负上的好处,即可享受税负延后的好处,因为款项分期支付,自然税负也可分段支付。

4. 杠杆收购

杠杆收购也称 LBO(leverage Buy Out)支付方式,是指并购企业收购股权的资金,主要以目标企业的各种资产作抵押,由目标企业从金融机构或其他来源获得,卖方只支付少量的现金。在 LBO 支付方式中,收购方购入目标企业后,即以赚得的利润或出售部分资产等方式偿还债务。这种大量举债的收购方式,不仅可以增加财务收益,还因利息支出可在所得税中扣除,因而可减少税负。

一般而言,LBO 支付方式要求目标企业具有以下六个方面的特征:

(1) 不存在产品淘汰很快的高技术企业或其他产业;
(2) 不存在由管理控制以外的经济因素所决定的年现金流有显著变化的周期性生产;
(3) 不存在有大量资本成本的产业;
(4) 在未来几年中产生或预计产生稳定的现金流;
(5) 有一支胜任的管理队伍;
(6) 没有任何重大负债。

与其他并购方式相比较,LBO 支付方式具有以下四个特点:

(1) 并购企业用以并购的资金源源少于收购总资金,一般仅占 $10\%\sim20\%$;
(2) 并购企业的收购资金绝大部分靠借债;
(3) 并购企业用以偿付贷款的款项来自于目标企业的资产或现金流;

(4) 并购企业除非投资非常有限的资金，一般不负担进一步投资的义务，即贷出收购资金的债权人只能向目标企业求偿。

需要指出的是，LBO 支付方式在提高财务效益的同时，也带来了风险。因为这种支付方式的大部分资金依赖于债务，需按时支付利息。所以并购后，并购企业必须提高经营效益和偿债能力，并使资产收益率和股权回报率有所增长，如此才能获得成功。否则，沉重的利息和债务偿还负担可能使并购企业不堪重负。采用 LBO 支付方式也不乏成功和失败的例子。如利尔伯格·克拉维斯·罗伯茨公司收购雷诺·纳尔斯克公司就是采用 LBO 支付方式，获得了震惊全球的成功。

第三节 并购后的整合

企业并购是一个十分复杂的经济现象，它有着复杂的实施过程，任何一个环节发生失误，都会影响到并购的最终成败。这其中并购后整合是并购成败的决定性因素是实现并购战略目标的可靠保证，是借助外力培育企业核心竞争力的有效途径。从国内外并购成功的案例来看，每一次并购成功与并购后的整合管理不无联系。所谓并购后整合，就是并购双方在并购战略目标的驱动下，通过采取一系列战略措施、手段和方法，对企业要素进行系统性融合和重构，并以此来创造和增加企业价值的过程。并购后整合所包含的内涵是极其丰富的，涉及一个企业的方方面面，任何一方面整合的不利或欠缺，都会导致整个整合活动的失败。并购整合管理主要包括有形整合和无形整合两种类型，有形整合包括管理战略整合、组织与制度整合、人力资源整合、财务整合等；无形整合主要是指企业文化整合。

一、企业并购后整合的必要性

当两个企业发生并购时，资产的所有权发生了转移，并购企业必然要作统筹安排，综合考虑，也就是要对并购吸收的人员、资产等进行有效的整合，对目标企业实行一体化经营。这是由于：

（1）企业并购前，并购方与被并购方是两个独立的企业，有各自独立的生产经营系统、经营目标和经营方式。并购后，首先要解决的是原来两个独立系统如何在并购后更为有效地运行；其次是要按照专业化分工的需要，使资产得到更合理有效的运用。并购方把被并购方的资产纳入本企业的经营轨道，为本企业目标服务，才有利于并购方企业的发展。

（2）企业并购通常是市场竞争优胜劣汰的结果。在我国，被并购企业往往是劣势企业，存在这样那样的问题，或管理不善，或财务发生困境，或投资失误，或不能把握投资机会等。如果并购后不对所并购企业的人员、资产等进行改造和重组，依然保留原有的运行机制，让其继续经营，那么，不但劣势企业没有近朱者赤，优势企业反而被其拖累，这样一来，不仅不可能由此获得收益，甚至还会背上沉重的包袱，所花费的产权转让费还不如用来新增投资。因此，并购过程完成后，由并购方对接受的被并购企业进行彻底改造，按照并购方案有成效的经营管理办法进行重组，是使得这些资产收益潜能真正能够发挥出来的必要步骤。

（3）从宏观角度看，并购可以改变现有资产存量结构，提高资产的效率。但这一功能的真正实现，并不是在被并购方资产被购买时，而是在并购后的有效改造重组之时，因此，没有并购方对所并购企业的重组改造，实行有效的一体化经营，兼并收购的宏观经济功能就得不到发挥，兼并收购也就失去了存在的宏观依据。由此看来，对并购后的企业进行整合，是十分必要的。

（4）成功的企业之所以成功，一个重要的原因就是善于整合其内外部资源。事实证明，整合就是生产力。企业是一组资源的集合体，企业之间的竞争就是围绕着资源的争夺与利用展开的。从一定意义上来说，做企业就是对各种资源的整合。因此，一个企业的市场地位，不仅取决于其所拥有资源的数量与质量，还取决于其对资源的利用效率。前者是企业生产经营的必要条件，而后者才是维持企业持久竞争优势的关键，是以弱胜强的真正原因，也是企业家管理效率的集中体现。在激烈的市场竞争中，善于整合内外部资源，是企业赢得竞争、加快发展的必由之路，是一项投资少、见效快的关键措施。

（5）系统论认为，局部最优不能保证系统最优。整合资源的目的就是要使现有和潜在的资源相互配合与协调，使之达到整体最优。因此，企业经营者在整合内外部资源时，必须做到以下三点：一是视野开阔。目前中国国内外企业的市场竞争空前激烈，企业经营者一定要着眼于经济全球化的竞争形势，思考如何在此背景下构筑竞争力并获得优势，如何推进管理现代化和管理变革，如何应用最新方法、智慧、成果，如何有效获得先进生产力。二是善于集成。这就是对企业的内外部资源进行通盘思考和统一协调，努力将各种分散的资源集成和集中起来，着眼长远，突出重点，以便将现有的资源投入在现实战略意图过程中能发挥最大效用的领域。三是要善于借力。适度地借用利用外部资源，可有效地弥补企业自身资源的不足，缩小战略目标与资源条件的差距。比如，与世界大企业结成战略联盟或实施某方面的合作，就可以学习借鉴其管理、开发市场的经验，提高自己的竞争能力。

二、并购后整合的主要内容

1. 经营战略的整合

企业并购是否服务于企业长期发展战略是并购成败的关键因素之一。只有符合科学合理的企业发展战略，建立在理性并购动机之上的企业并购行为才能保持正确的方向，为企业创造效益。在并购过程中的经营战略整合，就是对并购企业和被并购企业的优势战略环节进行整合，以提高企业整体的赢利能力和核心竞争力。核心竞争力是主营业务领域取得优势的支柱，没有核心竞争力，企业在主营业务领域的竞争优势和发展是不可能的。如果企业不具备一定的核心竞争力，在主营业务领域缺乏竞争优势，而力图通过并购在其他领域建立优势，就如无本之木，最后难免连仅有的一点市场优势也丢失。从另一个角度看，通过并购吸收与自己存在战略互补关系的企业是培养核心竞争力的一个有效方式。企业竞争力的培养主要通过企业内部有关专长的培养来实现。即使通过并购可以从外部获得一些核心竞争力的要素，这个比例也不可能过大。否则企业是无法有效吸收外部资源，并将其转化成自身核心竞争力的。因此，在已有领域确立核心竞争力，同时向新的经营领域获取竞争优势要素，是企业在并购过程中需同时考虑的战略性问题。

2. 战略型资产的整合

资产整合是指在并购后，以收购方为主体，对双方企业范围的资产进行分拆、整合等优化组合活动，通过整合，剥离不必要的资产，重新组织安排优质资产，从而最合理、最有效地使用企业资产，实现企业资本最大限度的增值。

企业资产（包括资源和能力），有其战略地位的差异性，有的资源和能力构成企业的战略性资产，一般是指独特的资源、技能和知识，有的是辅助性资产。因此，在整合管理过程中对于这些资产的整合有战略优先度的不同。在整合管理过程中的首要问题是解决战略型资产的整合。在并购整合过程中的指导思想就是围绕核心能力构建和培育企业的战略型资产，所有的整合活动都要围绕这个核心展开。

由于企业的战略型资产是以独特的资源、技能和知识为根本因素的，所以在整个整合管理过程中应识别出并购双方在资源、技能和知识之间的互补性。对于具有战略型资产特征的要素，在整合过程中要进行重组整合，对于不具备战略性资产特征的要素可以剥离，但剥离要以不影响战略型资产发挥作用为原则。

从实际并购活动看，对于市场技术等相对具体的资源的识别是比较容易的，因为这些资源外显性比较强，困难的是对组织资本的识别。具体来说，企业中存在三种具有不同转移性的组织资本，一般管理能力、行业专属管理能力和行业专属人力资源。在组织资本中，最具有战略型资产特征的是行业专属管理能力和行业专属人力资源。而这些能力和资源是附着在以个体与组织为载体的技能和知识系统、管理系统中的。因此，在战略型资产要素的整合管理过程中，要把这些要素作为并购后整合管理的基础，通过建立合理的组织机制，来保证这些资源要素的顺利整合，其中核心是技能和知识系统的整合。技能和知识都是以人为载体的，因而在并购过程中技能和知识的整合也是双方相互学习的过程，通过相互学习推动员工间交流以适应新的环境。

3. 组织机制的整合管理

在企业并购中的组织与制度整合对企业并购的最终成功有很大影响，其目标是在企业并购后形成有序统一的组织结构及管理制度体系，以尽快实现企业的稳定经营。企业组织机构的调整目标是形成一个开放性与自律性有机统一的组织系统，使整合后企业的生产要素、资源更加自如、高效地结合，能适应外部环境的变化。在对组织调整中，企业必须根据统一指挥原则、权利对等原则、弹性原则、专业化原则和管理幅度原则等处理，但是组织机制整合不应是一个"打补丁"式的过程，而应该是一个与组织资源重组紧密相关的组织再造过程，而组织机制重组则是组织再造中各种组织要素联结方式的再造。企业并购后的整合过程本身也是一种创造性破坏的过程，因而可以把组织机制整合看作对公司能力进行更新的一种手段。一个组织在长期发展中积累的惰性、不合时宜的惯例和规范，以及其他消极因素降低了企业的效率，因而可以把并购整合过程看成是组织流程再造的时机。

当双方经营业务领域在生产、技术和市场等方面存在相关性时，通过重新配置组织双方不同资源，往往能弥补双方内部能力的不足，加速公司核心能力的成长，这就是组织机制整合的重要功能。为了有利于沟通，更有效地控制被并购企业，在整合阶段，并购方一般都将自己良好的制度移植到被并企业中。对于那些组织完善、业绩优良、财务状况良好的企业，并购方可不改变其管理制度，以便保持制度的稳定性和连续性。但大多数情况下，尤其是在我国发生的企业并购中，管理不善、制度落后、机制陈旧的被并企业数量很大。因此，建立过渡时期的管理组织、将并购方的良好制度植入被并购企业非常重要。

4. 管理系统的有效整合

管理系统整合首先体现在管理制度的整合，即双方在各职能管理制度上实现统一规范、优势互补，由此带来管理协同效应。制度是用来指导实践的，对它的整合可以通过共同的组织活动来逐步进行。企业从事的组织活动可分为三类：构建和运营各种生产经营设施的基础活动、寻找和建立客户联系的客户关系活动、发展新产品或服务并将其市场化的创新活动。在并购初期有意识地共同从事第一类活动是制度整合的有效途径；经过逐步摸索和学习，当面临外部环境压力时共同有效地实现第二类活动，可以说是制度融合的巩固过程；只有当双方的制度达成高度融合后，从事创新类活动才可能取得显著成果。

管理系统整合还涉及管理能力，因为管理能力和才能是创造价值最重要的工具。管理者的才能是一种很稀缺的资源，它包括决策能力和实施能力，而实施能力是如何将企业决策贯彻下去以取得预期效果的能力。管理能力的核心载体是那些具有创新精神和冒险精神的企业家，对并购来说，管理者的选择至关重要，因为他们是最有动力进行合并并应当学会如何与新的母公司成功合作的人。获取管理人员的途径有对现行经理人员的重新评估、内部晋升或聘请外部专家等，但绝大多数购并企业倾向于继续聘用原目标公司的经理，这不仅有利于稳定被收购公司的人心，更重要的是他们熟悉业务，还可以降低人员更换的转换成本和风险。

在管理系统整合时，还要对管理制度和管理能力的有效性进行识别，以选择最终采取的方式，如营销、服务和销售理念等。这一点在并购双方优劣势比较明显时最易出现判断错误，因为优势方总想主导劣势方，因此，在"并购方主导"和"双方共同参与"这两种典型的管理系统整合模式中，应尽量选择第二种模式。除非是母公司完全吸收合并了被购并企业，采取第一种模式才可能获得成功，因为在现实购并过程中，管理制度和能力的转移往往是双向的。

5. 人力资源整合管理

现代企业竞争实质是人才的竞争，人才是企业的重要资源，人力资源整合管理是企业并购成功的关键所在，而并购交易完成后，被并购方员工会产生明显的压力感和焦虑，这种压力感和焦虑如果不能得到释放，就会出现人力资源流失，最直接的后果是企业短期经营业绩滑坡，长期持续则会导致人力资源遭到破坏。因此，在人力资源整合时，公司高层、人力资源部和参谋人员、直线管理人员都要共同关注人员的心理反应，特别是被并购方工作人员的心理反应。采取有效的沟通策略缓解心理压力，使并购双方人力资源有效地融为一体，以最大限度地发挥员工的积极性、主动性和创造性。

一般而言，人力资源整合应做好以下工作：

①对被并购方人员进行必要调整；

②做好主要人员（即关键人才）的选派工作，包括高层领导、财务人员、技术人员、市场人员等；

③稳定人才，解除企业优秀员工的后顾之忧，给予物质上、精神上的激励，制定稳定人才的政策；

④建立人才数据库，保持管理队伍的连续性；

⑤有针对性地开展人力资源培训；

⑥接受指导与改进管理的机会；

⑦评价员工的适应性；

⑧评估工作动力；

⑨决定公司业绩的真正因素。

6. 财务管理的再造

并购前的两部分资产可能不完全适用于并购以后的生产经营需要，或原来的两部分资产还没有完全发挥出应有的效益，这就需要对生产要素进行有机整合。有些没用的资产应及时变现或转让，尚可使用但需改造的资产或生产流水线应尽快改造。通过整合，使并购以后的生产要素发挥出最大的效应，最终实现盘活资产存量，提升公司市场竞争力的目的。并购的初始动机总是与节约财务费用、降低生产经营成本联系在一起的。因此，企业并购后，为了保证并购各方在财务上的稳定性及其在金融市场和产品市场上的形象，并购双方在财务制度上互相连通，在资金管理和使用上协调一致是必需的。在企业资源整合过程中，企业财务整合是一项基础性的整合，并购后的企业只有统一财务管理方式，健全新的财务运作体系，才能实施有效的并购战略意图。

7. 企业文化的整合

企业文化整合是影响公司并购战略与长期经营业绩的关键要素，也被看作是并购成功的最终标志。在很多的并购实践中，尽管技术市场、生产、财务等方面的整合非常成功，但因为双方在价值观、行为规范和思维方式等文化上的碰撞与冲突而导致并购最终失败的案例比比皆是。文化整合涉及双方价值理念、经营哲学、行为规范、工作风格等方面的整合，使优质企业文化取代劣质企业文化，达成理念趋同，规范一致，从而提高企业组织的亲和力和凝聚力。企业文化差异对整合有很大的影响。企业文化包含在集体价值观体系、信仰、行为规范及理想之中，是激励人们产生效率和效果的源泉。不同的企业在文化上会存在一定的差异，这种差异可能会对整合造成一些麻烦，也可能是整合时需要注意保护的对象，因为它代表着有价值的独特惯例。文化是企业的长期积累和沉淀，不可能在短期内有较大的改变，但通过加强交流和沟通，能够建立相互尊重和理解，促进相互适应。

任何新组织的企业必须认识到，其人员来自不同的企业文化，要想把文化冲突的影响降至最低限度，就需要通过相互渗透式的融合，最终形成你中有我、我中有你的企业文化主体，而不是简单地将一种文化替代另一种文化，或者使几种文化并存。企业并购中文化的整合要遵循实事求是、取长补短和促进经营的原则。并购后企业应着重分析并购前企业的实际情况，结合并购后企业发展战略目标，研究并购后企业文化的理想模式。文化冲突在兼并中是不可避免的，处理不好会产生大量不必要的内耗。要有效地融合双方的文化，建立起新的文化，必须通过"认识双方文化→确定文化差异→寻求协调办法→确定文化整合方案→实施"这样一个程序来完成。

总之，并购整合成功与否是企业并购能否成功、能否获得长期价值增值的决定性环节。要想成功实现企业的并购目标,就必须加强企业并购后的整合管理,使并购双方在企业资产、企业文化、管理系统、组织机制及人力资源等方面有机融为一体,并最终增加企业的核心竞争力和赢利能力。

三、我国企业并购的历史进程

我国企业间的并购经历了三次浪潮。以现代企业为主要组织形式的并购始于1984年的河北省保定市锅炉厂并购保定市风机厂,这次并购活动开创了我国现代企业并购的先河。1988年和1989年,在政府积极倡导的推动下,我国企业并购掀起了第一次浪潮。作为我国企业并购活动的探索,第一次并购浪潮具有以下特点:一是并购活动都是在国有企业和集体企业之间进行的,各地政府也都直接参与和干预了企业并购活动,从而使并购主要集中于本地区之间。二是这一时期的企业并购具有横向性质,即并购双方产品相似、工艺相似、生产场地基本相邻。三是并购活动是在产权未明晰的条件下发生的,因此并购中存在很多的不规范之处。

我国企业的第二次并购热潮是在1992年邓小平同志南巡讲话后,在以社会主义市场经济体制为改革目标确定的情况下,在激励和约束机制的双重压力下活跃起来的。与第一次相比,这次发生在证券市场初具规模之时的并购活动,具有以下特点:一是企业并购的规模、涉及的范围进一步扩大。二是产权转让出现多样化,但承担目标企业债务式的并购仍占到60%左右。三是并购范围突破了所有制和地区限制,开始向多种所有制、跨地区方向挺进。四是企业并购开始由以"政治任务"逐步转为以企业为主体,并开始向规范化的方向发展。

20世纪末21世纪初,全球性的企业并购此起彼伏,其规模之大、涉及行业之多、波及国家之广,是任何一次全球并购浪潮都无法比拟的。据统计,1998年和1999年全球企业并购交易额分别达到2.5亿美元和3.4亿美元。第三次国内企业的并购浪潮也悄悄兴起。此次的并购热潮较前两次有了明显的变化,表现在以下几点:

①不再是过去的那种单一的强吞弱、大吃小,而出现大量的强强联手。之前的强吞弱模式,随着市场机制的不断完善,企业间竞争的日益加剧,受到了越来越多的质疑,许多优势企业在并购劣势企业后的衰弱也证明了这一点。这次我国企业间的并购热,基本上实现了强强联合。例如,联想和赢时通的结合、小天鹅与科龙联盟等。

②并购的"扶贫"色彩减少,而是作为企业的一项长期发展战略。解决国有企业的亏损问题是我国企业并购兴起的主要原因和动力,这在一定程度上已经决定了我国前期企业并购的"扶贫"目的。但纵观这次并购热,我们不难发现这种色彩已越来越少了。同时,企业并购也不再是一种短期行为,而是企业的一项长期发展战略,能够达到改善长远的经营环境和经营条件,扩大生产规模,提高市场占有率,长期占领、开拓某个市场,获得资金优势和保持核心竞争力的目的。

③并购的重点大多是高技术的交流与合作,力图形成优势互补。因为并购已成为企业的一项长期发展战略,因此并购双方都将重点放在了高技术的交流与合作上,以期实现技术优势,形成优势互补,从事单个企业所不能经营的业务。例如,海信集团与浪潮电子信息产业集团的合并,就是为了发挥各自的优势,获得更大的发展。

④在并购中,政府已不再担当"红娘""拉郎配",而基本实现了企业间的"自由恋爱"。如果说20世纪80年代及90年代初期的企业并购在很大程度上是一种政府行为的话,那么这次的企业并购已基本是一种企业行为了。它是企业间的"双向选择"的结果,政府也基本只起必要的规范、约束作用。如搜狐收购Chinaren、华润控股万科等,政府人为操作的痕迹就较少。

【复习思考题】

1. 企业并购的动因是什么?
2. 如何进行企业并购目标的选择决策?
3. 在企业购并中主要有哪些并购方式?
4. 并购的支付方式有哪些?
5. 需要从哪些方面进行并购后的整合?

思考案例

联想集团收购 IBM PC 案例

2004年12月8日,在中国个人电脑市场占有近30%市场份额的联想集团宣布,以12.5亿美元的现金和股票收购知名品牌IBM的全球台式电脑和笔记本业务,并将5亿美元的净负债转到联想名下,交易总额达到17.5亿美元。届时,IBM将持有联想集团18.9%的股份,成为联想的第二大股东。而联想集团的大股东联想控股所持股权比例将从之前的57%降至约46%,公众持股比例相应将减至35%。联想公司的控制权不会出现任何变化。

联想集团成立于1984年,目前是一家在信息产业内多元化发展的大型企业集团。2002财年营业额达到202亿港币,拥有员工14000余人,1994年在中国香港上市(股份编号992),是中国香港恒生指数成份股。2003年,联想电脑的市场份额达28.99%(数据来源:IDC),从1996年以来连续9年位居国内市场销量第一,2003年联想台式电脑销量全球排名第五。

IBM,即国际商业机器公司,1914年创立于美国,是世界上最大的信息工业跨国公司,拥有全球雇员30多万人,业务遍及160多个国家和地区。联想之所以买下IBM PC部分,原因之一就是希望获得IBM丰富的全球化经验和能力。2000年,IBM公司的全球营业收入达到880多亿美元。但其个人电脑业务由于高额的运营费用在过去三年半里持续亏损。到2004年6月30日,IBM的个人电脑业务亏损总额已高达9.73亿美元。

联想此次收购获得了IBM在个人电脑领域的全部知识产权,遍及全球160多个国家的销售网络、1万名员工,以及在五年内使用IBM、Thinkpad品牌的权利。合并后的新联想将以130亿美元的年销售额一跃成为继戴尔、惠普之后的世界第三大个人电脑厂商,这一具有历史意义的交易,对全球PC业产生了深远的影响。

联想为了把两个原本独立的公司业务整合为一个统一的全球性 PC 厂商，采取了很多措施。并购之后，联想将总部转移到了美国，以中国为主要生产基地，同时在北京和位于美国北卡罗来纳州的罗利市设立了运营中心。在人事上也做出了极大的调整，联想的核心人物柳传志卸任董事局主席职务，仅保留董事职务，杨元庆担任董事局主席，由前 IBM PC 事业部总经理 Stephen Ward 出任 CEO。2005 年 12 月，由戴尔前高级副总裁威廉·阿梅里奥继任公司总裁兼 CEO。通过一系列针对成本、供应链等的大动作，在并购之后的三年时间里，联想的销售额逐步增加，2007—2008 财年，联想的利润大幅上升了 237%。

案例来源：百度文库

【思考】

1. 联想集团收购 IBM PC 部属于哪种类型的并购？并购双方的动因是什么？
2. 对于此次收购，联想是如何融资支付的？
3. 如果你是新联想的管理层，将如何对待并购后的新联想？

第四章　恶意收购及反收购

【学习目标】
◆理解恶意收购与反收购的含义、特点；
◆掌握各类反收购的策略及适用条件；
◆了解国内外有关反并购的法律规范。

导入案例

大众与保时捷：收购与反收购的恩怨

　　2009年7月4日，大众汽车宣布，已与保时捷达成一致，将以44.6亿欧元（约55.8亿美元）与1股普通股的代价，换取保时捷50.1%的股权，交易定于8月完成。届时，保时捷股权将全部收归大众汽车集团所有。

　　大众与保时捷之间的收购案可谓演绎了一段经典的商战恩怨剧。

　　收购案始于2005年，不过，那时是保时捷对大众发起猛烈"攻势"。2009年1月份，保时捷监事会主席沃尔夫冈·保时捷宣布增持大众汽车股份至51%。然而，令保时捷家族十分尴尬的是，保时捷公司吞下大众汽车之后净债务激增，并且不能充分利用大众汽车充足的现金流来还债。高达100亿欧元（约125亿美元）的债务成了压倒保时捷的"最后一根稻草"。不仅如此，大众汽车的第二大股东德国下萨克森州政府也"从中作梗"，暗中抵制保时捷家族控股大众汽车。

　　富戏剧性的是，此时大众汽车针对保时捷展开了反收购。2009年，大众出资39亿欧元（约49亿美元）获得保时捷49.9%的股权。但根据德国相关法律规定，大众收购保时捷剩余股份只有在2014年8月完成交易，方能避开高达15亿欧元（约合19亿美元）的巨额税款。为了尽快实现100%控股保时捷，大众汽车近日出炉了一套严密的收购规划。根据规划，大众汽车集团旗下的大众汽车股份制公司将加速收购保时捷欧洲股份制公司的汽车业务，即成为保时捷股份制公司（Porsche AG）。这也意味着，当8月大众完成对保时捷的100%控股之后，代表大众汽车、保时捷汽车利益的皮耶希和保时捷两大家族持续50多年的恩恩怨怨或将告一段落。

　　多品牌发展是大众汽车享誉汽车界的经营模式。完成对保时捷的整体收购之后，大众汽车集团已经囊括了来自不同国家、不同背景、不同个性的10个强势品牌，覆盖了平民品牌（大众、斯柯达、西亚特）、豪华品牌（奥迪）、顶级豪华车品牌（宾利）、超级跑车品牌（布加迪、兰博基尼、保时捷）、卡车品牌（斯科尼亚）以及大众商用车。而业内人士则认为，未来大众与保时捷的协同效益将为大众集团创造更多的利润来源。

案例来源：第一财经日报

【思考】
大众汽车对保时捷的反收购采用了什么策略？本次反收购对各自有何优劣？

第一节 恶意收购与反收购概述

收购分为善意收购和恶意收购，恶意收购是指收购者没有得到目标公司董事会的支持合作或后者明确加以反对或抵制的收购。恶意收购在 20 世纪 70 年代的美国开始盛行，它大大推进了公司收购的进程，对企业经营和证券交易市场的运行及相关案件的司法处理产生了巨大影响。一般情况下，潜在资产价值超过账面价值的公司或经营业绩不佳但有发展前景的公司容易成为恶意收购的对象。收购双方强烈的对抗性是恶意收购的基本特点。

一、反收购的概念及原因

恶意收购会导致反收购的出现。反并购是并购的逆操作行为。反收购是指目标公司管理层为了防止公司控制权转移而采取的旨在预防或挫败收购者收购本公司的行为。它基于并购行为而产生，与并购行为相容相存。反并购的操作主体为企业现有的所有者及经营者，他们之所以积极地抵制收购，主要出于以下三方面原因：

(1) 管理层不希望丧失管理权。被收购往往被看作是经营失败的象征。一旦被收购以后，目标公司的管理层将有较大变动，这将危及现任管理者的权利、威望以及待遇。出于对自身前途的考虑，现任管理层就会采取抵制的措施。

(2) 管理层相信公司具有潜在价值。多数公司的高级管理者可以获得有关公司发展战略、产品开发、专利等不能公之于世的内幕。当目标公司收到对方公开出价的通知时，其管理人员就会对本公司的价值重做一番估计，当其觉得对方出价不合理时，便会采取抵制收购的措施。

(3) 管理层希望通过抵制收购来提高对方的出价。在大多数并购交易中，由于对目标公司估计的差异，常常会使双方在收购价格上争执不休。目标公司抵制收购的行为会延缓收购方的收购步伐，从而让其他有兴趣的公司加入收购竞争的行列，最终提高收购价格。

二、恶意收购的特点

在恶意收购发生时，收购双方强烈的对抗性是其基本特点，进行恶意收购的收购公司一般被称为"黑衣骑士"。恶意收购主要有以下三个方面的特点。

1. 保密性

恶意收购的前期，收购公司在股市上的运作对股票市场有很大的影响，常表现为股价异常上升，目标公司察觉后会提高警惕，进而采取抵抗措施。因此，为了达到收购成功的目标，收购公司不仅事前对准备工作严守秘密，而且在预料到目标公司将反抗时，许多行动就应进行得更加秘密，严防泄露。

2. 风险性

只有恶意收购的价格超出市场水平很多，才能打动目标公司股东的心，使他们愿意出售股票，这样，收购公司的收购成本就会急剧上升。收购公司往往通过借贷或其他方式融资，沉重的利息负担给收购公司带来很大的风险。

3. 复杂性

恶意收购需要制订科学、合理和可操作的整体收购计划、资金调度计划和目标公司收购后的经营计划，在此基础上决定收购价格及支付方法，最后实施具体收购。由于股票市场的变幻莫测，敌意收购的收购准备工作必须充分，而收购过程和资金调度的安排需要既缜密又迅速，是一个非常复杂的过程。

三、恶意收购的一般程序

恶意收购一般包括秘密收购和公开收购两个阶段。

1. 秘密收购时期

收购者瞄准一个目标公司，然后在股票市场上暗中吸纳一定比例的股份。暗中吸纳股份主要通过两种方式进行：一种是逐渐、长久吸纳，打"持久战"；另一种是迅速、大量吸纳，打"突袭战"。收购公司在决定以何种方式秘密收购目标公司股份时，要根据自身的财力、目标公司的情况以及股市行情来决定。在秘密收购时期，收购公司以市价购入目标公司股份，成本较小，但是，当收购公司吸纳目标公司的股份达到一定比例时，必须通告目标公司、证券交易所和证券监管机构，英国、美国和我国的法律均规定，这一比例为5％，这时便意着公开收购的开始。

2. 公开收购时期

收购公司吸收到5％的股份而依法向目标公司发出公告，并遭到目标公司管理层拒绝，此时，收购公司如不肯罢休，则开始真正意义上的敌意收购，企业能否收购成功，公开阶段的收购起着决定性作用。收购公司通常采用以下四种方式进行公开收购。

（1）高价收购

这种先发制人的高价收购策略对目标公司股东的诱惑力很大，也可阻止其他公司的侵入，使之望而却步。但采用这种策略收购成本高，收购公司财务负担较重。

（2）低价渗透策略

低价渗透策略即先把价格定得稍低一些，然后逐步提高价格。

（3）杠杆收购

收购公司为解决资金不足问题，常常发行评级较低、利率较高的垃圾债券来筹资，当收购交易完成后，再通过变卖目标公司或附属子公司的多余资产来支付庞大的债务和利息。杠杆收购的优点是小公司有可能通过举债方式收购大公司，缺点是收购公司的风险较大。

（4）发出收购要约

收购要约，也称"公开出价收购要约"，指收购公司对所有股票持有人发出要约公开收购，并且在要约发出后，不得在该要约的有效时间内，采取私下协商方式购买目标公司的股票。我国相关法律规定，当收购公司持股比例在30％以下时，收购公司可选择不发出收购要约，而达到30％时，必须进行要约收购，该"强制公开收购"的规定属于保护性条款，尤其是对中小股东的权益起到保护的作用。

第二节 反收购的策略

收购方避开目标公司管理层而以要约收购的方式直接与股东进行股份转让交易,这可能导致目标公司启动反收购机制,防止收购的发生或挫败已发生的收购。反收购措施可以分为两类:预防性措施和主动性措施。预防性措施被用来减少发生意图在财务上取得成功的恶意收购的可能性,而主动性措施是在恶意收购报价出现之后采取的措施。

一、预防性反收购措施

预防性措施,即在企业尚未面临被并购的境地时,通过预先设计企业的股权结构、章程、合同条款,设置并购者并购的法律障碍,以加大并购成本。常见的预防性措施有以下几种:

1. 建立"合理"的持股结构

(1) 自我持股

企业的发起组建人或其后续大股东为了避免企业被他人收购,取得对企业的控股地位,一种情况是在一开始设置企业股权时就让自己控有企业的"足量"股权;另一种情况是通过增持股份加大持股比例来达到控股地位。当持股比例大到51%时,被第一收购的比例为零。持股比例太小,难以收到"足够"的反收购效果;持股比例太大,则会过量"套牢"资金。

(2) 交叉持股

交叉持股是关联企业或关系友好企业之间相互持有对方股权,在其中一方受到收购威胁时,另一方伸以援手的反并购策略。交叉持股可以达到防治恶意收购与加强企业之间关系的目的,但也有很强的副作用,那就是削弱了股东对企业管理层的控制。

2. 发行特种股票

发行特种股票,通常有三种情况:①一票多权;②一票少权,即该种股票股利比一般普通股高,但只有部分的表决权;③用于分开所有权和控制权的A股与B股,A股一般没有投票权,只有收益权和企业清盘时的最后索要权,B股股东拥有投票权,可以选举公司董事会,并实际控制公司。

3. 公司章程中的反并购措施

(1) 董事会轮选制

这种策略规定,企业每年只能改选很小比例的董事,如1/4或1/3等。这样,即使并购公司已经取得了多数控制权,也难以在短时间内改组企业董事会,实现对被并购公司董事会的控制。

(2) 多数条款

多数条款即由公司规定设计重大事项的决议,比如公司合并、剥离、分立等,必须经过多数表决权才能通过。更改公司章程中的反并购条款,也须经过多数股东或董事同意。

这就增加了收购者接管目标公司的难度和成本。

(3) 限制大股东表决权条款

为了更好保护中小股东，也为了限制收购者拥有过多权利，可以在公司章程中加入限制股东表决权条款。通常有三种方式：①直接限制，即以立法形式明文规定持股一定比例以上的股东其超额部分的股份的表决力弱于一般股份，即该部分股份不再是一股一个表决权，而是多股才享有一个表决权；②间接限制，即通过规定不同公司议案的通过所需要的最低出席人数和最低表决权数的方式，增加大股东滥用表决权的难度，从而间接达到限制效果；③对代理表决权的限制。

(4) 限制董事资格条款

限制董事资格条款是指在公司章程中规定公司董事的任职条件，非具备某些特定条件以及非具备某些特定情节者不得担任公司董事。这就给收购人增选代表自身利益的董事增加了难度。当然，限制董事资格不能明显违背简仓的商业习惯，不能仅仅为了反收购而对董事资格进行特别的不合理限制，而应同时着眼于公司治理水平的提升。

4. "降落伞"策略

公司收购往往导致目标公司管理人员被解职，普通员工被解雇。为了解除管理人员及员工的这种后顾之忧，可以采用"金降落伞""灰色降落伞"与"锡降落伞"的做法，规定收购者在完成对目标公司的收购以后，如果人事安排上有所变动，必须对变动者给予补偿，这样通过加大收购者的收购成本，来一定程度上阻止收购行为。

(1) "金降落伞"

"金降落伞"是指目标公司董事会通过决议，由公司董事及高层管理者与目标公司签订合同，其中规定：当公司被并购接管，其董事及高层管理者被解职时，可一次性领取巨额的退休金（解职费）、股票选择权收入或额外津贴。该项"金降落伞"收益视获得者的地位、资历和以往业绩的差异而有高低。例如，对于美国公司CEO（首席执行官）这一补偿，可达千万美元以上。这就像一把降落伞，让高层管理者从高高的职位上安全下来，故名"降落伞"计划。又因其收获丰厚如金，故名"金降落伞"。

(2) "灰色降落伞"

"灰色降落伞"主要是向较低级别的管理人员提供较低的同类保证：当公司被并购接管而被解职时，根据工龄长短，可领取数周至数月的工资。"灰色降落伞"曾经一度在石油行业十分流行。

(3) "锡降落伞"

"锡降落伞"是指目标公司的员工，若在公司被收购后两年内被解雇的话，则可领取员工遣散费。

二、主动性反收购措施

主动性措施，即在企业已面临被收购的境地时，采取增大并购方成本的临时补救措施。比较著名的主动性策略有以下几种：

1. 帕克曼式反收购策略

帕克曼式反收购策略是目标公司先下手为强的反收购策略。即当获悉收购方有意并购时，目标公司主动向并购公司股东发出并购要约，使并购公司面临被并购的境地，以达到保卫自己的目的。

实施帕克曼式反收购策略使目标公司处于可进可退的主动位置：进可使收购方反过来被防御方进攻；退可使本公司拥有收购公司的部分股权，即使后者收购成功，防御方也仍可分享部分利益。但是，帕克曼式反收购策略要求目标公司本身具有较强的资金实力和相当的外部融资能力；同时，收购公司也应具备被收购的条件，否则目标公司股东将不会同意发出公开收购要约。此种防御的进攻策略风险较大。

2. "白衣骑士"策略

当目标公司在遭到恶意收购袭击的时候，目标企业的管理层为阻碍恶意接管的发生，去寻找一家"友好"公司，以较高的报价来对付收购方的收购要约，以解救自己、驱逐恶意收购者，而这家作为第三方出面的"友好"公司被称为"白衣骑士"。一般来说，受到管理层支持的"白衣骑士"的收购行动成功的可能性很大，并且公司的管理层在取得机构投资者的支持下，甚至可以自己成为"白衣骑士"实行管理层收购。

"白衣骑士"策略获得成功的重要条件是，"白衣骑士"竞标投标的出价要比恶意收购者的要约价格更具吸引力，才能得到目标企业股东的支持。

3. 股份回购

股份回购是指目标公司从现有的公众股东手里购回股票。股份回购有许多优点，主要包括：可以减少公司多余的现金，降低并购公司的并购兴趣；可以减少发行在外的零星股份，增大并购公司的并购难度；可以抬高公司股价，增大并购公司的并购成本。但股份回购使公司的负债比例提高，增大了其财务风险。

4. "毒丸"计划

毒丸是美国著名的并购律师马丁·利普顿（Martin Lipton）1982年发明的，又称股权摊薄反收购策略，是一种提高并购成本，同时造成目标企业吸引力急速降低的反收购措施。毒丸计划在平时不会生效，只有当企业面临被并购威胁时，毒丸计划才启动。实践中主要有三种毒丸措施：负债毒丸计划、优先股权毒丸计划和人员毒丸计划。

(1) 负债毒丸计划是指目标企业在并购威胁下大量增加自身负债，降低企业被并购的吸引力。负债毒丸计划主要通过企业在发行债券或借贷时订立的"毒药条款"来实现。一旦企业遭到并购，债权人有权要求提前赎回债券、清偿借贷或将债券转换成股票。

(2) 优先股毒丸计划。目标公司发行一系列带有特殊权利的优先股。按照该计划，当遇到收购袭击时，优先股股东可以要求公司按过去一年中大宗股票股东购买普通股或优先股的最高价以现金赎回优先股，或公司赋予优先股股东在公司被收购后以溢价兑换现金的权利。这样可以增加收购者的收购成本，遏制其收购意图。

(3) 人员毒丸计划是指企业的绝大部分高级管理人员共同签署协议，在企业以不公平价格被并购后，只要有一人被降职或解聘，全部管理人员将集体辞职。企业的管理层阵容越强大、越精干，实施这一策略的效果就越明显。

毒丸计划对于敌意收购来说，是一项有力的反收购对策，同时也是一种比较"毒辣"的反收购策略。虽然它能在很大程度上阻止收购，但同时也会伤害目标公司的元气，恶化经营现状，毁坏企业发展前景，损害股东利益，因而常常会遭到股东的反对，引起法律争讼。

5. 出售、抵押"皇冠上的珍珠"

企业最有价值的部分才最具并购吸引力，比如技术秘密、专利权或关键人才、商标、某项业务或某个子公司等，以及被市场低估了的资产（如房地产、设备等），这些通常被誉为"皇冠上的珍珠"。这些资产非常容易诱发并购者的并购欲望。针对这种情况，目标企业可以将"皇冠上的珍珠"出售或者抵押，降低并购方的预期收益，从而降低恶意并购者的并购兴趣。

6. "焦土战术"

"焦土政策"是一种比出售"皇冠上的珍珠"更加激烈的防御策略，是目标公司在受到并购威胁并无力反击时所采取的一种两败俱伤的策略。此法可谓"不得已而为之"。目标公司不仅将引起并购公司兴趣的资产出售，还把其他一些资产贱卖以减少公司价值，或增加大量与经营无关的资产；或进行低效益的长期投资，使目标公司短期内的资本收益率下降。这种策略使得目标公司原有"价值"和吸引力不复存在，进而打消并购者的兴趣。

7. 法律诉讼

诉讼策略是目标公司反并购中常用的策略之一。当遇到并购时，目标公司可以请求法院禁止收购继续进行。目标公司提起诉讼的理由主要有反垄断、信息披露不充分以及犯罪（除非有十分确凿的证据，否则目标公司难以以此为由提起诉讼）等。于是，收购方必须首先给出充足的理由证明目标公司的指控不成立，否则不能继续增加目标公司的股票。这就使目标公司有机会采取有效措施进一步抵御被收购。不论诉讼成功与否，都为目标公司争得了时间，这是该策略被广为采用的主要原因。

总之，反收购策略与手段层出不穷，除经济、法律手段以外，还可利用政治等手段，如迁移公司注册地，增加收购难度等。企业应该根据并购双方的力量对比和并购初衷，选用一种策略或几种策略的结合。

理解案例

反击盛大，新浪启动毒丸计划

2005年2月19日，新浪和盛大分别发出消息：盛大收购新浪19.5%的股权，从而成为新浪第一大股东。而盛大为获得这一股权，共购买了983.3万股新浪股票，涉及金额2.304亿美元。时任新浪CFO的曹国伟迅速做出了反应，在董事会的支持下很快策动了新浪的"毒丸计划"，意在稀释盛大所持股权比例，阻止后者的恶意收购。

按照新浪的股东购股权计划，于股权确认日（预计为2005年3月7日）当日记录在册的每位股东，均将按其所持的每股普通股而获得一份购股权。而一旦盛大再收购新浪0.5%或以上的股权，购股权的持有人（收购人除外）将有权以半价购买新浪公司的普通股。如新浪其后被收购，购股权的持有人将有权以半价购买收购方的股票。每一份购股权的行使价格是150美元。

最终盛大权衡再三，在过于昂贵的收购成本面前选择了获利了结，明智地退出了新浪收购战。

资料来源：《证券市场周刊》，2005年3月13日

第三节 国内外有关反并购的法律规范

一、美国反并购的规定

英美的并购体制有些类似但也有很大差别。在美国,竞购者受证券交易委员会和《威廉斯法》(WA)(1968)管制。WA规定,目标公司和收购方皆有义务,要求并购双方在被购公司持股超过5%以上时予以披露,以防秘密积聚大量股份。规定收购开始时,要披露资金来源和收购目的等信息。投标必须开放20天,若出价条款变动或出现争价者时延长10天。"最佳价位"和"所有持有人"条例要求收购方在出价期间以最佳价位购买竞投的股票,而竞投必须向所有股东开放。WA还将与竞投有关的内幕交易等欺诈行动定为非法。

WA规定目标公司也有义务。要求目标公司在10日内将公司处于被收购的境况告知股东。目标公司必须披露利益冲突、金降落伞、提交裁决的理由、顾问的身份以及补偿条款,目标公司不能作实质性的误导声明。

由于美国公司受州法律管制,这些法律对反收购行动相当有影响。在20世纪80年代的接管狂潮后,许多个州都对他们的法律作偏向目标公司管理层的修改,州法律有时导致接管行动难以取胜。此外,企业可以获准将挫败或阻延恶意收购的有关条文,写入自己的公司章程内。像印第安纳等州已将差别对待的毒丸合法化,并允许管理层对恶意收购做出反应时考虑非股东利益。一些防御措施写入目标公司的章程并获股东批准,而其中一些则不需经股东同意。

二、欧洲各国的反并购规定

在欧洲大陆,目标公司可采用的防御措施与英美有很大差别。一般来说,恶意收购很难取胜,因为目标公司可采取整套有效的防御措施。这些区别起源于不同的哲学思想、文化和法制因素。根据盎格鲁—撒克逊传统,股东利益高于其他持股者的利益,这与大陆传统明显不同。

依照大陆传统,其他股份持有者通常有同等权利。在许多大陆国家,董事局向他们的公司负责,而不是向股东负责。前者要求董事决策时考虑股东、员工、顾客和当地社会。这种广泛的责任反映在公司法规和公司惯例上。例如,荷兰企业法规定:"权利的天平不应过分偏向股东,还必须考虑利益占有者的利益,例如员工。"

Coopers&Lybrand在一份报告上将并购活动在欧洲社会遇到的障碍分成结构性障碍、技术障碍和文化障碍几种。这些障碍使管理层和所有权不能轻易转换,从英国观点的本质看也是如此定义的,《法则》关于股东是收购价值裁定者的规定,正体现了这一点。因此,"障碍"这个词被用来指谓限制或妨碍股东自由和权利的协议或态度。这些障碍由法律和管理条例、体制和文化态度组成。它们的有力程度和对收购的影响因不同的国家而不同。

在并购期间，不同国家的员工有不同的权利。在丹麦、德国、卢森堡和荷兰，这些障碍因素被提交到监事会，因此对决定是否接受收购有决定性影响。

在法国，员工代表可参加董事局会议，但没投票权。合并不一定要与工会商讨，但在员工人数超过50人的公司，工会可参加雇主和雇员召开的会议。收购要咨询劳工委员会，但委员会无权加以阻止。在德国，这类委员会在工作条件、雇佣或解雇事务方面有发言权。并非所有的国家都遵循一股一投票权的原则。无投票权股票的发行很普遍。在法国，上市公司可通过合同或公司条例来限制股票的转手能力。在法国，持股一定时期的股东可能获得双倍投票权。在所有欧盟国家中，荷兰给予发行有限的表决权股票的自由度最大。

荷兰公司可发行优先股，赋予持有者对发行公司很大程度的控制权。通常这些股票向发行公司的管理机构和监事机构的董事与监事发行。变更公司章程或优先股股东进行投票，可有效地委任公司董事，于是，普通股股东就被剥夺了委任股东的权利。

三、我国反并购的规定

我国《证券法》《公司法》等法律法规中对于反收购的法律规范几乎是空白的。因为缺少完善的运行规则，反收购实践中暴露了不少问题。我国反收购实践中可应用的反收购条款主要包括绝对多数条款、分期分级董事会条款和限制董事资格条款。

（一）绝对多数条款

公司的决议可以分为普通决议和特别决议。普通决议事项获得简单多数赞成即可通过，而特别决议事项则要求获得绝对多数赞成方可通过。我国《公司法》第104条规定："股东大会做出修改公司章程、增加或者减少注册资本的决议，以及公司合并、分立、解散或者变更公司形式的决议，必须经出席会议的股东所持表决权的2/3以上通过。"显然，该法未将反收购条款所规定事项完全纳入特别决议事项之中。对此，理论上可以认为，《公司法》一般仅就特别重要的特别决议事项作明确规定，此外还可以由公司章程予以补充规定。事实上，《公司法》第105条隐含了这种自治授权。该条规定："本法和公司章程规定公司转让、受让重大资产或者对外提供担保等事项必须经股东大会做出决议的，董事会应当及时召集股东大会会议，由股东大会就上述事项进行表决。"因此，在我国，仍可依公司自治原则在公司章程中设定绝对多数条款的反收购措施。至于该绝对多数的比例，各国公司一般规定为80%以上甚至90%以上。其具体比例可以根据收购人及收购的具体情况作区分安排。就我国而言，尽管《公司法》规定的绝对多数比例为2/3，但不妨规定为更高的比例，或根据收购人的不同，作区分性规定。譬如，若收购系同行业优质企业发动的产业资本收购，则可将绝对多数比例规定为相对较低的75%～80%；若收购系金融资本收购，则可将绝对多数比例规定为较高的85%～95%。

（二）分期分级董事会条款

分期分级董事会条款（Staggered Board Provision），也称"交错选举董事条款"，其典型做法是在公司章程中规定，董事会分成若干组，每一组有不同的任期，以使每年都有一组的董事任期届满，每年也只有任期届满的董事被改选。这样，收购人即使控制了目标公司多数股份，也只能在等待较长时间后，才能完全控制董事会。在恶意收购人获得董事会控制权之前，董事会可提议采取增资扩股或其他办法来稀释收购者的股票份额，也可决定采取其他办法达到反收购目的，使收购人的初衷不能实现。因此，分级分期董事会条款明显减缓了收购人控制目标公司董事会的进程，使得收购人不得不三思而后行，从而有利于抵御恶意收购。

在我国，根据《公司法》第109条的规定，股份有限公司董事会成员为5~19人，董事任期由公司章程规定，但每届任期不得超过3年；董事任期届满，连选可以连任。该规定表明董事任期在3年期限内具体由公司章程规定，且公司法并未要求所有董事的任期相同。依此，在公司章程中规定每一位董事的任期不同，并不违反公司法的规定。由此，公司可以实行分期分级董事会制度，以此作为反收购措施。但是，《公司法》第101条第（3）项规定，持有公司股份10%以上的股东请求时，必须在2个月内召开临时股东大会，而依第100条及第38条的规定，股东大会有权选举和更换董事以及修改公司章程。因此，收购人可请求召开临时股东大会，通过股东大会首先修改公司章程中关于分期分级董事会制度的规定，然后再改选董事。这是收购人针对分期分级董事会制度的一项有效的反制方法。为防止收购人在获得控股地位后通过修改公司章程废除分期分级董事会制度，公司章程还可设置特定的绝对多数条款，规定必须绝对多数（确定特定比例）股东出席股东大会且取得出席会议的绝对多数（确定特定比例）股东同意才能修改关于分期分级董事会制度的条款。

（三）限制董事资格条款

限制董事资格条款，是指在公司章程中规定公司董事的任职条件，非具备某些特定条件以及具备某些特定情节者均不得担任公司董事。这就给收购人增选代表自身利益的董事增加了难度。当然，限制董事资格不能明显违背通常的商业习惯，不能仅仅为了反收购而对董事资格进行特别的不合理限制，而应同时着眼于公司治理水平的提升。

董事资格是担任董事的条件，是某人能否进入董事会的前提条件，也是法律为防止无才无德之士混入董事会滥用董事职权而确立的预防性制度。因此，各国大多对董事资格作了积极资格和消极资格两个方面的限定。董事的积极资格是指董事任职必须具备的条件，如持股条件、国籍条件、身份条件和年龄条件等。

董事的消极资格是指不得担任董事职务的条件和情形，如品行条件、兼职条件等。我国《公司法》第147条第（1）款对董事的消极资格作了明确规定，但未就董事的积极资格做出规定。对此，依照新《公司法》所奉行的加强公司自治的立法精神，应认为法律允许上市公司在不违背法律的强制性规定与公序良俗的情况下，通过章程对董事任职资格作进一步的限定。因此，我国上市公司可以采用这一反收购措施。问题就在于，如何具体确定限制董事资格条款是否违背法律的强制性规定或公序良俗。

【复习思考题】

1. 什么是恶意收购？它有哪些特点？
2. 恶意收购的一般程序是什么？
3. 在反收购策略中，哪些是预防性反收购措施，哪些是主动性反收购措施？
4. 主动性反收购策略中各种措施的适用条件是什么？会产生怎样的效果？

第四章　恶意收购及反收购

案例回顾

反收购策略案例——广发 VS 中信

事件经过

2004年9月1日，中信证券召开董事会，通过了拟收购广发证券股份有限公司（下称"广发证券"）部分股权的议案。9月2日，中信证券发布公告，声称将收购广发证券部分股权。一场为期43天、异彩纷呈的收购和反收购大战，就此拉开了帷幕。

9月4日，广发证券实施员工持股计划的目标公司——深圳吉富创业投资股份有限公司（下称"深圳吉富"）成立。9月6日，中信证券发布拟收购广发证券部分股权的说明，称收购不会导致广发证券重大调整，不会导致广发证券注册地、法人主体、经营方式及员工队伍的变更与调整。

9月10—15日，深圳吉富在市场上收购了广发证券12.23%股权，成为第四大股东。

面对广发证券的抵抗，9月16日，中信证券再一次重拳出击，向广发证券全体股东发出要约收购书，以1.25元/股的价格收购广发股权，使出让股东的股权在评估值基础上溢价10%~14%，以达到收购股权51%的目的。

9月17—28日，原广发证券第三大股东吉林敖东相继受让广发证券股权，增持广发证券27.14%的股权，成为其第二大股东。

原广发证券第一大股东辽宁成大公告也通过受让，持有广发证券达到27.3%的股权，继续保持第一大股东地位。此时，辽宁成大、吉林敖东与深圳吉富共同持有广发证券66.67%的股权，三者构成的利益共同体的绝对控股地位已不可动摇。

10月14日，因无法达到公开收购要约的条件，中信证券发出解除要约收购说明。至此，历时43天的反收购大战，以广发证券的成功画上了圆满的句号。

收购动机分析

广发证券在全国各地拥有78家证券营业部，其中广东47家。中信证券本身的营业部主要分布于北京、上海、江苏、广东和山东，若能收购广发，则中信在东南沿海各省市的竞争力将大幅提高。

此外，广发的投行部门也颇具实力，2002年，股票发行总家数、总金额分别名列第1位和第2位，国债承销在证券交易所综合排名第7位。2003年，股票发行总家数名列全国同业第4位。收购可以大大加强中信证券的综合实力。同时，广发的人才和市场声誉也是一笔巨大的无形资产，对中信具有极大的吸引力。

另外，中信发现广发的价值相对低估，通过收购广发能够提高自身的业绩。当时，中信证券的股价虽然比最高点损失惨重，但股价仍为7元左右。而广发证券的转让价格均接近其每股净资产，约为1.2元。两家公司的股价之比高达6倍左右，中信证券的市盈率高达150倍，PS比率（股价/每股销售收入）也高达18倍，分别是广发证券对应估值比率的8倍左右。

按中信当时的市净比指标为参考，广发证券的每股定价可达到净资产的3.3倍，即4元左右，如按照中信证券的市盈率和PS指标看，广发证券的每股价格则会高达8元左右。一旦广发证券上市，则每股估计在4~8元，因此，只要收购价格低于每股4元，对于中信提高业绩、降低估价指标和支撑股价十分有利。

反收购策略运用

根据对收购动机的分析，我们可以发现在这次收购行动中，中信是金融买家和扩张者。因此，广发证券有针对性地采取了以下三个主要的反收购策略：实行相互持股，建立合理的股权结构；果断启动员工持股计划，阻止中信收购的步伐；邀请白衣骑士，提高股价和缓解财务危机。值得注意的是，在本次反收购战斗中，由于股东、管理层和员工高昂的斗志与必胜的信心，没有贸然启用副作用很强的"毒丸"计划和"焦土"战略，有效地防止了两败俱伤的局面。

（1）坚定的相互持股。广发证券与辽宁成大的相互持股关系，在广发证券反收购成功中起到了很重要的作用。广发证券工会是辽宁成大的第二大股东，持股16.91%。辽宁成大2004年年初持有广发20%的股份，2月又从辽宁外贸物业发展公司收购了广发约2538万股，约占1.3%，6月从辽宁万恒集团收购广发约8624万股，约占4.3%，至此，辽宁成大持有广发的股份比率高达25.58%，成为广发的第一大股东。在中信证券发出收购消息之初，辽宁成大即表示要坚定持有广发的股权，并于9月28日受让美达股份所持有的广发证券1.72%的股权，这种态度给广发证券很大的信心支持。

（2）员工持股计划。由于几年前公司高层已经有员工持股的战略意图，并开始运作员工收购计划，因此，吉富公司的募股非常顺利。到2004年8月20日，包括广发证券、广发华福、广发北方、广发基金与广发期货在内的五个公司的员工交纳的募资就近2.5亿元。当中信公布收购广发之后，广发证券实施员工持股计划的目标公司——深圳吉富创业投资股份有限公司很快就召开了创立大会，并正式运作。在成立之后通过收购云大科技与梅雁股份所持有的广发股权，在实现自身目的的同时也有效地阻止了中信收购的步伐。

（3）白衣骑士。在本次反收购行动中，广发证券积极寻找白衣骑士也是反收购能够成功的一个最主要的原因。吉林敖东在这次反收购活动中，就扮演了白衣骑士的角色。吉林敖东原本是广发证券的第三大股东，共持有广发证券14.98%的股权，在本次反收购过程中，吉林敖东不断增持广发证券的股权，有力地挫败了中信证券收购行动。

案例来源：中国MBA网

【讨论】

1. 中信证券收购广发证券的动机是什么？
2. 广发证券采取了哪些反并购策略，是如何实施的？

请分组准备资料进行讨论，并以PPT的形式展示讨论成果。

第五章 买壳上市

【学习目标】
◆ 理解买壳上市的概念；
◆ 掌握目标壳公司的选择和主要操作方式；
◆ 了解买壳上市的操作程序。

导入案例

方正科技与"延中实业"

虽然深沪股市已经有上百起买壳上市案例，但是成功率并不高。而方正科技是唯一一家完全通过二级市场收购，实现买壳上市并且得到成功的公司。它的壳公司是著名的"三无概念"股延中实业（600601）。延中实业是"上海老八股"之一，股本结构非常特殊，全部是社会流通股。延中实业以前的主业比较模糊，有饮用水、办公用品等，没有发展前景，是一个非常好的壳公司。

1998年2月到5月，延中实业的原第一大股东深宝安（0002）五次举牌减持延中实业，而北大方正及相关企业则通过二级市场收购了526万股延中股票，占总股本的5%。后来深宝安又陆续减持了全部的股权，北大方正成为第一大股东。

北大方正后来将计算机、彩色显示器等优质资产注入了延中实业，并改名为方正科技，延中实业从此变为一家纯粹的IT行业上市公司，2000年中期的每股收益达到0.33元，买壳上市完全成功。

从买壳上市的成本上看，当初收购526万股延中股票动用的资金上亿元，但是通过成功的市场炒作和后来的股权减持，实际支出并不高。

案例来源：http://www.sina.com.cn IT经理世界

【思考】
这属于买壳上市操作吗？买壳上市之后，原来的"壳"还存在吗？

第一节　买壳上市概述

一、买壳上市的定义

买壳上市又称反向收购（Reverse Merge），是指拟上市的公司通过购买一家上市公司（壳公司）的绝大部分股权，控制该公司，然后通过"反向收购"的方式注入自己的资产和业务，成为新的上市公司，从而实现间接上市的资本运作行为。所谓壳公司（Public Shell），是指一个上市公司，由于各种原因已经停止了正常的经营业务，但还保留着上市公司的身份和资格。有的壳公司的股票仍然在交易，有的暂时停止了交易。

从买壳上市的含义开看，买壳上市包括以下几个步骤：首先，非上市公司收购一家上市公司，完成"买壳交易"；其次，由上市公司收购"买壳企业"的优良资产或进行资产置换；最后，实现非上市公司的间接上市，利用配股时机提升企业价值。

二、买壳上市与首次公开发行上市的比较

1. 上市操作时间

买壳上市需要3～9个月的时间，收购仍有股票交易的壳公司需要3个月，收购已停止股票交易的壳公司至恢复其股票市场交易需6～9个月。而做首次公开发行上市一般所需时间为一年。

2. 上市手续

首次公开发行上市有时会因承销商认为市场环境不利而导致上市推迟。或由于上市价格太低而被迫放弃，而前期上市费用加律师费、会计师费、印刷费等也将付之东流。买壳上市在运作过程中不受外界因素的影响，不受承销商的介入，只要找到合适的壳公司，操作得当，就可能一步到位。

3. 上市费用

反向收购的费用一般要低于首次公开发行上市的费用，视壳公司的种类不同而定。

4. 运作与融资

首次公开发行一般先由承销商组成承销团介入，并且首次公开发行一旦完成，公司可立即实现融资。而买壳上市要待公司成为上市公司后，通过有效运作推动股价，然后才能以公募或私募形式增发新股或配股，承销商在公司二次融资时才开始介入。

三、买壳上市的动机

(一) 寻求更大的发展空间

买壳的公司往往都是原主业发展空间已经有限,所以试图通过买壳上市,既取得间接上市的资格,又达到寻求新发展空间的目的。持这种动机的非上市公司一般具有规模大、实力雄厚等特点,它们所寻找的壳公司一般也是所在行业前景较好、基础较扎实、主业潜力较大,只是因为某一方面的原因而使经营遇到困难或陷入困境的上市公司。买到壳之后,控股公司大多不会调整壳公司的主业方向,壳公司的资产和治理结构是它们整合重点。

(二) 获得直接融资渠道,从根本上解决困扰企业发展的资金问题

由于主客观原因,现有商业银行对民营企业的信贷政策偏紧,发放的贷款以短期为主,不利于企业资产负债结构的优化。买壳上市,成为上市公司则可充分利用证券市场的筹资功能。

(三) 突破自身机制的局限性,获得规范化和超常规发展

企业在市场经济的环境下成长,具有适应市场和机制灵活的优势,然而同时也存在粗放式和家族式管理的弊端。买壳上市,通过引入现代企业制度,实现规范化运作,为企业的长远健康发展打下良好基础。在这类买壳上市案例中,非上市公司一般都有明确的主业,并且其主业经营大多还比较成功。这类公司买壳的目的是为了利用证券市场更快地扩张自己的主业,在对壳公司控股之后,会对壳公司的主营业务、资本结构等方面进行全方位的整合,使壳公司发生脱胎换骨式的变化。从某种意义上说,这种做法才是真正的买壳上市。

(四) 投机牟利型买壳上市

在这类买壳上市案例中,拟买壳上市公司的动机是为了获得投机性的收益,而不是为了间接上市,其控股的短期行为比较明显。严格来讲,这种类型的买壳上市仅仅具有买壳上市的形式,而不具有买壳上市的实质内容。投机牟利型买壳上市在国外一般表现为控股公司买壳上市之后,采用一定的手段对上市公司进行整合包装,然后再将手中的股权转让出去,获取差价收益。在我国,采用这种买壳方式谋求投机收益的难度较大,一般是在控股之后,控股公司利用控股权在壳公司与控股公司之间进行不公平的资产置换,获得投机性的收益,即买壳公司不仅可以从中收回买壳的费用,甚至还可以赚取一笔收益。

第二节 买壳上市的运作

一、买壳上市的一般程序

买壳上市一般要经历四个阶段：聘请财务顾问、选择目标公司、考察评估论证、方案组织实施。

（一）聘请财务顾问

如果企业对于资本运营不熟悉，在准备买壳上市时，一定要聘请专业质素较高且富有经验的财务顾问，以便为公司的买壳上市进行整体策划和组织实施，并由财务顾问协助公司聘请买壳上市所需的会计、评估、法律等方面的中介机构。

（二）选择目标公司

在做出买壳上市的决策后，企业必须在财务顾问的指导下根据自身的资产、财务、经营、战略发展规划等方面的具体情况初步确定目标公司的大致属性，然后对所物色的几家上市公司的行业属性、经营范围、股权结构、资产规模、财务状况、经营状况等诸多方面进行综合衡量，并经过初步沟通和谈判，筛选出最适合自身状况的壳公司。

（三）考察评估论证

确定了目标公司后，尚需对其从财务状况、经营状况、股权结构等方面进行深入的调查分析，以获得较为完整、真实、准确的信息，在此基础上对目标公司的价值进行综合评估论证，从而为整个买壳上市行为提供依据和支持。随后，需结合公司本身和目标公司的情况制订详细的重组方案，并对上市公司未来的经营管理活动进行分析预测。同时，也需对买壳上市做最后的成本效益论证评估。

（四）方案组织实施

在财务顾问的指导与协调及各类中介机构的协助下，买壳方与目标公司的控股方签署系列相关的合同，并在履行相应的义务后进驻上市公司，改组董事会，视具体情况重组经营管理层。同时，着手办理产权过户手续。随后，开始对上市公司的资产、负债、业务、人员等进行重组整合。

二、买壳上市的主要方式

（一）二级市场公开收购

这是一种场内交易的买壳上市，又称要约收购，是指非上市公司通过二级市场收购上市公司的股权，获得上市公司的控制权，然后再反向收购自己的资产，从而实现买壳上市。《证券法》规定：任何投资者直接或间接持有一家上市公司发行在外的5%的股权时应做出公告；以后每增加或减少5%，需再做出公告；持股比例达到30%时要发出全面收购要约，一般要约期满后持股比例达到50%以上可视为收购成功。

（二）非流通股股权有偿转让

非流通股股权有偿转让又称股权场外协议转让。上市公司的非流通股股东将自己拥有的股权送商定的价格转让给收购方，受让企业成为上市公司的控股股东，从而实现买壳上市，这就是我国目前常见的买壳上市。在我国，股权协议转让又分为国家股有偿转让和法人股有偿转让。目前股权转让主要按净资产定价，有溢价转让、平价转让和折价转让三种情况。主要取决于买壳上市公司对壳公司壳价值的估量。

（三）吸收合并

吸收合并是指非上市公司以自己的资产或股权与上市公司合并，改变上市公司的注册资本和股权结构，使自己成为上市公司的一部分，从而实现间接上市的一种并购行为一。吸收合并目前又分为以下几种类型：一是上市公司向控股母公司以外的企业实施实物或现金配股，使配股企业持有上市公司股份，有机会通过逐渐提高份额控股上市公司，实现买壳上市。这种方式暂时被证监会禁止，但是定向增发新股又提供了此种方式的变通实现途径。二是上市公司直接合并非上市公司，使其成为上市公司的一部分。三是上市公司合并上柜公司。上柜公司是指地方性证券交易市场上挂牌交易的公司。

（四）间接控股

间接控股是指非上市公司通过控股上市公司的控股母公司而达到控股上市公司，实现间接上市的一种并购行为。此种方式由于一般不动用现金，又能避开发起法人股三年内不能转让的限制，所以越来越受到关注。

三、"壳公司"的选择

买壳上市能否成功的一个关键因素是目标公司的选择，一般而言，一个理想的"壳公司"应该符合下列条件。

（一）产业结构简单

目标公司的产业结构越简单，收购完成以后的资产重组过程就越方便，双方在经营管理等方面就容易找到融通和互补之处，同时，产业的优化和调整相对而言也会比较容易。如果目标公司的产业结构过于复杂，涉及的行业过多，尤其是涉及收购公司所极为生疏的行业，就会对今后的管理带来很大的困难。

（二）企业负担较轻

目标公司应以新兴企业为宜，因为新兴企业一般不存在人员结构老化和庞大的离退休人员等难以承受的社会负担。

（三）经营面临困难

通常而言，收购处于经营低谷期的公司相对比较容易成功，因为"壳公司"的持股人容易形成转让意愿，要价也会较低。相反，收购一家正在高速成长或业绩优良的公司，原有股东就会产生惜售情绪，甚至出现反收购。

（四）股本结构简单

目标公司的股本要有相对集中的特点，如国家股或法人股占相对多数，这样就便于通过一次性的股权转让迅速完成整个收购过程。当然，如果目标公司的股本主要集中在流通股，那么通过二级市场的收集，也是一种可以尝试的途径。另外，目标公司的股本大小也是一个需要考虑的重要因素，因为股本总额越大，为了达到控股比例而须购入的股数也就越多，由此就会造成资金上的重大压力。相反，收购一家小盘公司不仅所费资金较少，而且使收购公司买壳上市后实现融资，进行自身的扩张有了很大的空间。

（五）反收购能力不强

在买壳过程中一旦遇到反收购，不仅买壳成本会急剧增加，而且可能导致收购的最终失败。所以，目标公司决策层是否熟悉金融市场，是否具有大额融资的能力以及可能采取的反收购措施都在考虑之列，以便及时应对。

（六）员工便于安置

收购完成以后，随着资产重组的展开，目标公司原有员工的重新安排必然提上议事日程。因此，在选择目标公司时，其员工结构如何、素质高低、数量多少、离退休人员和正式工以及合同工的比例也是不可忽视的因素。

（七）资产易于处理

对目标公司的资产结构和性质也需要进行一定的分析。如果目标公司的固定资产数量较大，而且相当陈旧，利用价值不高，实际处理就会十分困难。另外，目标公司的实际净资产到底有多少，是否存在未入账的隐性负债，这些因素都会对实际的收购成本产生重大影响。

四、"壳"公司价值的估算方式

企业价值有多种表现形式和相应的估算方法。在企业收购中，企业价值的估算主要有通过以下几种途径。

（一）净资产法

上市公司定期公布的资产负债表最能反映公司在某一特定试点的价值状况，提示企业所掌握的资源、所负担的债务及所有者在企业中的权益。因此资产负债表上各项目的净值，即为公司的账面价值，通过审查这些项目的净值，可为估算公司真实价值提供依据。

一般的通过净资产法收购上市公司，买方公司在收购前要聘请注册会计师，审查目标公司提供的资产负债表的真实性。一方面，要根据企业固定资产的市价和折旧、企业经营中的债权可靠性、存货、有价证券的变动来调整企业资产负债表中的资本项目。另一方面，对企业的负债项目中也要详细列其明细科目，以供核查和调整，只有如此，才能估算出目标公司的真实价值。

在我国，通过净资产法评估企业购买价格已经成为买壳上市中最常用的定价方法。主要原因可能有两点：一是卖"壳"方认为公司的资产中有大量低效甚至无效资产存在，按账面价值确定公司的价值，其实是高估了；而对买"壳"方来说，"壳"公司的资产低效或者无效是资产结构不合理造成的，通过自己的重组可能发生重巨大的变化。二是按账面作价可以加快交易速度，减少交易成本。但是，其缺点是不能把上市公司的潜在赢利能力、目前公司是否陷入流动性危机等问题体现出来，只是一种最原始的企业定价模式。

（二）市盈率法（收益资本化）

市盈率反映的是投资者将为公司的赢利能力支付多少资金。市盈率越高，说明投资者对该上市公司的前景抱乐观态度，在我国，市盈率法一般是按各部门、行业计算平均比率，作为对比标准。

在实际动作当中，市盈率的计算通常还包括收购双方对未来收益能力的判断，在分析整个市场和所处行业平均市盈率的基础上，收益能力较强则意味着较高的市盈率。

市盈率法基本反映一家企业的发展前景，是目前证券市场中对该上市公司的公允价格，是最市场化、最合理的方式。采用这种方式估算企业价值的基本要求就是上市公司的所有股份都能够流通。但是这种情况在我国目前的上市公司中尚不存在，我国上市公司国家股、法人股均不能流通，而且由于中国股市的初生性，使得股票价格甚至也不能反映流通股的真实价值。在我国目前市场操纵行为较为普遍的情况下，与国际市场相比，我国市场中平均市盈率高估倾向明显，对平均市盈率水平认同上的差别将是市盈率法难以广泛应用的关键，这也是为什么迄今市盈率法在我国买壳上市中仅有恒通收购棱光这一例的原因。随着我国证券市场走向成熟，企业股票在二级市场的价格高低可以成为"壳"价格的重要坐标，如果我们假设所有股票间的相对价位都是企业价值相对状况的反映，那么股票价格越高，"壳"的价格也应当越高。

（三）现金流量法

和西方国家股市最大的不同点，是我国股票上市过程形成了巨大的卖方市场，大多数公司急于上市的目的，不是为了规范企业经营或管理体制，也不是为了接受广大股东的监督，而主要目的是为了筹集资金。"买壳上市"也充分体现了这一特点，因此运用现金流量法更能反映我国交易资产的真实价值。

现金流量分析法包含的内容很广泛，既可以配股能力折现，也可以分得的红利或税后利润折现计算现金流量，以确定购买价格是否合适。从国外的并购实例看，对还没有确定目标的并购方来讲，分析具体上市公司的自由现金流量，对选择并购暂时陷入财务困难，而又有赢利能力的上市公司具有极大的意义。这是因为，一家赢利企业可能因资金周转不灵无法偿还到期贷款面临清算，而一家亏损企业却会因现金流量正常而维持经营，在我国目前销售疲软、部分行业竞争极为激烈的状况下，这一现象更值得重视：即利润的多少不等于现金的多少，企业有经营收益并不说明企业有充足的现金来应付收购者的目光。

自由现金流量＝净利润＋折旧和摊销－资本支出－营运资本变动（流动资金－流动负债）－债务本金支付＋新增的债务

在这里，公司的经济生命被描述成自由现金的流入和流出，即现金流。在考虑时间和风险因素的基础上将预期的现金流折现，并与投入公司的原始资金作比较，来进行收购决策。

现金流量分析法最重要的是要确定：
①不同的增长和赢利情况下现金流量的估计数值；
②并购成功后最低可接受的报酬率；
③确定在不同情况下愿支付的最高价格；
④根据收购方目前的融资和财务能力，确定现金或其他方式收购；
⑤评估收购成功后对收购方每股收益（EPS）和资本结构的影响。

（四）资本资产定价模型

资本资产定价模型（CAPM）是描述上市股票内在的各种证券的风险与收益之间关系的模型，它以资产组合的方式帮助人们有效地持有各种股票，以回避非系统性风险。

个股收益率＝无风险收益率＋β（整个市场组合的收益率－无风险收益率）

β是指系统性投资风险，通常根据历史数据确定，用来对未来绩效进行评估预测。一旦评估出了β的大小，就可以确定该上市公司所要达到的预期收益率，与我们根据公司并购价格和未来现金流倒推的内部收益率进行比较，当前者大于或等于后者时，就可以认为该买壳定价比较合理。

该模型在我国应用很少，主要原因是我国没有形成一个有效的证券市场，市场价格不能完全反映上市公司的价格。对证券市场有重要影响的信息不能均衡和对称地传达到投资者那里，因此该方法在我国尚难应用。

（五）清算价值估算法

买"壳"企业买壳是为了注入自己的优质资产，达到上市的目的。买壳后通常对壳公司的资产进行清理及出售变现，以便获得大量现金购进自己的优质资产。所以，在壳公司众多并且相互之间公平竞争、待价而沽的情况下，对壳公司的企业价值的估算应该采取企业的清算价值，即企业资产能够在市场上实现的价值。这种估价方式能够有效地剔除对企业资产中对大量存在的低效甚至无效资产的高估，有利于交易双方合理评价交易底价。

企业与企业的资产是两个不同的概念，企业是各种生产要素，包括其所拥有的各种资产、公司员工、不同技术系统、管理系统及技能的有机结合的生命体，企业的资产仅仅是企业诸多要素中的一个。企业的价值也不等同于企业资产的价值。对企业的广大股东来说，关注核心的问题应该是企业的价值，而不单纯是具体的资产。这就如同汽车所有者，他最关心的不是这辆车每个零部件的性能和值多少钱，而是整车的价格及性能。但如果这辆车内部各系统之间已经无法协调运转而将停止行驶，需要转让，对购买者来说，他关心的是有哪些零部件还可能再利用，即买方更关心的是企业的资产的价值。这样，买卖双方在选择估价方式时会产生矛盾，而矛盾的解决更多地取决于交易双方的地位和条件，谈判经验有时候可能比分析技术更为重要。

【复习思考题】

1. 什么是买壳上市？买壳上市与首次公开发行上市各有何利弊？
2. 如何选择壳公司？
3. 说明买壳上市的程序。
4. 买壳上市包括哪些方式？

分析案例

中信泰富买壳上市案例

20世纪90年代头两年中国香港股市上的红筹股主角毫无疑问是中信泰富，从中国国际信托投资公司全资控股的"中信香港"对"泰富发展"进行股权收购作为起点，通过一系列的配股、收购和置换等方式将"中信香港"原有资产注入了"泰富发展"，同时获得资本市场资金回流，最终实现了"中信香港"的买壳上市。现在"中信泰富"按市价总值计算1996年已经是中国香港股市前十位的上市公司之一，股价从1991年的1.3元/股增加到1996年年底的44.9元/股。中信泰富的买壳上市是中国资本市场上比较精彩的经典力作。这一并购重组案例也是华资在中国香港股市最富影响力的"买壳上市"案，为中国内地大型集团利用中国香港证券市场资本运营提供了借鉴的成功范例。

一、中信泰富买壳上市背景介绍

自从1988年国务院下达命令对在港华资公司进行重组整顿，"中信香港"的董事长荣智健就开始积极寻找机会在中国香港证券市场上市融资，而买壳上市无疑是进入中国香港资本市场的捷径。在有效证券市场上完整的买壳上市流程一般分为三个步骤：买壳→净壳→装壳（注资）。"中信香港"对于"泰富发展"的买壳上市也是按照这个思路操作的。

首先是买壳步骤的操作。在李嘉诚和郭鹤年的支持下，荣智健于1990年1月通过和绝对控股的曹光彪集团定向洽谈，双方达成了1.2元/股的定价，这样"中信香港"斥资3.97亿港币购得曹氏所拥有的占"泰富发展"50.7%的3.311亿股，顺利入主成为"泰富发展"的第一股东，取得了"泰富发展"的控制权，在技术上完成了对于"泰富发展"的收购操作，即买壳步骤的操作。

其次是净壳步骤的操作。评价壳资源的好坏就在于净壳过程的复杂程度，越是优良的壳资源，其净壳步骤就越简单。"泰富发展"本身是一个上市不久的公司（1986年上市），成立时间短（1985年成立），还不存在不良资产，是一个近乎干净的"壳"。

最后是装壳步骤的操作，这也是买壳上市的目的和难点所在。作为上市公司"中信泰富"通过证券市场进行筹资，本身也会进行多元化收购，比如参股江苏、郑州等电站项目，再比如后来筹集56亿港币巨资收购恒昌企业等，但是最为重要的股权收购还是针对"中信香港"名下的下属公司股权和其他资产。装壳的重要操作如下：

1990年2月，作为控股股东的"中信香港"通过将其持有的"港龙航空"38.3%的股权作价约3.739亿港币与"泰富发展"进行换股进一步扩大控股权。由于已获得"泰富发展"的控制权，"中信香港"并未失去其资产，只是将资产进行了母子公司间的转移，同时"中信香港"持有扩股后的"泰富发展"59.51%的股权（至此，"泰富发展"总股本为10.8亿股）。

1990年2月，"中信香港"将名下的"裕林工业中心"、"大角咀中心"以5.5亿港币的价格转卖给了"泰富发展"。其直接结果是两处资产过渡到了"泰富发展"的名下，同时"中信香港"作为母公司获得了5.5亿港币的现金流入。

1991年8月，为了补足"泰富发展"在购买"中信香港"资产过程中产生的现金流逆差，"泰富发展"一方面发行了5亿港币的债券，另一方面继续借助股市配股融资，融资总额为20.115亿港币。其中曹光彪家族、李嘉诚、郭鹤年分别认购了5%、5%、20%比例的股本；融资后"泰富发展"分别以28.6亿港币和5亿港币收购"中信香港"所拥有的"国泰航空"12.5%股权和"澳门电讯"20%股权。"中信香港"以"国泰航空"12.5%股权换回的资金中一部分再回购近24%比例的股本，共计6.166亿股。这样，"中信香港"将原有的"国泰航空"和"澳门电讯"股份转入"泰富发展"名下，同时还保留了在"泰富发展"49%的持股比例，维护了"中信香港"的控股地位，"泰富发展"也正式更名为"中信泰富"。

1994年5月，"中信泰富"以23元/股发行新股1.6627亿股，募集资金38.24亿港币，用来从"中信香港"购入西港隧道公司的25%股份加上"中信泰富"原先已持有的10%股份，"中信泰富"对西港隧道公司的持股比例达到了35%。

就这样，"中信香港"利用"中信泰富"上市公司身份不断地从证券市场筹集资金，然后反过来购买"中信香港"的下属公司和其他资产，一点一点地将整个集团公司的资产注入"中信泰富"这个"壳"中，实现了"中信香港"的间接上市。

二、案例特点分析

当年荣智健选择"泰富发展"，实现"中信香港"的间接上市，这是一个上市公司融资并购的经典案例，资本运作特点表现在以下三个方面：

第一，"中信香港"选择买壳上市，规避了初始上市的一系列法律程序，避免了复杂甚至是艰难的企业"包装"过程，节约了时间，提高了效率。为中信香港更大规模的投资扩张提供了融资保障。

第二，荣智健通过买壳上市得到了"中信泰富"这个平台，通过配股融资购买"中信香港"名下的资产，实现原有资产的套现和增值，搭建起科学合理的企业体系。不仅实现了"中信香港"的整体上市，还获得了庞大的现金流入，一举两得。

第三，通过这次买壳上市，中信香港摇身一变成为香港地区上市公司，成为红筹股的领头羊，"中信香港"内部的股权结构也走向了多元化。据报道，至1991年8月"泰富发展"更名为"中信泰富"时，其股权结构为：中信49%，郭鹤年20%，李嘉诚和曹光彪均为5%，其余为公众股东。作为控股股东的"中信香港"以相对控股地位控制着原有的资产，充分发挥了股权控制的杠杆效用。

国际经验告诉我们，一流跨国公司集团的形成单单依靠内部积累增长是不可能的。中信系通过香港地区资金活跃的证券市场进行资本经营，实现外部式增长组建拓展企业集团是实现规模快速成长型扩张的最有效途径。此外，这个案例本身在客观上也为国内大型国有企业集团的发展提供了一个新思路，20世纪90年代末兴起的国内买壳上市风潮就是以中信泰富案例作为样板操作的。

案例来源：http://www.hi138.com

【思考】
1. 为什么"中信香港"要选择买壳上市？
2. "中信香港"是如何变身为"中信泰富"的？

第六章 战 略 联 盟

【学习目标】
◆掌握战略联盟的概念和特征；
◆深刻理解战略联盟的具体类别；
◆了解战略联盟的具体运作与管理。

 导入案例

中移动收购凤凰卫视股权 进入新媒体等传媒行业

2006年6月9日，中国移动宣布收购星空传媒所持有的凤凰卫视19.9%股权，作为一家电信运营商，中国移动由此进入了传媒行业。星空传媒是新闻集团的全资子公司。中国移动将与凤凰卫视在创新移动内容、产品、服务和应用的开发和推广方面展开合作。中国移动同时还和新闻集团、星空传媒签署了战略合作备忘录，致力于建立长期的战略合作伙伴关系。

根据战略联盟协议，中国移动与凤凰卫视将在移动增值服务领域，在以无线方式提供传媒内容方面进行资源共享，中国移动将在其无线平台上优先并以优惠条件获得凤凰卫视的内容。中国移动还将和新闻集团、星空传媒在全球范围内共同探索基于移动多媒体通信平台的、与高质量媒体内容相结合的新业务。合作的初步范围可能包括开发、集成及营销多媒体内容及其他移动增值服务。因此此次合作对于中国移动具有重要意义。

凤凰卫视董事局主席兼行政总裁刘长乐说："成立新战略联盟将为凤凰卫视进一步发展其新媒体业务提供宝贵的机会，亦令凤凰卫视可通过中国移动的无线平台传输其内容及进一步拓宽市场。"

中国移动进入传媒行业将对其3G战略构成补充，使其用户可以享受更丰富的媒体资源应用与服务。

资料来源：李少林，《中移动收购凤凰卫视19.9%股权 意在为提供手机媒体化服务打下基础》，《中国证券报》2006年6月9日

【思考】
中移动与凤凰卫视之间是战略联盟关系吗？属于哪种类型？

第一节 战略联盟概述

一、战略联盟产生的背景

1995年,美国著名管理学家彼得·德鲁克曾指出,工商业正在发生的伟大变革,不是以所有权为基础的企业关系的出现,而是以合作伙伴为基础的企业关系的加速发展。战略联盟作为一种新型的、有效的战略发展途径,在全球展开。战略联盟的出现绝不是偶然的,它是时代发展的产物。究其原因,战略联盟产生的大背景主要有以下三个:

1. 科学技术的飞速发展

近年来,科学技术的大发展一方面将产品推向高科技化和复杂化,一种新产品的问世往往涉及越来越多的技术领域,经过越来越多的生产和经营环节;另一方面使得产品开发成本变高、产品生命周期缩短、新产品开发风险增大,单个公司依靠自身的有限能力难以应对当今科技发展的要求。战略联盟则可以在保持组织独立性的前提下,把各种研究机构和企业联成一体,组成灵活、协调的联盟网络,实现企业之间的资源共享,从而适应当代科技进步的需要。通过建立战略联盟,扩大信息传递的密度与速度,可以避免单个企业在研发中的盲目性与因孤单作战引起的重复劳动和资源浪费,从而降低风险。

2. 经济全球化的发展

经济全球化的发展,为企业提供了广阔的世界大市场,同时也使企业间的竞争更趋激烈。面对市场竞争以及全球化的压力,企业不得不眼光向外,寻找可以相互合作、共担风险、共享利益的伙伴,来增强企业自身的竞争力,适应全球的激烈竞争。

3. 国际分工的深化

随着经济全球化的不断发展,国际分工体系也由垂直分工转向以水平分工为主,并且分工日趋深化、细化。另外日益扩大的世界市场和科学技术的迅猛发展加速了产业结构、产品结构不断调整的步伐,使得任何国家都无法包揽一切,从而国际分工不断深化,不约而同地开展了行业间、企业间乃至生产流水线上的水平分工协作。从产品专业化到零部件专业化,再到工艺流程的专业化;分工的范围和领域更加广泛,各个生产工序延伸到了几个、几十个国家。国际分工越发展,各国企业之间相互依赖和协作的关系就越密切,这就越发促进了企业战略联盟的形成和发展。

二、战略联盟的定义

战略联盟概念最先由美国DEC公司总裁简·霍普罗德和管理学家罗杰·内格尔提出,随即得到了实业界和理论界的普遍赞同。一个比较普遍的定义认为:战略联盟是指两个或两个以上的经济实体,为达到共同占有市场、共同使用资源等战略目标,通过各种协议、契约而结成的优势相互促进、风险共同分担的松散型组织。

迈克尔·波特在《竞争优势》一书中提出:"联盟是超越了正常的市场交易但并非直接合并的长期协议。"战略联盟是"不同国家的公司之间的长期联合,它超出了正常的市场,关系又没达到兼并的地步"。按照这种观点,战略联盟是介于市场与公司之间的某种交易行为。

从性质上来说,战略联盟是企业成长的方式之一。美国管理咨询专家林奇曾指出,企业具有三种成长的基本方式:①内部扩张的成长方式;②实施并购的成长方式;③构建企业战略联盟的成长方式。内部扩张的成长方式重视企业的实力积累,并依靠自身资源,自行开发技术和市场。这种方式能为企业奠定良好的基础和实力,但由于企业自身资源的限制和缺乏对外界环境变化的适应能力,在经济全球化和科学技术发展迅速的今天,这种方式已经不能作为一种高速增长的模式。而并购和战略联盟可以借助外部资源来弥补企业自身的不足,已成为公司在经营扩张时的首选。战略联盟与并购作为企业利用外部资源发展的战略,具有很多共同的特点。但这两者有着很大的区别,具体如下所述:

(1)战略联盟强调的是合作,联盟各方彼此相对平等,是一种"双赢"战略,即使在联盟涉及股权时,也不会发生产权的转让和控制权的转移,联盟各方仍具有法人资格;而并购则强调合并,它以产权有偿转让为基本特征,因此总是伴随着产权的转化、控制权的转移,并购方与被购方不会同时具有法人资格。

(2)战略联盟各方是为了特定的目标结成联盟,一旦目标达成,联盟便随之解体。在联盟过程中如遇到问题,通过协商加以解决,从而保持联盟的灵活性;而并购后成立的企业通常会按并购方公司的要求实行重组,并按统一规范进行管理,在企业战略调整上欠缺灵活性。

(3)战略联盟一般只限于某些特定领域的合作。联盟各方根据协议在目标领域中相互配合,因此联盟对非目标领域的影响和冲击比较小;而并购方式则需要对原有组织的各个方面进行整合,因而对并购方的目标领域和非目标领域都会产生很大的冲击。

在实践中,战略联盟与并购不是两种相互独立的发展方式。通常,战略联盟是并购的"前奏曲"。有数据表明,70%以上的联盟以一方收购另一方告终。有些情况下,联盟的双方其实便是潜在的收购方与被收购方。这种"联盟—并购"的模式有利于双方通过彼此的合作获取关于交易价值的信息,有助于双方制定公平合理的并购价格。而有时,联盟各方在开始时并没有并购动机,但随着合作的深入,并购意向产生,最终并购行为为联盟画上句号。

三、战略联盟的主要特征

1. 战略联盟是介于市场和企业之间的一种中间组织形式

战略联盟是有效利用组织和市场双重优势的一种组织创新,它不仅可以保持联盟成员的相对独立性,又可以提高资源的利用率,同时还增加了企业的战略灵活性。它不等同于合并,联盟的两个或多个企业都是独立的法人关系,不存在从属控制关系,它们在密切合作的同时保持独立性,但它们又不是纯粹的市场交易行为,通常以契约和协议为纽带,比纯粹的市场交易具有更强的关联性。它既可以规避较高的市场交易费用,又可避免完全组织化所带来的较高的组织成本。战略联盟的组建过程也十分简单,无须大量的附加投资。

合作者之间的关系相对较为松散，本身是一个动态的开放的体系，一旦机会来临，联盟中各方便通过合作达成目标；一旦机会丧失，各方便会各奔东西，与其他企业结成新的联盟。

2. 联盟企业之间是一种合作竞争关系

联盟企业之间在某些领域合作，而在其他领域竞争，与传统的对抗性极强的竞争不同，战略联盟是为竞争而合作，靠合作来竞争。战略联盟是企业之间从竞争走向合作的结果，战略联盟企业之间是在合作中竞争，在竞争中合作，因此，联盟关系是一种合作竞争关系。联盟企业之间为了实现各自战略目的进行联盟，在联盟过程中既要保持自身的竞争优势，最大限度地利用联盟的成果为企业服务，又要考虑合作伙伴的利益，同时还要防止合作伙伴通过联盟发展为潜在的竞争对手。许多跨国公司之间的战略合作是基于短期目标的，一旦目标实现，合作就会解体。由此可见，战略联盟企业之间不仅是战略伙伴，也是潜在的竞争对手，联盟之间合作与竞争并存，合作是手段，而竞争才是最终的目的。

3. 联盟是基于战略意图而非战术意图

企业之间之所以结成战略联盟，一般不是为了临时的市场变化和应急措施，而是着眼于构造企业未来的竞争环境或核心竞争能力。因此，联盟的绩效往往不是以短期的利润作为衡量标准，而是以是否提高企业的竞争力和获得长期的竞争优势为更重要的目标的。大多数联盟的目标不是短期性的低成本，而是出于对企业长期性定位战略的考虑，因而带有明显的战略性。这或者是为了获得其他企业的互补性资源来增强自己的弱势环节，或者是想通过强强联合来共同谋划和制定产业的技术标准。

四、战略联盟的原则

战略联盟必须遵循下面几个原则：

1. 技术领先性原则

选择战略联盟进行合作创新活动，首先必须遵循技术发展规律要求和技术创新内在要求，尤其要注意创新技术项目的先进性和发展性，从而能真正使合作企业通过这一项目的合作得到技术水平的提高，锻炼和培养一批技术创新的业务骨干，真正发挥合作创新的独特作用。

2. 体现互惠互利原则

战略联盟必须要使参与联盟的各方都能分享到联盟所带来的利益，这也是企业选择和加入战略联盟的动因所在，是战略联盟存在的必要前提和持续而稳定发展的可靠保证。联盟的结果应是友好合作、协同作战的结果，因此利益分配一定要体现互惠互利原则，这是合作成功的关键所在。

3. 集合效应原则

战略联盟的合作活动，不仅可以调动合作各方的优势，而且在优势互补的基础上，彼此以他人之长补己之短，互补联动，实现资源的优化配置，这将形成一种显著的集合效应。这种集合效应，既包括创新的经济效益，又包括积极的社会效益。如促进技术扩散，促进产业技术进步,从而取得依靠企业自身根本无法获得的整体优势,实现技术创新能力的整体提高。

4. 和谐一致原则

在通过战略联盟进行的合作创新活动中,影响创新效果好与坏、成与败的关键因素除了上述三条基本原则之外,还有一条重要的要求就是合作伙伴间要在战略目标和战略实施上达到和谐一致,以减少不必要的冲突和内耗。

第二节 战略联盟的分类

通常,根据对联盟的资源投入,可以将战略联盟分为股权投资型和非股权投资型。

一、股权投资型

1. 合资

由两家或两家以上的企业共同投入资本成立,分别拥有部分股权,并共担风险、共享收益而形成的企业。这种方式目前十分普遍,尤其是在发展中国家。通过合资的方式,合作各方可以以各自的优势资源投入到合资企业中,从而使其发挥单独一家企业所不能发挥的效率。在这种联盟中,双方都投入大量的资源,并允许联盟创造的资源继续保留在联盟中,双方股权参与比较深。联盟的特征是建立的组织有自己的独立性,有自己的战略生命。在我国,合资通常是指中外合资。

2. 相互持股

相互持股是合作各方为加强联系而相互持有对方一定比例的股份。通过相互持股,使得战略联盟中各方的关系相对更加紧密,各方可以进行更为长久、密切的合作。与合资企业不同的是,相互持股不需要建立新的组织实体,双方的资产和人员不必进行合并,且相互持股的比例一般较小,不会超过50%。

二、非股权投资型

1. 研究与开发协议

为了研究开发某种新产品或新技术,合作方可以制定一个合作开发协议,联盟各方分别以资金、设备、技术、人才投入联合开发,开发成果按协议由各方共享,仍然全部返回母公司。这种联盟不涉及或很少涉及股权参与。由于汇集了各方的优势,因此大大提高了成功的可能性,加快了开发速度,另外,由于各方共担开发费用,降低了各方的开发费用与风险。如福特汽车公司与马自达公司自1979年以来共同研制了10种新车型,福特负责大部分汽车式样设计,马自达奉献关键部件。福特擅长市场营销和资金筹措,马自达擅长开发制造,彼此吸引,相互合作,实现共赢。

2. 定牌生产或联合生产协议

定牌生产是指一方拥有知名品牌，但生产能力不足，另一方有剩余生产能力，则有生产能力的一方可以为知名品牌的一方生产，然后冠以知名的品牌进行销售。这样生产能力不足的一方不但可以迅速获得一定的生产力，增加产品销售，扩大品牌影响，还可以降低投资或并购所产生的风险；而另一方则可以利用闲置的生产能力谋取一定收益。

联合生产协议通常是指两个以上的经济组织为了达到共同的经济目的，联合从事一定生产经济活动的协议。这种战略联盟有助于达到规模经济，降低成本和在市场不景气时减少生产力。例如，通用和铃木在五个月内联合推出一款新型轿车，它利用铃木在日本的厂房生产，并销往整个亚太地区。

3. 特许经营与许可证经营

特许经营是指特许方利用自己的品牌、专利和技术，通过签署特许经营协议，转让特许权，让受让方利用这些无形资产从事经营活动，从而形成一种战略联盟。特许方对受许方既有一定控制权，又尊重对方的自主权。这样，特许方可以通过特许权获得收益，并可利用规模优势加强无形资产的维护，扩大一种特定产品的接受程度和适用范围。特许经营最常见于服务行业，包括快餐业（如肯德基、麦当劳、必胜客和赛百味等）、便利店（如7-11、全家等便利店）和家庭维修业。

许可证经营是指一家公司（总公司或母公司）将特定的权利授予一个合伙的企业。该合伙企业获得的可能是在本地生产专利产品的权利，也可能是在本地销售总公司旗下品牌商品的权利。作为回报，总公司对于每一件生产或销售的商品收取一定的专利费用。许可证经营多存在于媒体行业，如按电视节目中人物的造型来生产玩具的许可；在音像行业中，通常是音像版权的所有者给予其他企业播放、演出或将其放入合集CD中的许可。

4. 供应或购买协议

此类协议规定一件商品的某个零部件由另外一家特定的企业生产提供。通常这类协议都会具体注明供货持续的时间、期望的成本和品质的标准。如波音737飞机的制造需要万余个零部件，但其中绝大部分都不是由波音公司自己生产的，而是由65个国家中的1500个大企业和15000个小企业通过不同形式的联盟协议提供的。又如康柏公司与英特尔公司之间签订的供应与购买协议，康柏公司成为英特尔芯片最大的客户。通过联盟协议，双方稳定了供需关系，降低了市场的不确定风险。

第三节 战略联盟的运作与管理

一、战略联盟的运作

战略联盟的运作大体上可以分为以下四个阶段进行。

（一）确定企业战略目标阶段

企业在组建战略联盟之前，首先要树立明确的战略目标，并据此来寻找或接受能帮助实现战略意图、弥补战略缺口的合作伙伴。

1. 明确自身战略目标

企业在建立或加入战略联盟之前，必须有其明确的战略目标，即通过企业间在具体领域的合作获得完成自己战略所需的核心能力和资源。为此，企业也必须审视自身所具备的核心能力，只有那些具有一定核心技术优势或市场知识的企业才具有组建联盟的最基础的条件，而且也不是所有领域的企业都适合联盟，只有那些市场信息多变、竞争激烈、外界环境压力大的产业领域才适合搞战略联盟，联盟成功的可能性也比较大。

2. 协调企业间战略目标

联盟企业既然建立了联盟，那么其长期的战略目标就应该一致，这是保证战略联盟成功的重要条件之一。当然这并不是说联盟各方目标必须完全一致，这对于保持各自独立性的企业来说也是不可能的。如果加入联盟的一方希望在世界范围内发展科技实力，另一方则仅希望通过引进合作伙伴方的技术，节省研发费用，提高自己在本国市场上的地位，并长期把自己限制在本国市场，那么由于两者的长期目标发生冲突，合作的基础消失，联盟的存在就会出现问题；如果双方的目标都是向国际化方向发展，那么联盟就能持续下去。实际上联盟伙伴之间的战略目标冲突是很难避免的，这就要求联盟企业协调各自与联盟之间的战略目标，寻求缩短和消除与目标相差的距离的方法，保证联盟平稳运行。

3. 建立联盟企业共同愿景

成功的联盟必须建立合作企业共同的愿景，即对企业联盟所要达到的目标与所依赖的"路径"必须有生动的想象。所谓"路径依赖"是指对一系列决策及其后果所应承担的责任与义务。成功的联盟企业必须拥有共享的愿景，这将帮助合作双方为联盟所做的贡献设定期望，衡量评估成效，让价值创造发挥到最大，愿景意味着诱人的目标图像，将直接激励双方相互寻求合作，实现各自的战略目标。这也是构成企业战略联盟的基石。

（二）选择合适的联盟伙伴阶段

联盟伙伴的选择是建立企业战略联盟的关键环节，慎重合理地选择合作对象是联盟顺利发展的前提条件，对联盟伙伴的选择要制定出详细的选择标准。在这方面，目前国际上成熟的方法坚持了 3C 原则，即兼容性（Compatibility）、能力（Capability）和承诺（Commitment）。经过十几年的研究，3C 理论已渐趋成熟，并被很多成功的战略联盟实践所证实。可以说，3C 原则是企业寻找合作伙伴的关键条件，如果企业潜在的合作伙伴具备了 3C 条件，那么战略联盟成功的概率就会比较大。

1. 兼容性

企业之间通过事先达成的协议，建立起互惠合作的关系，并使联盟内各成员在经营战略、经营方式、合作思路以及组织结构和管理方式等诸方面保持和谐一致。兼容性是一个成功的联盟所必须具备的最重要的条件之一,当然兼容并不意味着没有摩擦,但只要合作双方有合作的基础并且相互尊重,它们就能够解决分歧。

2. 能力

潜在合作伙伴必须有能力与自己合作,合作才有价值。企业仅仅依靠自身的力量和资源已经无法应付这种激烈的竞争局面,必须借助合作伙伴的外部力量的支持,来弥补本企业的薄弱环节。

3. 承诺

找一个与自己有同样的投入意识的合作者是联盟成功的第三个基石。即使合作伙伴很有能力且与自己很相容,但是只要他不愿向联盟投入时间、精力和资源,联盟就很难应付多变的市场条件。因此,在选择合作伙伴时要确认对方的投入意识。只有这样才能保证联盟的平稳运行。

实质上,战略联盟合作伙伴的选择是一个多目标选择问题,即要从多个角度、多种因素综合地来评价潜在的合作伙伴。在具体应用时可以根据实际情况选择相关的指标,采用专家评分法或 AHP 层次结构的模型等方法对其进行定量的评价,为决策者进行合作伙伴选择提供科学的依据。

(三) 联盟的设计和谈判阶段

成功的联盟不仅是以交叉许可安排、联合开发、合资经营、股权共享等联盟方式为基础的初始合作协议,还包括厂址选择、成本分摊、市场份额获得等通常的细节以及对知识创新、技术协同等方法进行的设计。企业的高级管理层还应就联盟的共同目标与主要的中层经理和技术专家进行沟通。另外,由于联盟伙伴之间往往存在着既合作又竞争的双重关系,双方应对联合与合作的具体过程和结果进行谨慎细心的谈判,摒弃偏见,求大同,存小异,增强信任。

(四) 联盟的实施和控制阶段

战略联盟的最终目的是通过联盟提高企业自身的竞争能力。联盟内的企业应该把通过联盟向对方学习作为一项战略任务,最大限度地尽快将联盟的成果转化为己方的竞争优势。联盟往往需要双方进行双向信息流动,每个参加联盟的企业都应该贡献出必要的信息与对方分享,从而提高联盟的成功率。同时企业要合理控制信息流动,保护自身的竞争优势,防止对方得到己方应予以保护的关键信息,做出有损己方的行为,因为联盟伙伴极有可能成为将来的主要竞争对手。

二、建立有效联盟管理机制

在实践中,组建战略联盟的目的各不相同,而且联盟的组织形式也是灵活多样的,这些差异性决定了我们不可能找出一种管理战略联盟的普遍模式。我们只能根据各种战略联盟的共性,针对联盟组织特征的一些不稳定因素,提出管理中应注意的问题,从而减少联盟管理中的冲突,提高战略联盟运作的成功率。针对联盟组织中存在着诸如利益分配矛盾、机会主义倾向、组织文化差异、信息不对称等不稳定的因素，在联盟管理中我们应建立相应的收益分配机制、协调机制、信任机制、约束机制和信息共享机制等有效的管理机制。

1. 收益分配机制

战略联盟是一种"合作竞争"的组织模式，为此在确定战略联盟利益分配机制时应遵循以下利益分配原则。

（1）互惠互利原则

互惠互利原则即保证分配方案可使每个成员企业都从合作中受益，不会影响成员企业的积极性。

（2）结构利益最优化原则

结构利益最优化原则即从实际情况出发，综合考虑各种影响因素，合理确定利益分配的最优结构，促使战略联盟各成员企业能够实现最佳合作与协同发展。

（3）风险与利益相对称原则

风险与利益相对称原则即在制订收益分配方案时，应充分考虑各成员企业所承担的风险大小，对承担风险大的企业应给予适当的风险补偿，以增强其合作的积极性。

（4）个体合理原则

个体合理原则即各成员参与战略联盟所获得的利益应大于单独行动所获得的利益，否则会导致中途背叛现象出现。

2. 协调机制

企业战略联盟的协调机制主要包括目标协调机制、协商机制和沟通机制。

（1）目标协调机制

目标协调机制就是要建立联盟的目标体系，从而使企业联盟与联盟企业之间的目标趋于一致。建立一套完整的目标体系对联盟的协调管理十分关键，如果在联盟组建阶段，就和成员企业在合同中明确规定各自的目标任务，那么对联盟的运作将是十分有利的。有了这种目标分解和任务规定，对联盟的协调工作来讲，它就变成了为满足目标任务的实现而采取的组织间的管理措施。

（2）协商机制

由于企业联盟是由多个企业组合而成的，难免会在相互协同工作中产生冲突，而这种冲突由于联盟的特征有时并不能单纯以组织内层级关系来解决。因而必须采用协调的手段来解决。协商机制是指群体中的所有成员通过协商的方法来解决冲突，达到决策的目的。这样做的好处是由于决策是由所有企业共同决定的，因而在执行中更易让所有参与者接受，给联盟企业一种平等地位的感觉，有利于合作。

（3）沟通机制

加强联盟企业之间的相互沟通、相互学习，有利于消除和减少联盟企业合作过程中因文化差异、管理理念差异等带来的冲突，从而保证企业成员之间思维和行为模式的一致性，使联盟易于管理。

3. 信任机制

在联盟企业的合作过程中，由于联盟内部的管理权关系模糊不清，合作伙伴关系保持既合作又竞争以及相互关系格局复杂多变，导致了联盟管理上的复杂性和困难性。为此，必须努力培养合作伙伴之间的信任关系。对于一个成功的联盟运行来讲,其各成员企业的相互协调、相互合作离不开彼此之间的信任。所谓相互信任就是一方有能力监控或控制另一方,但它却愿意放弃这种能力而相信另一方会自觉地做出对己方有利的事情。相互信任是互惠互利的需要,更是联盟协调发展不可缺少的基础。信任机制的建立,一方面有利于降低联盟较高的管理费用,为双方创造额外价值;另一方面,也可以解决由于协商机制带来的决策过程缓慢等问题,提高联盟的运作效率。可以说,信任机制的建立是联盟合作成功和稳定发展的关键因素。

4. 约束机制

约束机制是采取一些能够防止相互欺骗而又能鼓励合作的措施。这种措施有以下两种:一是提高欺骗的成本,使其欺骗行为无利可图;二是增加合作的收益,吸引成员留在联盟当中。提高欺骗的成本可以通过协议规定退出堡垒、专用资产投入、企业信誉保证等形式来完成。一旦成员企业在明显损害联盟整体利益的情况下放弃联盟关系,有关的合同条款就会发生作用,同时该成员也不得不考虑巨额的不可收回的投资,因有效防止机会主义行为的发生。但这只是从防范约束的角度来看问题。而积极的约束机制应该是增加联盟的吸引力,让成员主动留在联盟中,这就需要增加联盟收益和正向激励措施,让成员感受到留在联盟内才是最好的选择,这样对外部的企业也具有吸引作用,有利于联盟的发展壮大。此外,在约束机制中,还应重点考虑联盟企业的保护机制。其主要是在合作过程中采取有效措施保护联盟企业的核心竞争力和核心技术。这是因为联盟企业核心技术的丧失往往会导致联盟的解散或联盟的一方被兼并,从而使联盟走向失败。

5. 信息共享机制

所谓信息共享机制就是指借助现代信息技术、通信技术和网络技术使得联盟各成员企业实现异地协同工作。各种沟通协调工作也可以经由信息平台来快速、即时、面对面地远程沟通。通过信息共享能够有效地缓解联盟企业成员的有限理性并制约机会主义行为的发生。在一个多利益群体当中,如果没有较充分的信息共享,就很容易由信息不对称而引发机会主义行为,使合作难以成功。在联盟的运作过程中当有了更多的信息时,就会提高联盟成员行为的透明度,并通过信息的双向流动,加强了成员企业之间的沟通,这时联盟成员在进行决策时就不得不照顾各方的反应,此时的决策是更为理性的,而且通过信息共享,体现了联盟成员之间地位的平等性,更有利于实现企业间的合作。

企业战略联盟是一种建立在高度发达的信息网络基础上的多利益群体的企业组织形态。为了达到经营目的,各成员企业应加强沟通,尤其是应加强协调管理的职能。综上分析,联盟的有效管理将是基于信息平台的由目标协调机制、信任机制、约束机制等组成的系统性管理体系。以上各机制的综合运用,将有助于联盟成员企业的无间合作,优化资源配置,提高联盟的运作效率,降低合作成本和实现联盟目标。

【复习思考题】

1. 什么是战略联盟?它有哪些特征?
2. 战略联盟的类型通常有哪几种?
3. 简述战略联盟的运作程序。

课后案例

案例一：可口可乐 VS 腾讯

2007年3月，可口可乐公司与腾讯在上海联合举行"要爽由自己，畅享3D QQ秀"主题新闻发布会，双方正式宣布结成战略合作伙伴关系。从此，可口可乐3D形象在线社www.icoke.cn、腾讯QQ和QQ Game将成为可口可乐、腾讯网络产品品牌的宣传平台。

关于品牌传播方面的战略合作是近两年才逐渐发展起来的。早在2006年，蒙牛和"超级女声"的合作已经体现了企业与媒体之间的战略合作关系。蒙牛花费1600万元赞助湖南卫视"超级女声"的当年便创造了蒙牛酸酸乳27亿元的高额销售业绩，湖南卫视则获得了近10亿元的广告收益。张含韵加盟蒙牛也给"超级女声"的未来带来了希望。可见，品牌之间的战略合作，已成为企业商业竞争中品牌宣传的必然趋势了。

打开腾讯QQ Game的首页，出现在眼前的便是可口可乐的促销活动海报以及国内首个3D形象在线社区www.icoke.cn的宣传广告。此时，我们已经分不清楚到底是可口可乐借QQ Game的平台来宣传可口可乐还是腾讯借可口可乐的www.icoke.cn来宣传自己的3D QQ秀。

可口可乐以自身产品以及促销活动为腾讯3D QQ秀进行品牌宣传，同时腾讯也通过QQ Game、QQ等网络平台为可口可乐进行产品宣传，这完全是因为他们的目标市场都是时尚、活泼的青少年。

案例二：空中客车的"主人"

欧洲空中客车作为世界飞机制造业第二大品牌，但它的产品不是一家企业生产的，它是由德国、法国、英国、荷兰和西班牙5个国家共同生产的，并且每个国家占有的份额不同，德国有39%的股份，其他4国占有的股份与德国相比则相对较少。占有股份的多少是根据各成员的能力水平、业务专长，在企业中承担开发的飞机技术，在产品的生产过程中承担任务的重要程度，或者比例大小来决定的。虽然五国各自占有的股份不一样，但是空中客车毕竟是五方联合的一种知识联盟，大家互相需要，缺一不可。

案例三：通用汽车公司的"土星计划"

通用汽车在20世纪80年代曾被日本丰田、本田超过。通用公司吸取了经验教训，制定了"土星计划"，即战略联盟，是最典型的知识联盟。通过与电子数据系统公司、美国的一些汽车公司、一些飞机制造企业以及一个农业机械工人联合会的合作，共同开发专长，实现了一场汽车工业的革命。后来"土星计划"还扩大到供应商、销售商。因此企业通过建立战略联盟，可以增强自身的市场竞争力。

案例来源：百度文库

第七章 境外上市

【学习目标】
◆ 掌握境外上市的特征及在境内、境外上市的不同意义；
◆ 理解境外上市的各种可能方式；
◆ 理解我国企业境外上市规避风险的策略。

导入案例

明华国际上市美国 OTCBB

2001年8月，纽约纳斯达克柜台交易系统（OTCBB）上一家名为"泛亚达国际公司"的上市企业经股东大会同意，正式改名为"明华集团国际控股有限公司"（交易代码由 PNGR 改为 MGHA）。深圳明华通过一系列令人眼花缭乱的"资本运作"，巧妙地通过 OTCBB 找到了他们发展环保汽车项目所需的巨额资金，为中国中小企业向国际资本市场取"血"完成了一个成功的范例。

"深圳明华"对"泛亚达国际公司"的收购采取的是反向收购，是上市公司收购明华国际公司的股权，或者说通过明华资产的注入来完成上市重组的。但对外公开说的是通过两个公司合并来完成的。

"泛亚达国际公司"原来是一个巴西籍美国人创办的一家科技公司，1996年在纽约纳斯达克上市，核定的4000万股还没有发行完毕，就掉入小资本市场，而且这许多年就待在小资本市场内一动不动，股价只能维持在1美元这最基本的生死线上。深圳明华和它的合伙人先以极低的价格（不到40万美元），以个人名义收购了"泛亚达国际公司"70%股份，取得了对该公司的绝对控股权，然后由董事会决定，将明华（香港）公司并入"泛亚达国际公司"。再将"泛亚达国际公司"改名为"明华集团国际控股有限公司"，因为明华公司对深圳明华投资公司和深圳明华环保汽车有限公司之间有着控股的关系，实际上明华集团的环保汽车公司已经间接实现在纳斯达克成功上市。

此时，"明华国际"在纳斯达克小资本市场的交易价格已经上涨到3美元以上。

【思考】
1. "深圳明华"为何要在境外上市？
2. "明华国际"采取了什么方式和路径实现在纳斯达克的上市？

第一节 境外上市概述

一、境外上市的含义和特征

境外上市（Overseas Listing，OL）是指国内股份有限公司依据规定的程序向境外投资者发行股票，并在境外证券交易场所公开流通转让。

我国《证券法》第二百三十八条规定："境内企业直接或间接到境外发行证券或者将其证券在境外上市交易，必须经过国务院证券监督管理机构依照国务院的规定批准。"

在多数场合，境外上市与海外上市两者使用并无差别。其中的细微区别可能在于，境外上市常用来描述中国内地公司到香港中国股票交易所发行上市 H 股，尽管政治上香港已经归属于中国主权的一部分，但由于中国香港股票市场和内地的深、沪市在很多方面是分割的，内地公司到香港地区上市可以理解为狭义的境外上市。而海外上市的用语则更为形象地描述了中国企业漂洋过海到纽约、伦敦或新加坡等国际资本市场上的发行上市。本书使用境外上市一词，一是遵从国内文献中存在的惯用语；二是从广义角度来讲，境外包含海外，故称境外上市比较恰当。

我们习惯上说的境外上市，笼统地包括了企业在境外发行股票和将股票在境外市场挂牌交易，实际上这两者并不是一件事情。境外上市可以是在境外首次公开发行或增资发行，随后在股票交易所挂牌，这可以称为发行上市，但也可以是在不增加新股发行的情况下，将国内已经发行和流通的股票引荐到境外市场，建立海外二级市场，这可以称为境外二次上市或交叉上市。

对于企业的所有者和经营者来说，境外上市可以有效地解决他们的融资问题，并且可以给他们带来在境内上市所不具备的好处。对最初企业股权转让时购买企业股权的持股人来说，一般企业境外上市的价格会高于他们之前的购买价格，因此他们此时出售可以获利。

二、境外上市的意义

1. 低成本融资，迅速提高企业竞争力

从客观上来看，国内证券市场发行新股速度在不断加快，股市规模在不断地扩张。但是，如果在短期内发行新股过多，必然对二级市场产生消极影响。从主观上来讲，发行公司在国内发行新股受到的限制较多，为了扩大生产经营规模，提升国际竞争力，低成本到境外上市将是企业的良好选择。此外，境外上市相对于国内上市而言，周期较短，手续也比较简单，这都从综合层面上降低了企业的融资成本。

2. 有助于改善公司治理结构

企业的市场形象、市场价值以及融资的可能性取决于市场的评价，海外市场的投资者以机构投资人为主,这些专业的投资机构对企业的评价非常严格。境外上市对企业自身治理结构和管理水平的提高有很大的促进作用,企业在经营中必须接受国际上比较成熟的先进的管理要求,譬如对管理团队的要求,上市公司的董事会成员必须包括经营专家、专业金融人士、证券法律师、会计师等。

3. 学习国外的先进技术和管理经验

国内公司通过境外上市,学习到国外公司的先进管理经验,对自身素质的全面提高、增强在经济全球化环境中的国际竞争力将大有裨益。

4. 有助于企业形象建设和实施国际化发展战略

境外上市将会提升企业国际声望、地位、信誉和知名度,从而有利于企业开拓国际市场以及在对外贸易中取得信贷和服务的优惠。境外上市对企业产品进入国际市场,实现国际合作等国际化战略方面具有巨大的帮助。

5. 上市过程简单有效,能够在较短时间内完成融资计划

中国企业到境外上市由于上市程序相对简单,准备时间较短,符合条件的拟上市公司一般都能在1年内实现挂牌交易。这非常有利于中国企业及时把握国际证券市场上的商机,在较短时间内完成融资计划,为它们的进一步发展获得必要的资金。此外,上市准备时间的缩短也有利于拟上市企业控制到境外上市的成本。

6. 拥有令战略投资者满意的退出机制

海外市场没有法人股和流通股之分,战略投资者待法定的禁售期满以后,就随时可以以较高溢价的市场价格出售自己拥有的股权。购买主体是一些海外的基金运作机构和投资银行。

第二节 境外上市的运作

一、中国企业境外上市的方式

(一) 境外直接上市

1. 境外直接上市概述

境外直接上市,即直接以国内公司的名义向国外证券主管部门申请发行的登记注册,并发行股票,向当地证券交易所申请挂牌上市交易。如在中国香港上市的H股、新加坡上市的S股、美国纽约上市的N股等。

通常,境外直接上市都是采取首次公开募集(IPO)方式进行。境外直接上市的主要困难在于:国内法律与境外法律不同,对公司的管理、股票发行和交易的要求也不同。进行境外直接上市的公司需通过与中介机构密切配合,探讨出能符合境内、外法规及交易所要求的上市方案。

由于公司注册地仍在内地,实质上是中国法人在境外上市,而且上市集资仍需返回大陆,所以证监会的政策指引是鼓励的。1999年9月21日证监会发布的《境内企业申请到香港创业板上市审批与监管指引》(通称"红筹指引")规定:国有企业、集体企业及其他所有制形式的企业,在依法设立股份有限公司后,均可向证监会提交申请,证监会依法按程序审批,成熟一家,批准一家。该文件精神同样适用于境内企业到境外其他证券市场的直接上市。境外直接上市需经过境内、境外监管机构的严格审批,正因为需经过这些相对严格的程序,申请企业一旦获准在境外上市,将能够比较容易地获得投资者的信任,公司股价能达到尽可能高的价格,公司可以获得较大的声誉,股票发行的范围也将更广。

2. 境外直接上市的条件

国务院1994年第160号令发布的《关于股份有限公司境外募集股份及上市的特别规定》对境外上市外资股的监管、批准程序及有关问题做了规范。中国证监会发布的《关于企业申请境外上市有关问题的通知》(证监发行字〔1999〕83号)规定,符合境外上市条件的境内股份有限公司,均可向中国证券监督管理委员会申请境外直接上市融资,证监会依法按程序审批。其具体申请条件如下:

(1)筹资用途符合国家产业政策、利用外资政策及国家有关固定资产投资立项的规定。

(2)申请公司净资产不少于4亿元人民币,过去一年税后利润不少于6000万元人民币,境外融资额不应少于5000万美元。

(3)具有规范的法人治理结构、较完善的内部管理制度和稳定的高级管理层。

(4)上市后分红派息要有可靠的外汇来源,并符合国家外汇管理的有关规定。

(5)申请公司要严格按照证监会规定的程序提交申请材料。因境内公司境外直接上市是一项系统的资本运作工程,所以须有境外推荐人、境外主理商、境外会计事务所、境外律师事务所等中介机构深入参与。为此,证监会规定,境内公司在确定中介机构之前,应将拟选的中介机构名单书面报证监会备案。

(二) 境外间接上市

由于直接上市程序繁复、成本高、时间长,所以许多企业,尤其是民营企业为了避开国内复杂的审批程序,便以间接方式在海外上市。即国内企业境外注册公司,境外公司以收购、股权置换等方式取得国内资产的控制权,然后将境外公司拿到境外交易所上市。

间接上市主要有两种形式:造壳间接上市和境外买壳上市。其本质都是通过将国内资产注入壳公司的方式,达到拿国内资产上市的目的,壳公司可以是上市公司,也可以是拟上市公司。

1. 造壳间接上市

造壳上市,即本国企业在境外上市地或允许的国家与地区、避税地(如英属维尔京群岛、开曼群岛、百慕大群岛等),独资或合资重新注册一家中资公司的控股公司,由该公司以现金收购或换股并购方式取得境内公司资产所有权,对内地企业进行控股,再以境外控股公司的名义申请上市,从而达到内地企业境外间接上市的目的。

造壳上市按境内企业与境外公司关联方式的不同,又可分成四种形式:①控股上市,控股上市一般是指国内企业在境外注册一家公司，然后由该公司建立对国内企业的控股关系，再以该境外控股公司的名义在境外申请上市，最后达到国内企业在境外间接挂牌上市的目的，这种方式又可称为反向收购上市；②附属上市，附属上市是指国内欲上市企业在境外注册一家附属机构，使国内企业与之形成母子关系，然后将境内资产、业务或分支机构注入境外附属机构，再由该附属公司申请境外挂牌上市；③合资上市，合资上市一般适用于国内的中外合资企业，在这类企业的境外上市的实践中，一般是由合资的外方在境外的控股公司申请上市；④分拆上市，分拆上市是指从现有的境外公司中分拆出一个子公司，然后注入国内资产分拆上市，由于可利用原母公司的声誉和实力，因而有利于成功上市发行，分拆上市模式适用于国内企业或企业集团已经是跨国公司或在境外已设有分支机构的情况。

现举例说明造壳上市的实际操作方式：

内地某民营化工企业（在本例中我们称其为"光明化工"），有三个自然人股东 A、B 和 C，出资比例分别为 5∶3∶2。

①A、B、C 三人按照在内地光明化工公司的出资比例在英属维尔京群岛（BVI）设立公司 GM Chem。

②由 GM Chem 与内地光明化工股东 A、B、C 进行股权转让，收购他们拥有的光明化工的股权，则光明化工变为 GM Chem 的全资子公司，其所有运作基本完全转移到 GM Chem 公司。在这种情况下，光明化工的业绩、资产及负债即可包括在 GM Chem 公司的合并报表中。

③GMChem 在开曼群岛或百慕大群岛注册成立一家离岸公司作为日后在目标证券市场挂牌上市的公司 Chem International。

④GMChem 将其拥有的光明化工的全部股权转让给 Chem International，由其通过 IPO 方式挂牌上市。

造壳上市的优势：①自己新设立壳公司，没有现有壳公司的历史问题和包袱，可直接获得融资；②拟上市公司通常设在维尔京、开曼或百慕大等英美法系地区或境外上市地，有关法律要求与国际接轨，较受国际投资者的认可和接受，较容易取得上市资格；③上市申请可以避开内地复杂的审批程序，持续融资能力较强。

2. 境外买壳上市

本章第二节对于买壳上市进行了详细的介绍，境外买壳上市是境内买壳上市的拓展，不同之处在于所买的壳公司是境外的上市公司，即非上市公司（买壳的公司）通过收购境外上市公司（壳公司）的控股权，从而实现对境外上市公司的控制，同时通过反向收购方式将非上市公司的资产和业务注入上市公司，实现境外间接上市的运作行为。

（三）发行存托凭证

存托凭证又称预托证券，是由股票发行公司委托国外投资银行在国外证券市场发行的对应其股票的一种证券。投资人持有存托凭证就好比间接持有股票，只不过投资银行担任中介者的角色。当发行公司发放股利时，投资银行会依存托凭证投资人持有凭证的比例，将股利转换为外币后分配给投资人。

以股票为例，存托凭证是这样产生的：某国的某一公司为使其股票在外国流通，就将一定数额的股票委托某一中间机构（通常为一家银行，称为保管银行或受托银行）保管，由保管银行通知外国的存托银行在当地发行代表该股份的存托凭证，之后存托凭证便开始在外国证券交易所或柜台市场交易。存托凭证的当事人，在国内有发行公司、保管机构，在国外有存托银行、证券承销商及投资人。

按其发行或交易地点之不同，存托凭证被冠以不同的名称，如美国存托凭证（American Depository Receipt，ADR）、欧洲存托凭证（European Depository Receipt，EDR）、全球存托凭证（Global Depository Receipts，GDR）、中国存托凭证（Chinese Depository Receipt，CDR）等。

二、企业境内上市与境外上市的比较

（一）发行价格与再融资优势

首先，境内发行风险较低。境内外市场在供求关系上存在很大不同，在境内发行的股票能够得到境内投资者的踊跃认购。尤其是中小企业在境外发行股票，往往存在没有足够投资者认购的风险，甚至可能出现发行失败。其次，本土投资者对公司的运作环境和产品更为了解，公司股票的价值容易得到真实的反映。再次，本土投资者对公司的认知有利于提高公司股票的流动性，因而境内公司股票的平均日换手率远远高于在境外上市的中国公司股票。最后，境内市场中小企业发行市盈率一般在15～20倍，发行价格是境外市场的2倍左右，而且因为流动性强，中小板公司日均换手率达4.95%，二级市场市盈率平均为30倍左右，上市公司再融资比较容易。

（二）成本优势

首先，境内首次发行上市成本较低。按照我国发行上市的收费标准，证券承销费一般不得超过融资金额的3%，整个上市成本一般不会超过融资金额的5%。尽管证券承销费存在超过收费标准的情况，但是整体上仍然低于海外市场。而且，目前我国券商收取的证券承销费有逐步下降的趋势。其次，每年持续支付的费用较低。境内上市公司的审计费用、向交易所支付的上市费用等持续费用远远低于境外市场。而且，在境外市场上市，维护成本高，需要向在当地聘请的信息披露联络人以及财务总监支付较大金额的费用。

（三）融资优势

首先，境内首发具有融资金额优势。由于市场情况的区别及投资者认同度的不同，境内发行的价格相对较高。其次，具有再融资优势。由于境内上市的股票流动性好，市盈率高，为公司实施再融资创造了条件。而且由于股价较高，在融资额相同的情况下，发行新股数量较少，有利于保证原有股东的控股地位。

（四）广告宣传优势

在境内发行上市，将大大提高公司在国内的知名度。首先，境内上市是企业品牌建设的一个重要内容。成为境内上市公司，本身就是荣誉的象征。境内资本市场对企业资产质量、规模、盈利水平具有较高的要求,被选择上市的企业应该是质地优良、有发展前景的公司,这在一定程度上可以表明企业的竞争力,无疑将大大提高企业形象。其次,中国境内具有近8000万名投资者,对于产品市场主要在国内的企业来说,在境内上市可以让更多的人了解公司及其产品,提高对其的信任度,从而为公司的各项业务活动带来便利。

三、我国企业境外上市的程序

中国企业要在海外上市,可以按照以下步骤进行操作:首先,要把企业改造为合乎公司法规定的股份制公司。其次,召集专业人员,包括证券商、会计师、资产评估师、金融界人士、公关宣传专家等,组成上市筹备班子。同时开始宣传工作。最后,审查公司账目,全面调查企业情况。其基本程序为:

第一,写招股说明书,向中国证监会提出海外上市申请。

第二,向海外证券管理机构申请批准上市,同时与券商签订承销协议。

第三,向基金管理公司、保险公司等机构推销股票。海外上市筹资面向的是全世界,但主要的对象是新加坡及欧美等地。中国企业大多不具有海外上市的经验,特别是那些对海外上市要求比较强烈和发展较快的民营企业。而提出海外上市的企业多数是民营企业。因此选择合适的中介机构对中国企业海外上市就显得特别重要。

四、我国企业境外上市规避风险的策略

对于拟在境外上市的企业来说,首要、紧迫、关键的任务是要创造条件,确保股票发行上市成功。然而,获得国际资本市场的"通行证"并非轻而易举,遭受失败的风险较大。因此,在做好预测的基础上,总结我国一些企业境外上市的实践经验,应采取一些有效的措施来规避企业境外上市的风险。

(一) 必须加强对境外上市风险的预测

企业必须在风险理论的指导下,凭借科学的预测手段,掌握境外上市过程中的大量信息,对境外上市风险因素进行科学的预测。通常而言,企业境外上市潜在的风险可分为外部风险和内部风险。外部风险可能由以下因素所致:①发行前未做好充分的准备工作以及发行过程中具体运作的失误;②对市场环境和发行时机把握不当;③对投资者投资取向和股票认可程度掌握不准。内部风险可能由以下因素所致:①重组方案确定不当;②发行当年效益预测不理想;③设置的管理体制与国际惯例不吻合;④管理运行机制转换不到位;⑤发展规划和前景不明朗。针对这些潜在风险,企业决策者要做到心中有数,并做出比较准确的预测。只有对各种风险因素进行全面而周密的分析,才能找出避免风险的措施,从而避免和减少风险损失。

(二) 必须加强对境外上市风险的控制

(1) 企业在境外上市时必须有明确的战略规划。企业到境外上市只是企业融资的一条途径,是企业战略规划的一部分。企业上市的正常战略方向应该有三种可能:

①为新项目和大发展寻求资金支持；②扩大企业的影响力。如专门生产儿童用品的好孩子集团之所以选择在中国香港上市，一方面是因为其产品的主要市场在美国，在中国香港上市有利于产品在境外市场的地位提升；另一方面是该公司雄心勃勃地想发展为国际性的公司；③以上市为契机，改造企业的公司治理结构，使之成为一个真正管理规范、产权明晰和公众公司。中石油在海外成功上市证明了境外上市给国企带来的巨大转变。这是一次脱胎换骨的大变革，不但在资产、人员、机构这种组织形式上有所变动调整，更深层的是思维方式和管理方式的变革，是企业制度的创新和经营机制的转换。如果企业确实需要在这三个方面进行改善，才可以考虑境外上市。否则境外上市不仅不能给企业带来发展契机，反而会成为现阶段企业发展的障碍。

(2) 充分做好企业境外上市前的改制工作。企业境外上市的必备条件：一是应有明晰的产权关系；二是应有符合市场经济要求的、规范化的法人治理结构。所以企业境外上市前应结合自身的实际情况理清产权关系，按照现代企业制度要求完善公司法人治理结构，促使其经营管理水平的提高。投资者在选择投资对象时，十分注重和了解管理水平的问题，必须按照上市公司的管理规范强化管理，为争取上市做好前期准备工作。

(3) 通过改制重组增强公司的竞争力。为了提升企业上市的竞争力，必须根据企业的实际情况，对企业进行重组。在重组过程中应注意和把握以下几点：①将主业相同、所属行业发展前景好、产品有市场前景，但规模偏小的企业合并重组，使其达到上市的要求。②科研院校和一些高新技术企业以参股的方式，向拟上市企业注入技术含量，使产品在市场上有竞争力，使重组后的企业在技术方面达到上市的要求。③将一些规模偏大、主业不突出的大型企业进行分拆，从中重组成符合上市要求的企业。

(4) 加强与政府以及证券公司等中介机构的联系。企业到境外上市是一个涉及面广、复杂的系统工程。这就要求政府有关部门从提供信息、操作程序、工作指导等方面予以帮助。所以，拟上市企业应组织专门班子，确定一名领导专门负责此项工作，加强与政府有关部门的联系，多汇报、请示，以便掌握上市的即时信息。此外，企业应积极与证券中介机构取得联系，有效地降低资产评估带来的风险。与此同时，企业也应充分了解当地金融市场状况及金融政策，在证券市场上利用股票期货或期权、股指期货或期权交易工具来有效降低股价波动带来的风险。在外汇市场上运用货币互换及利率互换、远期汇率协议、远期利率协议、期货交易或期权交易等工具来减少因利率、汇率变动带来的利率风险和汇率风险。

五、我国企业境外上市操作存在的问题

从中国企业境外上市的发展历程可以看出，在企业筹集到资金、公司治理结构的改善、有利于企业经营走出国门的同时，我国企业境外上市也存在着许多问题。

(1) 企业对境外上市的认识误区。上市企业融资理念存在误区，大都热衷于"上市圈钱"，以为上市筹到的资金不用偿还，招股成功、资金到位后，任意改变资金用途，失信于投资者。近年来我国企业境外上市面临严重的诚信危机，仅 2004 年就连续发生多起事件："中国人寿"因上市前的会计违规事件在美国遭到起诉，"中航油"在新加坡破产。这些给所有内地境外上市企业敲响了警钟：上市成功后并不意味着一劳永逸，上市后同样应

该严格按照海外的监管要求,努力提高公司质量,着力维护公司信誉。同时,企业对境外上市的制度创新功能和后继性融资要重视,避免后继性融资能力不强的问题。除筹措资金外,提高企业素质是企业上市的另一个重要目的。然而由于上市企业的认识误区,企业为了上市不惜一切代价粉饰自己,信息披露不及时、不充分、公司透明度不高,未从根本上完善自身治理结构,建立现代企业制度,企业经营能力较差,业绩不理想,而且与国外投资者的沟通也差强人意。

(2) 境外上市国有公司的监管问题。境外上市的中国企业,理论上可以获得比国内企业更多一层的国际监管,使得企业更加能够按照国际化规范规则运行。但实践中,未必能实现这种理想化目标。国际上成熟市场的监管,一般而言被监管对象有一定的自律性,被监管对象一旦出现问题,较少有国家出面为其承担责任,因为道德风险相应要小一些。而国有企业由于有国家作为后盾,容易滋生道德风险,国际监管对一些胆大妄为的企业的监管准备不足,监管很难到位。新加坡监管当局对中航油监管的失败就是一个很好的例证。

而能在境外上市的国有企业,一般都是表现卓越、由能人企业家领军的企业,国内的监管部门以及相应的主管部门对之宠爱有加,甚至会因为它们代表中国形象而包庇它们的错误。此外这些企业往往有海外业务,对海外业务的监管国内缺乏人才,加之认为有国际监管这层保险,国内对境外上市公司的监管也很难实现充分性监管。如此境外上市的国有企业就处于一个多头监管,但监管均很难到位的局面。因此需要在对境外上市的国有企业的监管理念和监管手段上,作进一步的完善,包含增加监管的透明度以及增加报表可信度。

(3) 在公司治理方面,中国企业没有建立完善的董事局架构,未能建立完善的企业内部控制系统及程序,缺乏良好的内部审计系统,企业没有完全符合国家法律及规则(如以前年度没有审计)会引致额外的工作而拖延上市计划。企业管理层须逐步建立对小股东负责任的态度,并提高企业的透明度,以建立企业良好的公众形象。

(4) 中国民营企业在急剧膨胀过程中,常常带有浓厚的家族色彩,在创业初期,选用财务人员的标准往往是可靠的"自己人",而忽视科学规范的财务准则的建立,因而造成历史档案资料混乱,境外机构无法进行上市前正常的审计核收。公司管理层缺乏按国际会计准则编制的历史财务资料,以致境外投资者无法接受公司的赢利情况,是当前我国民营企业境外上市过程中尤显突出的问题。

(5) 关联交易问题,关联交易定价的原则不清晰,对审核及披露有关的交易造成很大困难;如果属于一般日常运作的关联交易,这些交易必须符合商业运作原则,还有必须按与第三者交易相同的条款进行;当关联交易条款与第三者交易条款存在很大差异时,可能需要计算及披露有关的财务和税务影响;未能与关联方建立适当的交易合同,须由律师重新起草合同;需详细地在招股书中向投资者披露关联交易。

(6) 缺乏对境外上市规则的专业培训。在审计某企业境外上市项目中,曾发生在国际会计师执行现场审计时,才发现存在会计或税务问题,进而影响上市时间和进程的事件。造成的原因除了公司财务人员不了解国际会计准则,无法有效配合国际会计师的审计工作外,还与公司相关人员缺乏境外上市规则的专业培训,不能及时了解上市规则、程序、信息披露要求等,不无关系。

(7) 会计问题，重组方案未能满足对上市企业需要三年业绩连续计算的要求；不齐全的会计记录；应收款项的坏账及呆账准备；存货的跌价及变现准备；无形资产及商誉的确认及减值；固定资产及在建工程的减值；在建工程转入固定资产及相关的折旧调整；土地使用权的确认及相关的租赁处理；退休金及其他职工福利的处理（如补充养老补助、支付买断工龄费用及内退等）。

六、我国企业境外上市的对策

（一）明确境外上市的目的

境外上市并不是对任何企业都有利，企业应从自身的实际出发，分析自己独特的优势和劣势，认真权衡各种资金来源的可行性和利弊，企业的管理层应该对企业的发展潜力和担负上市费用的能力做出正确的分析，考虑筹资规模与上市费用的关系，从发展战略的高度考虑上市的计划。有了周全的上市计划，还要从多方面的变化中选择上市的时机。首先要从宏观经济的变化中把握机会，即选择股市环境比较有利的时候，同时从市场状况及其变化中把握机会。如中华网公司（Cafinadotcom Corp.）较好地把握了境外上市机会，在 1999 年网络公司在美国乃至全球受到追捧的时候，中华网公司在美国纳斯达克上市，上市首日股价上涨至发行价的三倍，是第一家在纳斯达克上市的中国概念的互联网公司，而且发行非常成功。而到 2000 年，NASDAQ 股市已经是风云突变，网络股开始了大幅下挫。但是新浪网、网易、搜狐先后赴 NASDAQ 上市，此时其股价要么跌破发行价，要么刚刚保住发行价，从以上四家公司上市看，选择好上市时机是非常重要的。其次是要从行业生命周期的变化中把握机会。当企业所处行业生命周期位于低潮和低谷期时，进行融资活动就显得不明智，融资效果就要大打折扣。相反，当企业所处行业生命周期位于成长期和高峰期时，适时进行融资活动可以获得较高的发行市盈率，满足企业的融资需求。

（二）企业要慎重选择境外上市的方式和地点

企业要认识到境外上市只是企业寻求更大发展的一条途径，但并不一定是唯一途径，也不是所有的企业都适合上市。如果为了上市而上市，就失去上市的真正意义。企业境外上市之前必须要慎重考虑以下条件：企业是否急需资金及取得上市地位；企业是否需要外汇资金；企业是否有意拓展外汇市场；是否有意吸引国外专业人才加盟；公司是否增长快速需要不断从二级市场配股集资；是否希望尽快实施股权计划以吸引人才；是否有意引进国际知名战略投资者或风险投资基金加入投资；是否有意和境外公司进行股权置换或购并海外公司；上市成本占筹集资金的比重；审批及操作的可行性。

除此之外，上市时间和地点的选择对拟上市企业来说非常关键，并非所有的证券市场都适合所有的企业，也并非某个证券市场只适合特定类型的企业。企业应该根据自己公司的规模、所处行业、拓展领域、证券交易所特点等选择适合自己的交易所。

第一是地点的选择。中国香港、美国、新加坡各有特点，这就需要对各个市场的融资效果与成本进行综合比较。中国香港上市费用成本中等，股票上市后价值也中等。

纳斯达克上市费用高,但融资金额大,效果较好。筹资金额 1 亿美元以上的大型企业适合到美国上市,筹资金额 1 亿~5 亿港元的中型企业可到中国香港或其他亚洲市场上市。在实际操作中,香港仍是内地企业的首选,尤其是创业板。在新加坡上市的优点在于:①上市的排队时间短,上市企业花 6~9 个月准备时间,就可以在新加坡挂牌。②新加坡位居亚洲枢纽地位,具有企业战略优势。③华人对中国企业较为认同,股价较易有表现。

第二是方式的选择。在选定上市地之后,上市方式就成为企业需要考虑的又一大问题。企业境外上市的途径,主要有直接上市、间接上市以及存托凭证三种。直接上市(IPO首次公开募集)即直接以中国内地公司的名义向海外证券主管部门申请发行的登记注册,并发行股票(或其他衍生金融工具),向当地证券交易所申请挂牌上市交易,即 H 股(香港)、N 股(纽约)、S 股(新加坡)等。IPO有三大好处:公司股价能达到尽可能高的价格;公司可以获得较高的声誉;股票发生的范围更广。从公司长远的发展考虑,IPO 应是企业境外上市的主要方式。

但是,由于 IPO 程序较为复杂,需经过境内、境外监管机构审批,成本较高,所聘请的中介机构也较多,花费的时间较长,所以近年来许多企业大多以间接方式在境外上市。间接上市主要有两种形式:买壳上市和造壳上市。买壳上市的基本思路是,内地非上市公司选择、收购一家上市公司,然后利用这家上市公司的上市条件,将公司的优良资产通过配股、收购、置换等方式注入上市公司。整个运作途径可以概括为:买壳→借壳,即先买壳再借壳。造壳上市即内地企业先在境外注册一家公司,再以境外公司的名义以收购、股权置换等方式取得国内资产的控股权,然后将境内公司拿到境外交易所上市,其本质是通过将内地资产注入壳公司的方式,达到拿内地企业资产上市的目的。

(三) 上市企业努力提高自身的基本素质

境外上市公司该从"上市圈钱"的心态中走出来,在提高企业自身素质上应该努力做到:完善企业治理结构,切实转换企业经营机制,建立一个高效的管理团队;重视制度创新,实现规模经营,提高公司经营能力,创造良好业绩,提高企业的价值;调整不合理股本结构,增加流通股比例;选择合适的投资者群体,并与其做好足够的沟通与交流,提高透明度,注重企业信用。只有在企业自身素质得到提高并取得良好业绩后,才能得到海外投资者的广泛认同,树立中国上市公司良好形象,也才能真正达到境外上市的目的。

(四) 大胆创新,努力推进我国证券市场多层次发展

借鉴发达国家证券市场发展的经验,结合我国的实际情况,积极创新,努力推进我国证券市场多层次发展,为企业特别是为民营企业进入资本市场提供多层次的交易平台。按照企业证券上市交易门槛的高低、风险性的大小及证券流动性的强弱,我国证券市场可形成四个不同层次的发展框架,即主板交易市场、创业板交易市场、场外交易市场和柜台交易市场。证券市场的各个不同层次对应不同的企业,各有一个不同的筛选机制,使企业有可能递进上市或递退下市,从而形成一个完整的市场结构体系。

(五) 熟悉海外证券市场的制度法规

企业要成功实现境外上市和上市后的顺利运作，必须充分了解海外证券市场的监管和制度法规，加强和完善信息沟通与信息披露是必要的，信息披露制度是上市公司区别于一般企业的重要特征，也是上市公司必须严格履行的义务，要按照国际标准达到一定的透明度。在海外市场上成功运作还要考虑风险，境外上市的风险来自多方面：没有通过海外证券交易所的审查导致上市的计划失败；实现了股票的海外发行但没被海外投资者接受，认购冷淡；股票上市成功，但由于企业自身的素质，业绩不理想或没遵守海外的市场规则要求，股价下跌，被挂黄牌或红牌，有些企业甚至卷入法律纠纷。所以，企业必须自始至终严格根据海外市场的上市要求，精心准备，严格改制，设计合理可行的上市计划，遵守各方面的准则，并在上市后，按要求规范操作，及时全面履行披露信息的责任，尽可能避免风险的发生。

(六) 选择好中介机构

要选择有利于发行的交易所。不同的证券交易所具有不同的定位，交易所不同的特色导致融资成功的概率也不尽相同。要选择有影响力和适应我国企业特点的投资银行。企业上市的成败与投资银行的运作关系十分紧密，不同投资银行有不同的业务优势，这些银行会根据自己的优势结合上市企业特点提出建议上市方案。中国石油、中国石化、中海油的成功上市都借助了世界一流投资银行高盛、摩根斯坦利和美林的帮助。选择一个有经验、有成功案例的中介机构尤显重要。许多中国企业的上市失败是由于委托没有注册资格的中介公司来操作，只能在公司股票的推荐中再委托其他有合法资格的公司来操作，有些甚至存在欺诈。

(七) 营造良好企业环境，加快推进民营企业上市步伐

党的"十六大"报告提出推进资本市场改革开放和稳定发展，为推进企业上市、促进地方资本市场建设创造了良好的政策环境。同时，一些经济较为发达地区经济的持续高速增长将带动企业上市融资的巨大需求。面对新形势，各地要结合当地情况做好相应的服务工作。比如，就浙江的实际看，浙江有关部门可以做好下述几方面工作。紧紧围绕做强、做大、做优具有浙江特色和优势的"浙江板块"，把推进民营企业上市作为浙江上市工作的重中之重来抓。加快企业股份制改造，指导重点企业尽快上市，对已经进入辅导期的企业，做好指导、协调、沟通工作，争取在五年内在境内外证券市场再上50～60家，同时做好创业板上市的准备；鼓励和指导具备资金、经营管理实力的民营企业买壳上市；对具备境外上市条件的企业，要顺应加入WTO的新形势，积极争取更多民营企业到境外上市。经过几年努力，使民营上市企业群体成为提升浙江区域竞争力的最重要主体，与浙江的民营经济快速发展相适应。

【复习思考题】

1. 简述境外上市的特征。
2. 分析企业境内上市和境外上市的不同意义。
3. 境外上市有哪些可能的方式？
4. 简述目前我国企业境外上市存在的问题。

思考案例

中国企业在境外上市的成功案例

◆1992年10月9日,中国在纽约交易所挂牌的第一支股票是"华晨汽车",其公司全称为"华晨中国汽车控股有限公司",1992年6月于百慕大群岛注册,上市募集资金全部用于在中国内地的实业"沈阳金杯客车制造有限公司"。

◆1999年年初,新加坡证交所出现了一张新面孔——鹰牌控股,注册地为开曼群岛,其背后的上市公司——广东佛山鹰牌陶瓷公司成为首家海外上市的中国民营企业。

◆1995年,惠州侨兴通过其原来在中国香港注册的一家公司,到维京群岛注册成立了侨兴环球,以侨兴环球名义回购侨兴集团90%的股权,接着于1999年2月17日在美国NASDAQ上市,成为第一个在纳斯达克上市的中国民营企业。

◆2006年,中国银行成功在中国香港联合交易所挂牌上市。这是继中国建设银行后,内地第二家实现海外公开发行上市的大型国有商业银行,而之前为了配合海外上市进行的一系列大刀阔斧的改革,如大规模的财务重组,引进苏格兰银行、新加坡淡马锡公司、瑞银集团等海外战略投资者,出售25%的银行股份,都使中国银行这个具有百年发展历史的"老店"从此焕发出了新的生机。

◆2014年9月19日,阿里巴巴正式在纽交所挂牌交易,股票代码为BABA。因为交易量庞大,阿里创美股10年来开盘时间最长纪录。直到开市2小时20分钟之后才出炉开盘价,较发行价68美元高开36.3%。当天收盘,阿里巴巴股价报93.89美元,市值达2314.39亿美元,超越Facebook成为仅次于谷歌的第二大互联网公司。

【思考】

1. 这些在境外上市的公司其成功的经验是什么?对其他拟境外上市的中国企业有何启示?

2. 请再举出几个中国企业海外上市失败的例子。

第八章 跨国并购

【学习目标】
◆ 理解跨国并购的分类，与国内并购的异同点；
◆ 掌握跨国并购的支付方式和环境分析；
◆ 熟悉跨国并购的交易流程；
◆ 了解当今跨国并购的特点。

导入案例

中国吉利汽车18亿美元收购沃尔沃轿车100%股权

北京时间2010年3月28日，中国浙江吉利控股集团有限公司（简称吉利集团）在瑞典哥德堡与福特汽车签署最终股权收购协议，获得沃尔沃轿车公司（简称沃尔沃轿车）100%的股权以及相关资产（包括知识产权）。本次收购涉及金额18亿美元。世界级豪华汽车品牌沃尔沃正式成为中国的"自主品牌"。

一、沃尔沃品牌概况

浙江吉利控股集团有限公司是一家以汽车及汽车零部件生产经营为主要产业的大型民营企业集团，始建于1986年，经过二十多年的建设和发展，在汽车、摩托车、汽车发动机、变速箱、汽车零部件、高等教育、装潢材料制造、旅游和房地产等方面都取得了辉煌业绩，资产总额已经超过50亿元；其轿车已快速成长为中国经济型轿车的主力品牌，被评为"中国汽车工业50年发展速度最快、成长最好"的企业之一。2004年有近5000辆吉利轿车出口到28个国家和地区，使中国的轿车在国际市场上占有了一席之地。

沃尔沃汽车公司（VOLVO）成立于1927年，是瑞典最大的工业企业集团，世界二十大汽车公司之一，也是目前世界上最安全的汽车。沃尔沃汽车公司的主要生产厂设在瑞典、比利时和中国，并在全世界超过100国家设立了销售和服务网络，有2400多家展厅。

二、吉利收购沃尔沃的原因

从吉利公司角度看：

1. 市场动机

在中国成为全球最大的汽车消费市场的背景下，吉利收购沃尔沃可以在国内高端汽车市场上获得更多的市场机会。同时，凭借沃尔沃在国际市场上的知名度，吉利可以较快进军国外高端车市场。

2. 技术动机

吉利收购沃尔沃解决了其在利用多品牌战略推进中高端产品的发展中急需先进的技术来支撑其品牌发展的问题。对于吉利来说,借助沃尔沃的技术优势,其在低成本制造的优势将越加明显,其在国内的竞争力也将明显增强。

3. 品牌动机

在消费者心中,吉利是个相对低端的品牌,不利于进入高端市场。为了摆脱低端制造的形象,吉利公司通过品牌移植,利用沃尔沃的高端品牌形象提升吉利汽车的整体形象。在利用沃尔沃技术的同时还能提升吉利品牌的定位,利用细分的吉利、华普、帝豪、全球鹰、上海英伦、沃尔沃来划分不同的市场,沃尔沃主打中高端,吉利主打中低端,此种品牌战略正是吉利在高端发展过程中遇到瓶颈之后的最佳选择。此外,吉利在收购沃尔沃后也能把其汽车设计理念逐步融入其他产品线,并衍生出新的设计理念,提升吉利产品线的总体设计水平。

从福特公司看:

由于全球高端汽车市场竞争激烈,VOLVO汽车销售额在过去数年来一直下滑,亏损数额越来越大。再加上2008年全球金融危机的蔓延,福特汽车公司的负债过重,因此福特为了避免进入破产重组程序,不得不卖掉那些不挣钱的品牌,迅速回笼资金,经营核心业务,避免福特进一步陷入困境。

三、融资及其他难题的解决

此次收购以及后续发展共需27亿美元。吉利争取到了来自于国有银行以及地方政府甚至中央政府的大力支持。此外,吉利自身在中国香港上市,拥有较强的造血功能。

吉利还承诺,沃尔沃目前在哥德堡和比利时的两家工厂会长期保存,并且仍然将由目前的管理团队领导。强调吉利和沃尔沃是兄弟关系而非父子关系,用平等关系给沃尔沃员工不小的安全感,终于赢得沃尔沃工会的信任。

吉利组建了包括国际知名投行、会计师事务所、律师事务所在内的庞大团队。两年间项目团队与福特进行了大量的信息交换,建立了完整的财务预测模型,对各类潜在风险进行了定性和定量分析,并在此基础上确定了收购后的运营管理计划。为吉利成功收购沃尔沃和收购后成功整合奠定了良好的基础。

四、收购效益

1. 从收购标的上看

根据洛希尔的评估,目前沃尔沃的净资产超过15亿美元,品牌价值接近百亿美元。福特公司1999年出资64.5亿美元收购了沃尔沃,如今沃尔沃的标的价格才18亿美元,而最终吉利从福特手中收购的成交价格仅为15.5亿美元。

2. 从品牌价值上看

作为与奔驰、宝马、奥迪齐名的国际豪华汽车品牌,沃尔沃的品牌价值高。吉利成功收购沃尔沃,将利用沃尔沃的高端品牌形象提升吉利的整体形象,并通过品牌移植来提升吉利的自主品牌价值,最终形成能够参与国内外竞争的高端民族品牌。

3. 从技术能力上看

沃尔沃是一家具备造血和持续发展的公司,拥有高素质研发人才队伍,具备低碳经济发展能力,在汽车主动、被动安全领域拥有一系列领先技术,具有生产豪华车型的技术体系能力,这些正是吉利所缺乏并孜孜以求的。

4. 从广告效应上看

吉利"蛇吞象"般成功收购沃尔沃的巨大"广告效应",是任何一个其他形式的"广告"所无法比拟的。一次收购,让全世界对吉利刮目相看。

5. 从未来发展上看

快速成长的中国汽车消费市场以及沃尔沃分布全球的销售和服务网络,为"吉—沃"的双赢提供了极大可能,有了"新大陆",就会有发展空间,有了"新水域",就可以航行巨轮。

6. 从影响效应上看

吉利成功收购沃尔沃除了给企业自身带来利益之外,也必然会给中国汽车产业的发展带来裨益,一是给中国汽车民族品牌以鼓舞效应,二是给中国企业进军国际市场以示范效应。

案例来源:百度文库

【思考】

1. 在此次并购中,双方各自收获了什么?
2. 现今的管理团队能否带领沃尔沃走出困境?
3. 你认为中国首家跨国汽车企业能走多远?

跨国并购是资本运营的特殊形式,是产权资本运营的国际化,是资本运营在空间上的跨越国境。跨国并购是从一国向两国甚至是全球范围内的发展,与国内资本运营相比,一方面,跨国并购的市场空间较为广阔,跨国公司面临着众多的市场机遇;另一方面,跨国并购又涉及不同国家极为复杂的法律、政策、文化等因素,面临的市场更为激烈、变化更为迅速,跨国公司也面临着更为严峻的挑战。面对如此复杂的环境,采取的策略也具有其独特性。

一、跨国并购的概念

跨国并购(Cross-Border M&A)是指一国(或地区)企业为了某种目的,通过一定的形式和支付手段,购买另一国企业的部分或全部股份或资产,从而对后者的经营管理活动实施控制。跨国并购涉及两个或两个以上国家的企业,"一国企业"是指并购发出企业或并购企业,一般实力强大的跨国公司成为跨国并购的主体;"另一国企业"则指被并购企业,也称目标企业。跨国并购是国内企业并购的延伸,即跨越国界,涉及两个或两个以上国家的企业、两个或两个以上国家的市场和两个或两个以上政府控制下的法律制度的并购。从研究的现实意义出发,联系中国的实际,跨国并购一方面包括国外企业对中国企业的并购,即外资收购;另一方面包括中国企业对外国企业的并购,即海外并购。

跨国并购属于国际投资的一种。国际投资可以分为外国直接投资（Foreign Direct Investment）与间接投资（Foreign Indirect Investment）。外国直接投资是指一国（或地区）的居民实体（对外直接投资者或母公司）在其本国（或地区）以外的另一国的企业（外国直接投资企业、分支机构或国外分支机构）中建立长期关系，享有持久利益，并对其进行控制的投资。直接投资既涉及两个主体之间最初的交易，也涉及两者之间的所有后续交易。进行外国直接投资的可以是商业实体，也可以是个人。间接投资则是指仅仅以其持有的能提供收入的股票或证券进行投资，但对企业既不参加经营管理，也不享有控制或支配权，又称证券投资（Portfolio Investment）。

外国直接投资又包含两种模式，一种是采取新建的办法，也称绿地投资；另一种是通过对多数股权的收购实现扩张，即跨国并购。与新建模式相比，跨国并购能有效突破进入新行业的壁垒，降低企业发展的风险和成本，在当前经济全球化的背景下，已成为外国直接投资的主要形式。

二、跨国并购与国内并购的区别与联系

国内并购与跨国并购同属并购范畴，在本质上是一致的。但跨国并购是跨越国界的行为，与国内并购相比具有不同的特点。

（1）跨国并购与国际因素密切相关。跨国并购的动因与国际因素有较大的相关性，如世界市场的竞争格局、贸易与投资的自由化进程、世界经济一体化以及区域化和集团化趋势、跨国投资的国际协调等，这些都给跨国并购带来了影响，因此，对跨国并购的动因分析必须将其放在世界经济范围内进行。

（2）跨国并购的主体大多数是跨国公司，而跨国公司实施并购计划更多的是从全球发展战略的角度来考虑经济利益的得失问题的，这就使得跨国并购理论与一般的并购理论有了较大的不同。

（3）跨国并购具有比国内并购更多地进入障碍，使得跨国并购的实施更为复杂。如母国与东道国之间的经济利益及竞争格局、公司产权及管理模式、外资政策及法律制度、历史传统及文化语言等方面的差异。

（4）跨国并购在对市场的影响方式和范围方面与国内并购不同。国内并购非常直观地表现为市场份额的改变和市场集中度的提高。而跨国并购对于母国市场与东道国市场而言，并未直接表现为母国与东道国的市场集中度的改变，而是表现为并购者对市场份额的占有程度和市场竞争力的扩展，表现为世界市场份额和市场集中度的改变。

（5）跨国并购中主要是跨国收购，而跨国兼并相对较少。跨国兼并意味着两个以上的法人最终变成一个法人，不是母国企业的消失，就是目标国企业的消失，这种情况在跨国并购中并不多见。

三、跨国并购的分类与支付方式

1. 跨国并购的分类

按跨国并购双方的行业关系，跨国并购可以分为横向跨国并购、纵向跨国并购和混合

跨国并购。

(1) 横向跨国并购

横向跨国并购是指两个以上国家生产或销售相同或相似产品的企业之间的并购。其目的是扩大世界市场的份额，增加企业的国际竞争力，直至获得世界垄断地位，以攫取高额垄断利润；在横向跨国并购中，由于并购双方有相同的行业背景和经历，所以比较容易实现并购整合；横向跨国并购是跨国并购中经常采用的形式。

(2) 纵向跨国并购

纵向跨国并购是指两个以上国家生产同一或相似产品但又处于不同生产阶段的企业之间的并购。其目的通常是为了稳定和扩大原材料的供应来源或产品的销售渠道，从而减少竞争对手的原材料供应或产品的销售。并购双方一般分别是原材料供应者和产品购买者，所以对彼此的生产状况比较熟悉，并购后容易整合。

(3) 混合跨国并购

混合跨国并购是指两个以上国家处于不同行业的企业之间的并购。其目的是为了实现全球发展战略和多元化经营战略，减少单一行业经营的风险，增强企业在世界市场上的整体竞争实力。

2. 跨国并购的支付方式

目前跨国并购的支付方式主要有以下四种：

(1) 全额现金支付

即使是收购方以发行某种形式的票据所进行的购买也属于现金收购。现金收购的性质很单纯，购买方支付商定的现金后即取得被收购企业的所有权，而被收购企业股东失去其所有权。它是许多中小型企业间并购最常用的支付方式，也是并购活动中最清晰、最方便、最快捷的一种支付方式。但是，采用这种支付方式，并购企业面临的融资难度较大，承担风险也更大。

(2) "股权＋现金"支付

"股权＋现金"支付是指并购方直接将股权作为支付工具来支付的方式，它与现金结合一起使用，即"股权＋现金"支付方式，这是目前最常用的一种支付方式，双方都更能快速达成一致意见，往往可以实现双赢。

(3) 转移支付

转移支付是通过以负债融资来寻求主要的资金来源，然后再用负债融资取得的资金来支付并购所需的价款；而且，转移支付的负债融资是以目标公司的资产和将来的收益为抵押担保来获取金融机构的贷款，或是通过目标公司发行高风险高利率的债券来筹集资金的。在这一过程中，收购方自己所需支付的资金很少，负债主要由目标公司的资产或收益来偿还。采用这种支付方式，收购方承担的风险较少，但不太常见。

(4) 综合证券收购

综合证券收购是指当收购公司对目标公司提出收购要约时，其出价不仅有现金、股票，而且还有认股权证、可转换债券等多种形式的混合。认股权证是一张由上市公司发出的证明文件，赋予持有人一种"权利"，即持有人有权在指定的时间，即有效期内，用指定的价格（即换股价）认购该公司发出指定数目（即换股比率）的新股。可转换债券是在特定的条款和条件下，持有者可以选择或放弃以其债券转换成股票。

四、跨国并购的流程

从企业层面而言,跨国并购的流程主要分为三个阶段:准备阶段、谈判与实施阶段和整合阶段,每个阶段工作的侧重点各不相同。如图 8-1 所示。

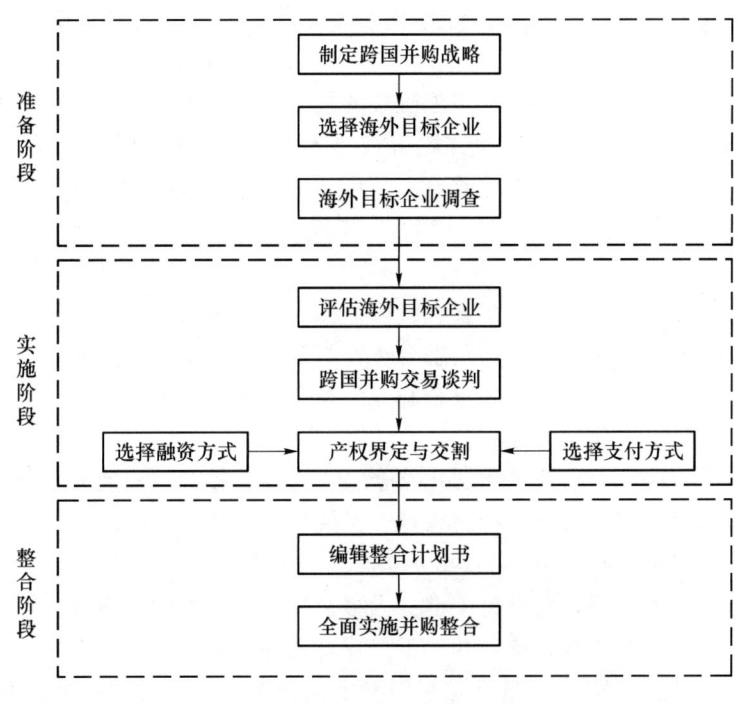

图 8-1 跨国并购交易流程

(一) 准备阶段

跨国并购战略的制定是整个并购的首要环节,它对以后将要进行的并购行为有着总体指导意义。所有的跨国并购行为以及形成的文件、方案等均须符合并购战略。因此,跨国并购战略要在考虑企业使命、企业生产经营总体战略、内部环境和外部环境等因素的基础上来制定。

跨国并购目标企业的选择在很大程度上决定了并购的成功与否。目标选择不当,可能将直接导致并购交易失败,或者导致交易后的并购整合过程困难重重。目标企业选择实际上可以分为两个步骤:搜寻相对合适的潜在目标企业,从中选出最为合适的并购目标。在选择目标企业的过程中,对潜在目标企业的详尽调查是非常重要的一环,它将直接影响下一步对并购目标企业的价值评估。

(二) 实施阶段

在交易实施阶段,首先是评估目标企业价值。在并购时,交易价格往往是以目标企业的评估价值为基础来确定的,这个评估价值需要交易的双方都认可,因此评估价值必须是公允的（本书第五章对目标企业价值评估方法做了详细的介绍）。确定目标企业后，接下来就进入了谈判阶段。此时，通常要组建谈判小组，并且通过谈判，并购双方需要对交易的具体细节、并购后的整合计划、法律程序等进行协商并达成一致。

企业在并购过程中要充分考虑并购的融资方式，一般情况下资金有以下四种来源：企业自有资金、对外发行股票融资、对外发行债券融资和向金融机构贷款。确定好融资方式后，还需要考虑并购款的支付方式。目前有四种支付方式可供选择：现金支付、股票支付、债券互换、综合证券混合支付。

产权界定与交割是完成并购交易实施阶段的最后一个环节，它是并购双方明确目标企业资产所有权归属的一种法律行为。并购方应当严格按照目标企业所在国家的法律、法规，进行资产清查与交割，报请当地政府部门审批，履行产权交割过户。

（三）整合阶段

跨国并购交易完成后，就进入了整合阶段。而整合阶段的第一步就是要选择合适的人员来组成海外并购整合工作组。该并购整合工作组是一个专门进行并购交易后的整合工作的团队，后续的文化整合、人力资源整合和业务整合具体实施方案，以及具体的整合实施工作等都交由并购整合工作组来完成。

当全面实施整合时，主要要关注文化整合、人力资源整合以及业务整合三个大的整合方面。并购方应当对这三大方面进行整体性、系统性的安排，使得并购后的目标企业能够达到海外并购战略目标的要求。

跨国并购最终能否成功，整合是关键。大多数跨国并购失败的案例显示，并购失败的主要原因就是整合工作的失败。跨国并购不仅仅是一种财务活动，只有在整合业务上取得成功，才是一个成功的并购，否则只是在财务上的操纵，这将导致业务和财务上的双重失败。

五、跨国并购的环境分析

跨国并购作为一种国际直接投资方式，涉及两个或两个以上国家（或地区）的企业、市场和政府控制的法律制度，因此对其国际投资环境的分析具有十分重要的意义。

国际投资环境是指在一定时间内，东道国（或地区）拥有的影响和决定国际直接投资进入并取得预期经济效益的各种因素的有机整体，它是开展国际直接投资活动所具有的外部条件，是国际直接投资赖以进行的前提。由于东道国的政治、社会、经济、文化、法律等方面存在着差异，如果投资地的社会、经济、文化等条件不适合项目的发展，则该投资在运行过程中将会遇到种种困难，有可能导致投资的全面失败。因此，在做出跨国并购决策之前，必须对东道国投资环境的各因素进行调查和评估，并在不同的投资地点之间进行选择，以确定具有最佳投资环境的地点，做出正确的投资决策。

对于跨国并购的国际投资环境的分析，可以从以下六个方面展开：

第一，东道国的政治因素。这是指由东道国（或地区）的政治体制、社会结构、政局稳定性、社会安定性、国际信誉度等内容构成的政治和社会综合条件。政治因素是吸引外国直接投资的首要条件和最敏感的因素。因为投资者进行跨国投资，东道国的政局是否稳定、社会是否安定、国际信誉高低等直接关系到投资有无保障的问题。只有政局稳定、社会安定、讲求效益、致力于和平建设的国家，才能确保投资的安全，并为经营获利创造必要的前提。

第二，东道国的经济因素。国际直接投资一般都是为了开拓市场、获得廉价生产要素、提高资本回报率，而这些动机的实现，又直接受到东道国经济发展水平和特点的影响与制约。东道国的经济发展因素主要包括东道国的经济发展状况及其趋势，市场规模、潜力及开放程度，产业结构、就业结构、消费结构及其水平，经济发展政策和措施，资源和原材料的供应情况，工业配套水平，企业生产系统及其经营成本的水平，金融信贷制度及资本市场发达程度，财政税收制度，通货膨胀及汇率情况，国际收支状况，信息及社会服务水平等。

第三，东道国的基础设施因素。这是指外国投资者在东道国（或地区）进行直接投资从事生产经营活动所面临的基本物质条件，可分为生产基础设施和生活基础设施两部分。生产基础设施包括交通、通信、供电、给排水、可燃气、仓库、厂房等；生活基础设施除生产基础设施中可用于生活的部分外，还包括道路、住宅、购物场所、娱乐设施等。

第四，东道国的法律因素。这是指东道国通过有关法制和立法所体现的对外国投资的一般态度，如积极引进还是消极抵制，特别是对外国投资者期待的利益可能给予的影响。例如，对外国投资的行业范围的限制；外国投资者的权利与义务；外国资本投资企业的经营管理权限；对特定投资项目的鼓励、限制或禁止以及对外国投资企业的税收优惠、对政治风险的保障等，这些都是通过一定法律形式做出明文规定的。

第五，东道国的社会文化因素。这是指东道国（或地区）影响和制约国际直接投资与经营活动的各种社会文化因素的总称。它的内容比较广泛，主要包括民族语言、文字、宗教信仰、风俗习惯、文化传统、价值观念、道德准则、教育水平以及人口素质等。这些是东道国投资软环境中的重要组成因素，也是投资环境整体中不可或缺的内容。

第六，东道国的自然地理因素。这是指东道国（或地区）的地理位置、气候条件、地质水文、自然资源情况以及环境保护情况等的总和。不同性质的投资项目所要求的自然地理条件不同，对某些投资项目自然地理因素起着决定性作用，外国投资者必然要选择与自己投资项目相适应的自然地理环境。

六、当前跨国并购的特点

（一）跨国并购已经成为对外直接投资中的主要方式

1980—2006年，跨国并购经过了三个阶段，在2000年达到高峰，总体呈波浪式前进态势。自20世纪80年代末期，跨国并购就成为了全球对外直接投资的重要模式，这一趋势在最近一次并购浪潮中更明确地显露出来。有关统计资料揭示，20世纪90年代初期，以跨国并购形式流动的对外直接投资占全球对外直接投资流动的比重一直在50%以下，到了1994年，跨国并购首次超过"绿地投资"，占对外直接投资一半以上（51.4%）。此后连续五年该比例直线上升，从1996年的58%增加到2000年的90%。2005年全球外商直接投资额达9160亿美元，同比增长29%，跨国并购总量占全球对外直接投资的83%。

（二）以战略型并购为主

20世纪90年代以来出现的跨国并购浪潮，是在世界经济全球化和信息化步伐不断加快的过程中产生的，跨国公司大规模的跨国界并购活动不再是一味地对抗和竞争，而是着眼于全球范围的资源配置和整合以构造全球生产体系，是一种着眼于长期竞争的战略驱动型经济活动。强强并购和战略型并购成为跨国公司获得竞争优势的主要手段。近年来，从跨国并购的实际动机来看，追求市场扩张和企业扩张越来越成为主流，追求短期财务收益的并购在跨国并购中的比重很低且越发呈现下降趋势，而以追求市场扩张与企业扩张交织的战略并购日益成为跨国并购的主导。在2001年全球十大并购案中，有六项可属于注重企业长期发展战略、追求企业扩张的战略并购，有三项可属于追求市场份额之列。当然，不能忽视的一个局部现象是，一些发达国家企业对一些发展中国家企业的并购，实现企业产品发展的战略转移也是主要目的之一。

（三）横向跨国并购是并购的主要方式

从并购类型而言，横向并购的重要性日益凸显，无论是从并购企业数量还是从并购金额看，横向并购均占跨国并购的首位。自20世纪90年代后半期，横向并购份额不断提高，而混合并购和垂直并购的比重则在不断下降。1990年横向并购金额占总金额的55%，到1999年上升为70%。20世纪90年代中期，混合并购在企业多元化经营战略的影响下曾经很活跃，但到20世纪90年代后期，随着国际市场竞争的日益激烈，跨国公司改变了经营战略，更加突出企业的核心竞争优势，导致以多元化经营为目的的混合并购的比重开始下降，占并购价值的比重由1991年的42%降至1999年的27%。纵向并购的比重在20世纪90年代一直处于10%以下。

（四）并购行业分布广泛，投资重点转向高科技产业及第三产业

跨国公司的跨国并购行为几乎涉及所有的重要行业，包括钢铁、能源、航空、银行、保险、超市、电信、医药甚至大众传媒。随着科技革命的发展和全球经济一体化进程的加快，跨国并购由传统制造业向服务业和高科技产业转移的倾向也日益增强。从总体上看，发生在第一产业的跨国并购比重较小，第二产业急剧下降，第三产业的比重迅速提高。自20世纪90年代以来，跨国公司在制造业投资增长缓慢，在以运输、仓储、通信、金融等服务业为主的第三产业投资持续增长，并且在第三产业投资额的绝对值早在1995年便超过了在制造业的投资。到1999年，第三产业并购已达到了4354.4亿美元，占世界跨国并购总额的60%，在跨国公司国际直接投资中起着举足轻重的作用。进入21世纪以来，服务业内部的跨国并购主要集中在电信、金融和服务领域；2000年，欧美通信业出现了跨国并购浪潮，如法国电信集团用350亿美元收购了英国第三大移动电信公司奥兰治公司，德国电信用507亿美元并购了美国声流公司，2001年，惠普与康柏公司合并等。

（五）并购范围呈现全球化趋势

20世纪初到第二次世界大战以前的并购主要是在以美国为主的少数国家国内展开的。而20世纪90年代以来的并购，发达国家仍是跨国并购的主战场。全球75%以上的对外直接投资

主要集中在发达国家,且大多以跨国并购的形式完成。欧洲各国在全球跨国并购中日趋活跃。在 2000 年的跨国并购中,按收购方金额计算,英国、美国、法国、德国四国分别为 3824.2 亿美元、1592.7 亿美元、1687.1 亿美元和 586.7 亿美元,四国总和占全球跨国并购总额的 67%。但是,在新的跨国并购浪潮中,发展中国家吸引的并购投资在明显增加,亚洲、拉丁美洲等新兴市场日益成为发达国家跨国公司并购的重点,并购已呈全球化。从并购交易的数量看,发展中国家的比重已从 1987 年的 5% 上升到了 20 世纪 90 年代末的 19%,由发展中国家的公司作为购买方进行的跨国并购从 1987 年的 30 亿美元上升到了 1999 年的 410 亿美元。新的并购浪潮使得跨国并购占全部并购额的比重不断上升,全球化发展态势十分明显。

【复习思考题】

1. 简述跨国并购与国内并购的异同点。
2. 跨国并购分为哪几种?可以采取哪些支付方式?
3. 跨国并购的交易分为几个阶段?各个阶段的重点工作内容是什么?
4. 在跨国并购实施之前,需要对国际投资环境做哪些分析?
5. 当今跨国并购有哪些特点?

课后案例

TCL 收购德国施耐德,拓展海外市场

案例简介:在我国市场上,家电一直处于近乎饱和的状态,而欧美市场的需求潜力有增无减。但中国彩电进入欧盟市场受制于贸易壁垒,每年给予中国 7 家家电企业的配额只有 40 万台。对于一心寻求国际化道路的 TCL 来讲,无疑这是极大的障碍。如何绕过这一障碍呢?德国的家电企业施耐德公司宣布破产的消息给 TCL 提供了机会。2009 年,TCL 毫不犹豫地以 820 万欧元整体收购了这家破产企业,从而顺利进入德国市场,为自己的国际化道路迈开了一大步。

一、公司背景

1. TCL 集团

TCL 集团股份有限公司创办于 1981 年,是一家从事家电、信息、通信、电工产品研发、生产及销售,集技、工、贸为一体的特大型国有控股企业。经过 20 年的发展,TCL 集团现已形成了以王牌彩电为代表的家电、通信、信息、电工四大产品系列,并开始实施以王牌彩电为龙头的音视频产品和以手机为代表的移动通信终端产品的发展来拉动企业增长的战略。20 年来,TCL 发展的步伐迅速而稳健,特别是进入 20 世纪 90 年代以来,连续 12 年以年均 50% 的速度增长,是全国增长最快的工业制造企业之一。目前 TCL 涉及的家电、通信、信息、电工几大主导产品都居国内同行前列。2001 年,TCL 集团销售总额 211 亿元,利润 7.15 亿元,税金 10.8 亿元,出口创汇 7.16 亿美元,在全国电子信息百强企业中列第 6 名,是国家重点扶持的大型企业之一。2001 年 TCL 品牌价值 144 亿元,在全国知名品牌中排第 5 名。

2. 施耐德公司

施耐德电器有限公司成立于1889年，它最初从事木材加工，1953年，进入音响制造领域。1983年，施耐德生产出第一台电视机。1986年，施耐德成为一家上市公司。进入20世纪90年代，施耐德开始亏损。2009年年初，这家具有113年历史的老牌企业宣布破产，现在有650名员工。施耐德有3条彩电生产线，可年产彩电100万台；在欧洲有颇为畅通的销售渠道，即使是在破产前的2001年，也有2亿多欧元的销售额，市场主要集中在德国、英国和西班牙；旗下有两个著名的品牌，施耐德（Schneider）和杜阿尔（Dual），其中，施耐德号称"德国三大民族品牌之一"。另外，它还有较强的研发能力和勇敢的高技术计划，打算生产激光彩电。然而它已经没有这笔资金了。

二、收购动因

1. 向海外市场扩张的要求

2001年4月16日，TCL集团引进五家战略投资者：东芝、住友商事、香港金山、南太和Pentel，改组为股份有限公司，使TCL摇身变为具有国际化色彩的股份公司。同时TCL的"阿波罗计划"也渐渐浮出水面，实施国际化战略、加大海外扩张是其中很重要的一部分。而此次收购施耐德可以说是迄今为止TCL在海外扩张中最具有关键意义的一步。

2. 绕开欧盟的贸易壁垒

施耐德是一家113年历史的家电生产厂家，号称"德国三大民族品牌之一"。进入20世纪90年代后开始亏损。2009年年初，这家老牌企业正式宣布破产，5月底完全停止生产。但即使这样，在2001年，施耐德欧洲市场也有高达2亿欧元的销售额和多于41万台彩电的市场份额，超过了欧盟给予中国7家家电企业40万台配额的总和。通过此次收购，有望帮助TCL绕过欧洲对中国彩电的贸易壁垒。

3. 利用其品牌优势和市场基础，快速切入市场

施耐德在德国与欧洲有相当的市场基础，通过收购施耐德，TCL可以利用其现成的品牌和网络，快速切入此市场。施耐德在通信、信息产业方面也有一定基础，可以把TCL这两块产业也带过去。

三、收购过程

TCL集团控股的旗下TCL国际控股有限公司2009年9月下旬宣布，通过其新成立的全资子公司Schneider Electronics GmbH，与德国Schneider Electronics AG之破产管理人达成收购资产协议，收购其主要资产，金额约820万欧元。根据双方协议，Schneider Electronics GmbH收购了施耐德（Schneider）的生产设备、研发力量、销售渠道、存货及多个品牌，其中包括"SCHNEIDER"（施耐德）及"DUAL"（杜阿尔）等著名品牌的商标权益。Schneider Electronics GmbH同时协议租用位于Tuerkheim面积达2.4万平方米的生产设施，建立其欧洲生产基地。

四、收购评述

尽管TCL收购施耐德并不是中国企业的首次海外收购，但是所引起的人们对中国企业海外收购的关注却是前所未有的。

1. 低成本代价获取百年品牌和欧洲市场，中国企业"全球化"走向双车道

"全球化"不仅仅意味着勇敢地打开国门"请进来"，对于经过20多年市场经济洗礼的中国企业来说，适时适当地"走出去"更能体现出积极参与国际经济合作的进取精神，也只有这种双向互动，才能充分发挥资本的逐利本能和最优配置效应。此次收购前，TCL集团刚与中国香港长城数码签订了一份成立合资公司的协议，共同开拓彩电及影音产品的海外市场。这次通过把德国施耐德收归旗下，继续利用其设备拓展电视机和音响的生产线，无疑将如虎添翼。虽然其进军海外的具体战略尚未明朗，但TCL以仅仅820万欧元整合成熟的市场渠道，足见其胆略卓识和操作效率，其加大海外空间扩张力度、增强行业一体化效用的意图一览无余。

2. 能否绕得开欧洲对中国彩电的贸易壁垒？

按照欧盟惯例，如果TCL成品直接出口到欧洲，即便贴的是"施耐德"的牌子，关税也是少不了的，因为欧洲的进口税针对的是"原产地"。如果TCL搬到德国本地生产，即使施耐德的老板换为TCL的东家，当地的人工费仍然是个大数，德国本土不菲的成本难以降下来。如果TCL通过战略安排解决了这个问题，这才是一次成功的收购。

3. 企业家渴盼真正的投资银行家

在几乎每个成功的跨国并购案例后面，我们依稀可以看到中国企业家坚强但又略显单薄的身影。如何能使中国的企业家在海外的扩张中由"孤胆英雄"成为真正引领千军万马"统帅"，中国的金融服务业需要迎头赶上。在成熟的欧美市场上，并购容易发生的主要原因是其证券市场发达，许多大的并购都可以通过换股的形式实现。

案例来源：百度文库

案例鉴赏

中国企业跨国并购失败案例

★2007年，华为和美国贝恩资本试图以22亿美元联手收购3Com公司，但因美方担忧国家安全而流产。

★2009年，中铝与澳大利亚力拓的195亿美元"世纪大交易"失败。2010年，腾讯竞购全球即时通信工具鼻祖ICQ失败。

★2010年，中海油联合加纳国家石油公司出价50亿美元，竞购加纳Jubilee油田23.5%股权交易失败。

★2010年，中化集团与新加坡淡马锡联手用约500亿美元收购加拿大钾肥的计划失败。

★2010年，华为竞购摩托罗拉业务失败，被诺基亚西门子公司以低于华为报价的12亿美元收购成功。

★2005年，中海油提出185亿美元的收购要约，拟收购美国第九大石油公司"优尼科"，因美国众议院高票通过两项议案，反对中海油收购"优尼科"而失败，最终"优尼科"由美国第二大石油公司雪佛龙公司以低于中海油约10亿美元的价格收购成功。

中国企业跨国并购成功案例

★2010年1月6日,兖州煤业出资32亿美元并购澳大利亚菲力克斯(Felix)公司100%的股权。

★2010年2月24日,鞍钢集团投资1.62亿澳元(约合1.14亿美元)从澳大利亚金必达(Gindalbie)矿业公司手中拿到了卡拉拉(Karara)磁铁矿的终生开采权。2010年2月26日,武钢集团出资约4亿美元认购巴西MMX公司约的股份并获得约6亿吨资源权益;3月12日斥资6846万美元收购利比里亚一处铁矿石项目60%的股权。

★2010年3月13日,中海油以31亿美元收购阿根廷布里达斯能源控股有限公司(BEH)50%的股份;当月,中海油还与英国天然气集团(BG)买入澳大利亚昆士兰LNG项目;前一个月,中海油以25亿美元收购英国塔洛石油乌干达油田股份。

★2010年3月22日,中石油和荷兰皇家壳牌公司宣布以35亿澳元收购澳大利亚最大煤层气生产商箭牌(Arrow)能源公司。

★2010年3月25日,华东有色收购伯迈资产管理公司旗下朱庇特(Jupiter)项目100%的产权。中铝集团2007年收购印度同业公司,获得储量达到1200万吨铜的世界级大铜矿;2008年,收购力拓英国公司52%的股权,成为力拓英国公司单一最大股东;2010年3月,和力拓再次合作,联合开发几内亚世界级的铁矿山。

★2010年4月22日,国内最大的民营软件外包企业博彦科技集团全资收购了生产包括iPhone、安致(Android)、黑莓(Blackberry)等智能手机的美国Extend Logic公司。

★2010年6月2日,上海电气集团收购美国高斯国际公司100%股份,收购金额高达15亿美元。

第三单元
资产收缩

　　资本收缩是指企业把自己拥有的一部分资产、子公司、内部的分支机构转移到公司之外,从而缩小公司规模的经济行为。企业通过资本收缩,对企业规模或主营业务进行重组,其根本目的是提高企业的运营效率,实现企业价值最大化。常见的资本收缩运营方式包括:股份回购、资产剥离、公司分立、分拆上市等。

第九章 股份回购

【学习目标】
◆ 理解股份回购的概念、特征及具有的重要意义;
◆ 理解股份回购的功能;
◆ 熟练掌握股份回购的各种具体操作方式和程序。

导入案例

丽珠集团回购B股

2008年6月5日,丽珠集团公告,拟通过深圳证券交易所以集中竞价交易方式回购丽珠B股,在回购资金总额不超过1.6亿港元,回购价格不超过16港币/股的条件下,拟回购B股1000万股,占公司已发行B股股份和总股份的8.18%和3.27%。

2008年9月27日,公司取得国家商务部原则性同意公司回购部分B股并相应减资的相关批复。2008年11月28日,公司取得国家外汇管理局珠海市中心支局同意公司购汇不超过1.6亿港币,用于回购公司部分境内上市外资股的相关批复。

回购资金来源为公司自由资金,回购期限自回购报告书公告之日起12个月,如果在此期限内回购资金使用金额达到最高限额,则回购方案实施完毕,回购期限自该日起提前届满。本次回购完成后,总股本将由306035482股减少为296035482股。

2008年12月5日,丽珠集团首次回购的1.8万股B股占公司总股本的比例为0.0059%,购买的最高价为8.98港币/股,最低价为8.90港币/股,支付总金额为16.13万港币。

2009年9月30日,累计回购B股数量为1031.36万股,占总股本比例为3.37%,购买最高价为15.85港币/股,最低价为每股8.38港币/股。

2009年12月2日,是回购计划的最后期限。自2008年12月5日首次实施回购B股方案,丽珠集团以1.16亿港币的代价从二级市场回购1031.36万股B股,占总股本3.37%。每股回购价格居于8.38港币至15.85港币之间,平均价为11.25港币。

公司公告称:回购的目的是"增强公众投资者对公司的信心,并进一步提升公司价值,实现股东利益最大化"。回购的直接动因是因为丽珠B股股价持续下跌,已接近每股净资产,公司认为股价被严重低估。

从以上资料看,该回购计划总体是成功的。从2008年10月27日的最低价5.44港币升至2009年12月21.28港币的历史高价,一年时间,丽珠B股股价增值2.91倍。而从5.44港币至15.89港币的回购上限,丽珠B股也涨了1.92倍。

【思考】
通过丽珠集团的B股回购案例,能看出实施股份回购能够为公司带来哪些好处吗?

第一节 股份回购的含义

一、股份回购的概念

股份回购（Stock Repurchase）是上市公司利用自有现金或通过债务融资，经过一定的法律程序途径，以一定的价格购回本公司对外发行的部分股份的行为。股份回购在公司资产重组中属于公司收缩的范畴，在形式上表现为公司实收资本、资本结构和股权结构的变化，是一种通过实收资本来调整资本结构的重要手段。但实质上，股份回购还将影响公司的经营控制权和获利能力。

公司在股份回购完成后可以将所回购的股份注销，也可以将回购的股份作为库藏股保留，库藏股日后可用来发行可转换债券，或在需要资金时将其出售，还可以用做职工持股计划和股票期权计划。西方国家大多数情况下是将回购的股份当作库藏股保留。

我国2005年10月27日修订通过的《公司法》第143条规定：公司不得收购本公司股份。但是，有下列情形之一的除外：①减少公司注册资本；②与持有本公司股份的其他公司合并；③将股份奖励给本公司职工；④股东因对股东大会做出的公司合并、分立决议持异议，要求公司收购其股份的。

二、股份回购的意义

在成熟的资本市场上，股份回购作为常见的资本运营模式，具有极其重要的意义。

1. 股份回购是实施反收购、维持公司控制权的重要工具

为了维护目标公司股东的利益，公司可以采取股份回购的方式抵御恶意收购，具体效果主要表现在：

（1）向外界股东进行股份回购后，公司原大股东或管理层持股比重相应提高，控制权进一步加强。

（2）资产负债率低的公司在进行股份回购后可以适当提高公司负债率，有效利用"财务杠杆"效应增强公司未来盈利，从而提高公司股价，提高收购难度。

（3）储备大额现金的公司易受收购者的青睐和袭击，在此情况下，公司将大量现金用于股份回购，可减弱收购者的兴趣。

（4）当公司以高于收购者出价的溢价进行股份回购时，一方面提醒公司股东注意公司价值增长的潜力，另一方面也提高了收购方的收购成本。

2. 股份回购对公司的经营决策具有重要影响

（1）调整公司资本结构。股份回购作为上市公司现金股利的一种替代形式，通过减少发行在外的股票数量，增加剩余股票的每股收益率，能够提高股票市值。同时，上市公司可以用负债方式回购股份，通过增加负债，减少权益资本，并增强了公司的财务杠杆效应，从而提高每股收益，提升股票内在价值。

（2）调整公司净资产收益率。资本市场上考察公司盈利水平的主要指标是净资产收益率。上市公司的盈利能力在一定程度上受到其所处产业发展前景的影响，当公司所处产业进入衰退期，产业平均利润率较低的时候，公司若需要维持原有盈利水平来满足资本市场的期望，就可以通过股份回购来减少公司股份和股东权益，达到调整净资产收益率的效果。但是，必须清醒地看到，这种减轻公司盈利压力的方法只是暂时的，并且是一次性的，上市公司只有在迫不得已的情况下才可能运用这种手段。

（3）股份回购的市场效应。股票价格决定于股票内在价值和资本市场的供求关系，通常在宏观经济不景气时，股市进入低迷状态，持续低迷引发股票抛售，导致股价下跌、流动性减弱的恶性循环。公司在本公司股票严重低估时，应积极进行回购，一方面，收购价格传递了公司价值的信号，具有一定示范意义；另一方面，减少每股净收益的计算基数，在盈利增长或不变情况下维持或提升每股收益水平和股票价值，可以减轻经营压力。

三、股份回购的特征

1. 股份回购的主体是公司股东与公司本身

股份回购的主体是公司股东与公司本身，在股份回购关系中的一方当事人是公司，另一方当事人是股东，即股份回购是公司股东与公司本身进行的交易，是公司从股东手中买回自己股份的行为。

2. 股份回购的客体是公司发行在外的自己的股份

股份回购的客体是公司发行在外的自己的股份。哪些股份可以回购，取决于不同的法律政策。日本、中国香港、新加坡等地禁止股份回购，而英国、美国、加拿大和一些欧洲国家在附带条件下则是准许的。如美国许多州的公司认为，仅为维持目前的企业管理层对企业的控制权而取得本企业股票是违法的；但如果是为维护企业现行的经营方针而争夺控制权，而实质上是为了维护公司利益，则回购又是可以允许的。中国《公司法》第一百四十九条第一款规定："禁止公司收购本公司的股票，但为减少公司资本而注销股份或者与持有本公司股票的其他公司合并时除外。"

3. 股份回购可以是直接回购，也可以是间接回购

所谓直接回购是指公司以自己的财源并以自己的名义购回公司已发行股份。所谓间接回购，是指公司并不以自己名义而以第三人名义并由公司提供全部或部分财源，或者其他形式财务资助的股份回购行为。间接回购中的第三人通常与公司存在密切关系，如公司员工、董事、子公司或从属公司等。境外公司法对公司间接回购股份的规定较为完善，我国《公司法》对此尚无规定，有待进一步完善。

4. 股份回购是公司支付现金或其他对价而取得自己股价

公司取得自己股份可以是有偿的，也可以是无偿的，比如没收未履行出资义务股东的股份，因受赠、遗赠或股东抛弃持股而取得等。股份回购仅指公司有偿取得自己股份而不包括无偿取得。公司有偿取得股份支付的对价通常是现金，但是并不排除其他财产形式，比如实物、知识产权、到期债权、票据等。从我国实践看，上市公司股份回购支付的对价形式多种多样，如申能股份回购动用的是现金，长春高新回购支付的是债权，沪昌特钢回购支付的是资产。

5. 股份回购的后果是公司将相关股份予以注销或作为库藏股

公司回购股份的处理依回购目的而定。首先，公司可以将回购股份予以注销。公司的自身情况和外部市场都是变动的，公司应当根据市场需求和经营方针相应调整公司的资本规模。与公司股本扩张一样，适时、合理地进行股本收缩，是上市公司在不同的发展阶段和外部环境条件下所采取的一种有效的发展策略和资本重组方式。为了达到股本收缩的目的，公司可以回购一部分股份并予以注销。其次，公司可以将回购股份作为库藏股。所谓库藏股是指已经发行其后又由该公司获得但未被公司清除而保留下来的股份。公司买回股份作为库藏股目的是多样的，可能是为了提升公司股价，也可能是为了日后方便股权转换，还可能是为了投资本公司股票等。对于库藏股，各国公司法通常规定其不享有股东权利，并不具有资产属性。

四、股份回购对于资本市场的功能

一般认为，在一个成熟资本市场股份回购具有以下六种功能。

1. 通过股份回购，调整财务杠杆，优化资本结构

现代公司资本结构理论始于诺贝尔经济学奖获得者美国莫迪利安妮和米勒提出的MM理论，但是MM理论是在不考虑所得税、破产风险、资本市场效率及交易成本等因素影响下推演出的，并不切于现实，因此后人不断放松假设条件予以逐步修正，提出了资本结构平衡理论，即由于债务利息可计入公司成本，而免交所得税，所以与股权融资相比，债务成本较低，较高的资产负债比例可以为公司带来税收庇护利益，然而公司破产风险成本也随资产负债比重的升高而增大，所以在公司目标函数和收益成本的约束下，欲使公司的融资总成本最小，实现公司价值最大化，最优资本结构是边际税收庇护收益等于边际破产风险成本的平衡点。但是公司发展周期和外部环境变化决定公司必须审时度势，动态调整资本结构，与新股发行、举借外债不同，股份回购是一种股本收缩的调整方法，通过减少对外发行股份，提高资产负债率，发挥财务杠杆效应，实现公司价值最大化。

2. 通过股份回购，调节股票供应量，实现股价的价值回归

股票价格决定于股票内在价值和资本市场因素，通常在宏观经济不景气时，股市进入低迷状态，持续低迷引发股票抛售，导致股价下跌，流动性减弱的恶性循环。公司在本公司股票严重低估时，积极进行回购：一方面，收购价格传递公司价值的信号，具有一定示范意义；另一方面减少每股净收益的计算基数，在赢利增长或不变的情况下维持或提升每股收益水平和股票价值，减轻经营压力。在市场过度投机的情况下，释放先前回购形成的库藏股进行干预，增加流通股的供应量，减少投机泡沫，使股价回至正常价格，股份回购使虚拟资本价格变动更接近于实物生产过程，使虚拟经济与实物经济紧密相连，避免了股票价格的大起大落。

3. 股份回购是公司股利分配的替代手段

股东收益包括股票分红派息收入与股票转让的资本利得收入，一般来说，国家对前者课以较高的个人所得税，而对后者课以较低的资本利得税，若公司分派现金股利，则股东不得不缴纳个人所得税，而公司实行股份回购，股东拥有选择权，具有流动性偏好的股东，转让股票取得现金形态的资本利得，而继续持股的股东所持股票的每股盈余提升，使个人财富增加，并且相关的资本利得税递延到股票出售时缴纳，因此基于税收的考虑，公司常以股份回购替代现金红利的分配。

4. 股份回购是实施反收购、维持公司控制权的重要武器

为了维护目标公司股东的利益，公司通常以股份回购的方式抵御恶意收购。当公司以高于收购者出价的溢价进行股份回购，一方面提醒公司股东注意公司价值增长的潜力，另一方面也提高了收购方的收购成本，并且通过对外界股东的回购，公司大股东或管理层持股比重相应提高，控制权进一步加强。此外，储备大额现金的公司易受收购者的青睐和袭击，在此情况下，公司将大量现金用于股份回购，可减弱收购者的兴趣，这是反收购策略中的"焦土战术"。

5. 运用股份回购，执行职工持股计划和股票期权制度

信息不对称和契约的不完全性，使公司所有者与经营者之间存在目标函数的差异，即代理成本，包括经营者偏离股东财富最大化目标产生的成本以及股东对经营者的监督成本，矫正偏差仅依靠诸如公司治理结构、资本市场、产品市场和劳动力市场的竞争等外部约束远远不够，尚需要设计出一套成果分享方案，使职员和管理者的努力与公司财富增大建立相关性，职工持股计划和股票期权制度就是比较有效的内部激励机制之一。由于新股发行手续烦琐，程序复杂，成本较高，所以解决职工持股计划与股票期权制度的股票来源的较好途径就是股份回购，公司选择适当的时机从股东手里回购本公司股票作为库藏股，依程序交给职工持股会管理或直接作为股票期权奖励给公司管理人员。

6. 回购公司股份，保障中小投资者权益

现代公司实行"资本民主"原则，即一股一票，重大事项的表决适用单纯多数或绝对多数表决，因此绝对或相对控股的股东，不惜损害中小股东的权益，操纵公司，谋求自我利益最大化，少数股东的"以手投票"权利因此受限，法律为平衡双方力量往往赋予其诸如股东诉讼权等权利，但实施成本较高，而股份回购请求权则是股东"以脚投票"的权利强化，重大事项表决时，多数股东与少数股东利益发生严重冲突，少数股东可以要求与公司以公平合理价格回购股份，这样一方面减少公司经营中的摩擦与冲突，降低协调成本，另一方面充分保障了少数股东权益使之免受不公平待遇。

除上述功能外，股份回购还常常运用在公司合并及上市公司转为非上市公司的重组计划中，因此股份回购是具有多种功能的资本运作和企业经营的重要手段。

第二节 股份回购的运作

一、股份回购的操作方式

股份回购起源于20世纪70年代的美国,经过多年的发展,在发达资本市场上已经比较成熟,概括起来,股份回购操作方式主要有以下几种。

1. 公开市场回购

公开市场回购是一种使用最普遍的股份回购方式,是指公司在证券市场以等同于任何潜在投资者的地位,按照公司股票当前市场价格回购股票的行为。在美国,90%以上的股份回购采用这种方式。据不完全统计,20世纪80年代,美国公司采用公开市场回购方式所回购的股票总金额达1870亿美元。美国证券交易委员会对实施公开市场回购的时间、价格、数量等方面都要有严格的监管规则,制定这些规则的目的是为了防止价格操纵和内幕交易,尽可能减少股份回购对股票市场价格的影响。

公开市场回购的优点是能够提高公司股票的流动性,给股价以长期的支撑,若公司无法在短时间内完成回购计划的话,可以持续较长时间进行回购。其缺点是由于这种方式很容易抬高股价,若不能在短时间内完成回购行为,就会大大增加回购成本,另外交易税和交易佣金方面的成本也很高。

2. 现金要约回购

现金要约回购可分为固定价格要约回购和荷兰式拍卖回购两种。

(1) 固定价格要约回购

固定价格要约回购是指公司在特定时间内向股东发出正式的报价以购买既定数量的股票的方法。通常,其认购期为2~3个星期,正式的报价一般高于现行市场价格且固定,股东有权决定是否以固定价格卖出,而如果股东提供的股票超过了公司要约回购的股票数,则公司有权决定是否购买全部或部分的超额供给。固定价格要约回购的特点在于公司能够以既定价格在短期内回购大量股份,同时由于固定价格要约回购中要约价格通常高于市场当前价格,会对市场产生更为积极的影响。固定价格要约回购的缺点在于难以确定恰当的要约价格,而要约价格又是决定能否成功实现回购计划最关键的因素。在多数情况下,固定价格要约回购的溢价在10%~25%,平均为20%。固定价格要约回购方式主要适用于在短期内大量回购本公司股票的情况,它是防止敌意收购的一种有效手段。

(2) 荷兰式拍卖回购

荷兰式拍卖回购先由公司详细说明愿意回购的股票数量,以及愿意支付的最低与最高价格(一般最低价格稍高于现行市场价格)。此后,由股东向公司提出他们愿意出售的股票数量,以及在设定的价格范围内他们能够接受的最低出售价格。在接到股东的报价后,公司将它们按从低到高的顺序进行排列,然后决定能够实现事先设定的全部回购数量的最低价格,这个最低价格将用于支付给那些报价低于或等于该价格的股东。如果报价低于或等于该回购价格的股票数量多于公司事先设定的回购数量,公司可能按比例购买。如果股东提供的股票数量太少,公司或者取消这次回购,或者以设定的最高价格购买股东所提供的全部股票。

荷兰式拍卖回购方式与固定价格要约回购方式相比,在股份回购的价格方面给予了公司更大的财务灵活性,目前已经成为一种颇受欢迎的回购方式。

3. 私下协议批量回购

私下协议批量回购通常只作为公开市场收购方式的补充方案。私下协议批量回购的价格通常低于股票市场价格,但有时公司也会以超常溢价向存在潜在威胁的非控股股东批量回购股票。在我国,目前已实施的上市公司股份回购及"以股抵债"案例看,多数可归属于"私下协议批量回购",可以说这种方式是我国当前上市公司股份回购的主要方式,这是与以前我国上市公司 3/2 股份为非流通股的市场结构有关的,随着股权分置改革的完成,相信我国的上市公司股份回购也会逐步与国际主流接轨。这种回购方式有时能以较低的价格批量回购,操作成本较低,但这种方式有别于公开市场操作,可能会产生利益输送、区别待遇等委托代理问题。

4. 转换要约

转换要约通常作为现金要约回购的替代方案,主要目的在于减少公司的现金支出。具体操作是由公司向股东发售债券或优先股的转换要约,赋予股东一种将其所持公司股份转换为公司另一种证券的选择权。但由于债券和优先股的流动性较差,为此公司在交换时可能需要支付较高的溢价,回购成本较高。因此,现实中绝大多数股份回购都采用现金形式进行。根据我国《上市公司回购社会公众股份管理办法(试行)》第九条规定,上市公司回购股份可以采取以下方式之一进行:①证券交易所集中竞价交易方式;②要约方式;③中国证监会认可的其他方式。根据此规定,国际上目前可行的回购方式原则上在我国都可以应用。

5. 可转让出售权回购

在公司实施股份回购时,有些股东可能不愿意出让自己的股份,则可能导致回购要约到期后这些股东不能实现任何收益,同时意味着财富由未接受回购要约的股东转移到接受回购要约的股东。为解决这一问题,人们创造了可转让出售权回购方式。可转让出售权是指实施股份回购的公司赋予股东在一定期限内以特定价格向公司出售其持有股票的权利,这一权利一旦形成,就可以与所依附的股票分离,而且可在市场上自由买卖转移,既平衡了全体股东的利益,又满足了股东的不同选择。

二、股份回购的程序

根据我国《上市公司回购社会公众股份管理办法(试行)》,以及《关于上市公司以集中竞价交易方式回购股份的补充规定》,股份回购工作主要包括以下几个步骤。

1. 股份回购准备阶段

在准备阶段,首先应进行财务审计、资产评估和法律审查。为保护各方利益相关者的利益，确保公司净资产的准确性，在回购前需聘请具有证券资格的会计师事务所对公司的财务状况进行审计，聘请资产评估事务所对公司的资产进行评估。其次也要聘请财务顾问和律师事务所就股份回购事宜进行工作咨询，出具专业意见。

2. 召开董事会

召开董事会，对公司回购部分股份并注销股份、回购资金来源、回购方式、回购价格和金额、召开股东大会的方式、时间及上报主管部门批准的有关事宜做出决议。

3. 发布公告

上市公司董事会应当在做出回购股份决议后的2个工作日内，在《中国证券报》《上海证券报》《证券时报》公告董事会决议、回购股份预案，并发布召开股东大会的通知。

4. 召开股东大会并做出决议

上市公司股东大会对回购股份做出决议，须经出席会议的股东所持表决权的2/3以上通过。上市公司做出回购股份决议后，应当依法通知债权人。

5. 向中国证监会报送回购股份备案材料

上市公司回购股份备案材料应当包括以下文件：回购股份的申请；董事会决议；股东大会决议；上市公司回购报告书；独立财务顾问报告；法律意见书；上市公司最近一期经审计的财务会计报告；上市公司董事、监事、高级管理人员及参与本次回购的各中介机构关于股东大会做出回购决议前6个月买卖上市公司股份的自查报告；中国证监会规定的其他文件。

6. 实施股份回购

中国证监会自受理上市公司回购股份备案材料之日起10个工作日内未提出异议的，上市公司可以实施回购方案。采用集中竞价方式回购股份的，上市公司应当在收到中国证监会无异议函后的5个工作日内公告回购报告书；采用要约方式回购股份的，上市公司应当在收到无异议函后的2个工作日内予以公告，并在实施回购方案前公告回购报告书。上市公司在回购报告书的同时，应当一并公告法律意见书。

上市公司实施回购方案前，应当在证券登记结算机构开立由证券交易所监控的回购专用账户；该账户仅可用于回购公司股份，已回购的股份应当予以锁定，不得卖出。

上市公司应当在回购的有效期限内实施回购方案。上市公司距回购期届满3个月时仍未实施回购方案的，董事会应当就未能实施回购的原因予以公告。

7. 保护债权人权益的程序

依照我国《公司法》及相关法律、法规的规定，公司进行股份回购须通知债权人，并进行公告，以保护债权人的利益。

8. 注销股份变更工商登记

回购期届满或者回购方案已实施完毕的，公司应当停止回购行为。变更工商登记结束，股份回购便可宣告结束。

三、股份回购的账务处理

股份回购是指股份公司由于资本过剩、改变股权结构或企业发生重大亏损而需要减少资本时，按一定的程序购回发行或流通在外的本公司股份。我国的会计准则对股份回购引起的会计问题没有具体的规定，因而使得各股份公司对此处理不一。

由于股票发行价格与面值不一定相同，因而收回股票的价格也可能与发行价格不同。"股本"科目是按股票的面值登记的，收购本企业股票时，也应按面值注销股本。超出面值付出的价格，目前有四种不同的处理方法：

1. 主张依次冲减资本公积、盈余公积、未分配利润

理由是资本业务是公司的核心业务，在股份回购时，应该按照核心的项目依次冲减。同时，考虑到公司在发行股票时，溢价部分已记入资本公积账户，因此，首先冲减资本公积账户。特别是如果公司股份回购的目的不是为了注销，而是准备将来再次发行或流通，则这部分回购的股份再次发行时的溢价部分也要记入"资本公积"科目。

2. 主张全部冲减未分配利润

理由是股份回购决策是企业未来的发展战略，根据配比的原则，应该由未来的业务经营活动负担相应的成本，而不应该由当前所有的股东承担其后果。因此，主张尚未冲减的余额应全部冲减未分配利润，由那些对公司未来充满信心的股东承担股份回购的溢价部分。

3. 主张按比例冲减相关权益科目

理由是所有者权益项目重要性是一致的，性质是相同的，没有先后顺序可言，应该按同等比例冲减。

4. 赎回股份处理

主张按赎回的股份占总股东的比例冲减资本公积、盈余公积，不足部分全部冲减未分配利润。此法兼顾了配比和同股同权的原则，理由有以下三个：

（1）注销的股份与留存的股份性质一样，应该与留存的股份平等地享有公司的净资产，按照比例冲减资本公积、盈余公积。如果采用其他方法，则意味着人为地将不同的权益项目加以区分或排序。

（2）公司做出股份回购决策体现了未来的发展战略，理应由未来的业务经营活动负担相应的成本，达到经济决策与经济后果匹配的效果。因此，尚未冲减的余额应全部冲减未分配利润，由那些对公司未来充满信心的股东承担股份回购的溢价部分。

（3）股票回购决策一经做出，在现有的条件下通常会提高每股的赢利水平，并提高净资产收益率，进而提高股价，使未来的股东享有更高的市场回报。这部分超额回报与股票回购的溢价部分应该有一个配比的关系。对此影响未来的决策承担经济后果是可以理解的。

四、运用股份回购策略需要注意的问题

（1）对上市公司的股份回购，各地规定不一。日本、中国香港、新加坡等地禁止对上市公司进行股份回购，英国、美国、加拿大和一些欧洲国家在附带条件下则是准许的。中国《公司法》第一百四十九条第一款规定：禁止公司收购本公司的股票，但为减少公司资本而注销股份或者与持有本公司股票的其他公司合并时除外。针对股份回购的做法，收购方往往向证券管理部门或法院控告它违反证券交易法。

（2）股份回购与红利分发哪个更有利，主要取决于公司处于何种纳税部位。如果满足下列条件，股份回购是有利的，否则，分发红利更有利。其条件为

$$T>g(1-b)$$

其中 T 是边际所得税率，g 是资本收益税率，b 是基本所得税率。假定资产所得税率为30%，基本所得税率也为30%，那么当边际所得税率高于51%时，股份回购对股东有利。

（3）股份回购在实战中往往是作为辅助战术来实施的。如果单纯通过股份回购来达到反收购的效果，则往往会使目标公司库存股票过多，一方面不利于公司筹资，另一方面也会影响公司资金的流动性。目标公司财务状况是制约这一手段的最大因素。

（4）有些公司往往佯攻逼迫目标公司溢价回购自身股份，以此套取可观收益。其基本内容是：目标公司同意以高于市价或袭击者当初买入价的一定价格买回袭击者手持的目标公司股票，袭击者因此而获得价差收益。同时，袭击者签署承诺，保证它或它的关联公司在一定期间内不再收购目标公司，即所谓的"停止协议"。

【复习思考题】

1. 股份回购有哪些主要操作方式？
2. 股份回购有什么功能？
3. 股份回购对于上市公司具有什么意义？

案例分析

谷歌要求时代华纳回购 AOL 股票

2009年2月4日，时代华纳接到谷歌行使要求登记权（Demand Registration Right）的请求，要时代华纳回购其持有的美国在线（AOL）5%的股权或让AOL上市。

2005年谷歌与时代华纳达成协议，以10亿美元购买AOL 5%的股权，同时谷歌获得一项权利，即谷歌可以要求时代华纳让AOL单独上市或要求时代华纳以公平市价回购这些股票，该权利在2008年7月1日后方可行使。

双方当时对AOL的估价为200亿美元。谷歌在已减持了大半AOL资产价值（约7.26亿美元）之后，暗示AOL目前价值仅为55亿美元。

第九章 股份回购

　　2009年7月28日，时代华纳公司在提交给证券监管部门的文件中表示，已经从搜索引擎巨头谷歌公司手中回购5％美国在线的股票，这笔交易的总价格为2.83亿美元。

　　而时代华纳将在2009年内将美国在线的业务整体剥离，以提高公司盈利能力。按照双方此次交易的价格计算，美国在线的总估价大约为57亿美元。由于美国在线即将与时代华纳拆分，因此本次谷歌交易所显示的57亿美元整体估值，已经是美国在线的最低价格。

　　两家公司自八年前合并以来，一直未能在业务上取得预期的整合效果。相反，两家公司的业绩都在整合后受到影响。一旦时代华纳与美国在线拆分完毕，那么目前的时代华纳股东将持有新成立的美国在线的股票。而美国在线将调整业务重心，并逐步转变为一家互联网广告公司。

　　谷歌此次出售的5％美国在线股票，是该公司于2005年12月收购的。在过去五年中，谷歌与美国在线一直保持着广告合作。截至本周一美国股市收盘，时代华纳股价上涨2美分，报每股27.60美元；谷歌股价下跌1.92美元，报每股444.80美元。

资料来源：编者由新浪网、网易等信息整理

【思考】
1. 本案中的股份回购是出于什么目的？
2. 时代华纳回购AOL股票后产生什么财务效应？

第十章 资产剥离

【学习目标】
◆了解资产剥离的特点、分类;
◆理解资产剥离的动因和操作程序;
◆掌握资产剥离与公司分立的差异。

 导入案例

IBM 出售 PC 业务案例

回顾联想收购 IBM PC 业务的案例,其实也同时是 IBM 通过资产剥离实施的退出战略,具有很好的现实意义和理论意义。

2004年12月8日,IBM 与联想达成了出售其 PC 业务部的协议,包括 IBM 所有笔记本、台式电脑业务以及相关专利、IBM 深圳合资公司(不包括其 X 系列生产线),以及位于日本大和与美国罗利的研发中心;联想可以在5年内使用 IBM 品牌,而 IBM 的全球金融部和全球服务部将分别成为联想在租赁和金融服务、授权外包维护服务方面的首选供应商。根据协议,联想向 IBM 支付12.5亿美元,其中现金支付6.5亿美元,另外6亿美元则以联想集团18.9%的股票作价。同时,联想承担 IBM 的5亿美元债务,其实际交易额达到17.5亿美元。2005年5月1日,联想正式宣布完成收购 IBM 全球 PC 业务。IBM 漂亮转身为 IT 行业软件服务供应商。

而当时 IBM 为何要剥离 PC 业务?2011年1月,即将辞任 IBM 公司 CEO 的彭明盛对记者透露当时这么做的原因。因为当年 IBM 已经预见到 IT 行业将出现大的变化,如云计算,未来的重点将是服务和软件,而不是硬件。而从经营角度看,IBM 的 PC 业务受到来自戴尔等强大的价格压力,利润已经趋薄。出于精细的战略性考虑,IBM 决定在其仍赢利的时候将 PC 业务卖掉,转型到一个创新的、独特的空间发展,并从那里得到相应的报酬,而 PC 业务将无法提供这样一个空间。

对此,美国沃顿商学院操作和信息管理教授克莱门斯当时就评价指出,IBM 对联想的出售,结束了其数十年错误的决策,是蓝色巨人对竞争失败的承认。"这或许并不是坏的方案。既然 IBM 将不会再成为最低成本的制造商,那么留下来还会得到什么?"华尔街分析师也赞同克莱门斯教授的观点,"我们一直持有这样的观点,PC 业务价值链中仅有的可持续利润点属于英特尔、微软和戴尔"。

IBM 决定剥离其 PC 业务后,其选择合适购买者的标准绝不是出价最高者,而是

更多地从其全球发展战略出发。IBM 拒绝戴尔和其他私募投资公司的购买要求，而坚持将其 PC 部门出售给联想的理由有两个：第一，因为其看到了该业务部门未来的发展空间有限，尤其是在创新领域；第二，可以赢得进入前景广阔中国市场的可靠支持。

7 年来，事实证明这项交易取得了双赢的效果。IBM 将其大部分资源从制造和销售计算机转入到更多的提供与互联网相关的产品和服务上。现在，IBM 的股票市场价值达到了 2170 亿美元，已经超过陷入困境的惠普市场价值的 4 倍以上。来自包括中国在内的亚太地区的销售收入已经占比四分之一。毫无疑问，IBM 在中国得到了很好的发展。同时，在中国市场上也获得了更多提供服务和产品的机会。同时，联想已经通过各种重组和管理优化，实施新战略，加速产品开发，已经于 2011 年超越戴尔和宏基，成为仅次于惠普的全球第二大 PC 公司。联想已大踏步地迈向了国际化。

（编者整理于网络消息）

【思考】
1. IBM 为何要出售其 PC 业务？为何要出售给中国联想？
2. IBM 从此次出售中获得了哪些收益？

第一节　资产剥离概述

西方市场经济发达国家从 20 世纪 60 年代掀起了大规模的混合并购浪潮。受多元化战略的影响，这一时期的兼并与收购大多为毫无关联的企业之间的并购，结果是形成了许多无关多元化经营。但是从 20 世纪 70 年代开始，却出现了越来越多的剥离、分立、出售资产等现象。特别是 20 世纪 80 年代以后，企业的多元化战略也开始转向注重企业的核心竞争力。越来越多的企业认识到，剥离、分立、出售并非像过去人们所认为的那样，是公司经营失败的标志，而是公司发展的一项合理的战略选择。一个公司通过剥离、分立、出售那些不适合于企业长期战略、没有成长潜力或影响公司整体业务发展的子公司、部门或产品生产线，可以使自己更集中于某种经营重点，从而更具竞争力。与此同时，通过剥离、分立和出售等方式，可以使公司所拥有的资源达到更有效的配置，从而可以提高公司的资产质量和资本的市场价值。

一、资产剥离的定义

目前理论界对于资产剥离有两种不同的界定方法。一种是狭义的方法，认为资产剥离是指企业将部分资产组合出售给第三方，并取得现金、准现金或其他收入的一种资产重组交易。这里的资产剥离实际就是指资产出售（sell-off），但不包括分立。另一种是广义的方法，认为资产剥离是指部分资产组合脱离企业控制的一种资产重组交易，除了包括上述的资产出售形式外，还包括资产置换、企业分立（spin-off）、分拆上市（equity carve-out)等形式,有些观点甚至将管理层收购(MBO)及员工持股计划(ESOP)也纳入其中。

从实践的角度来看,目前我国的资本市场发育仍不完善,上市公司所进行的资产剥离主要是以资产出售为主,狭义的资产剥离更接近人们使用该词的本义。因此,本书采用狭义的资产剥离概念。资产剥离,也可以简单地理解为资产出售。出售与收购是紧密相连的,资产出售的另一面就是资产的收购。

二、资产剥离的特点

1. 资产剥离是最简捷的公司紧缩手段,不涉及公司股本的变化

通常,股本的变化要得到股东大会和债权人的同意才能进行,而且受到的法律约束比较多。剥离只是公司出售其资产的一部分,公司的经营决策层可以自主决定,可以不必征求股东大会与债权人的同意。因此,剥离操作起来比较便捷。我国有些上市公司为了年底的利润包装,也常采用资产剥离这一重要工具。

2. 资产剥离的方式比较灵活,进行剥离的内容包罗万象

资产剥离既可以向公司外的机构与个人出售,也可以向公司的管理层或员工出售,即管理层收购与员工持股计划。剥离的内容也包罗万象,既有应收账款、其他应收款、存货等流动资产,也有长期投资和固定资产;既有单项资产,又有整体资产。总之,几乎所有资产科目都可以参与剥离。

3. 资产剥离可以直接获得现金或等量证券收入,对急需现金的企业具有较强的吸引力

通过剥离出售公司部分非核心或非相关业务的方式来筹集所需的资金,对急需现金的企业具有较强的吸引力。如在杠杆收购中为了偿还收购过程中欠下的巨额债务,收购企业常出售部分被收购的资产或业务来满足对现金流的需求。

4. 资产剥离的会计处理最为简便,中外会计制度中都有简洁明确的规定

如出售的是其下属控股公司时,应根据收到的现金(或其他资产)与长期股权投资的账面价值之间的差额确认"投资收益"。如被剥离的资产是企业内部的无独立法人地位的部门或产品生产线时,则应视为资产处理,其损益计入"营业外收入"。

5. 剥离的支付方式丰富多样

支付方式除了现金方式外,还有承担债务方式和债权支付等方式。承担债务方式就是资产配负债的剥离。具体方式是将上市公司资产的一部分或其整个子公司连同它的负债一并剥离掉。差额部分买卖双方以往来款的方式解决。这种方式的特例是资产配等额负债的剥离。对购买方来说是零支付。其好处是能够迅速减轻总资产规模,减低资产负债率,而上市公司的净资产不会改变。这种方式在国有控股的上市公司中的运用极为普遍。债权支付方式一般发生在上市公司资产或股权出售的目标公司是上市公司的债权人。目标公司用债权购买上市公司剥离的资产。与此同时,上市公司用剥离出去的资产冲抵了债务。

6. 剥离中关联交易盛行

由于中国的证券交易市场正在逐步完善之中,国有股一股独大,再加上资产剥离中寻找合适的购买方和确定合适的价格很困难,交易成本很大。相比而言,与控股股东之间是易于进行的,价格和支付等条件也能得到控股股东的关照,交易成本相对较低。因此,上市公司的资产剥离有很多都是关联交易。如上海广电股份的资产剥离就因关联交易问题而使其 1997 年的年报被注册会计师出具了说明段:

"1997 年 6 月上海广电(集团)有限公司将原贵公司所属上无四厂、上无十八厂两个单位经收购破产清醒后,再将部分经剥离后的资产以资产评估后的价值计 24000 万元有偿转让给贵公司。其中含上无四厂宛平南路 88 号地块(计 35843 平方米)的土地前期开发费,价值计 6926 万元。后上海广电(集团)有限公司作为主体开发贵公司上述地块,于 1997 年 11 月双方签订协议,同意将上述地块再转让给上海广电(集团)有限公司,考虑到这块土地贵公司原已支付较多前期开发费和其他有关损失,上海广电(集团)有限公司同意按补偿费名义支付 21926 万元。该项收入在冲减贵公司账面价值 6926 万元后,11000 万元转'其他业务利润',用于补偿由于土地筹划动迁造成积压呆滞物资处理损失,其余 4000 万元转'营业外收入'。上述两项关联交易,对贵公司 1997 年的损益产生重大影响"。

三、资产剥离的原因

资产剥离的原因主要可以从战略、组织、法律、经营等方面来分析,但事实上,公司的剥离决策很少是由单个原因引起的,通常都会涉及相互关联的多个因素,因此,在做出剥离决策时,应该综合考虑这些因素。

1. 战略原因

(1) 经营战略的调整。任何一个公司都是在一个动态的环境中经营的,为了适应环境的变化,公司的经营方向和战略目标也要随之做出调整和变化。例如,有些部门或业务本身是赢利的,但是由于公司主业发生变化,经营的战略重点改变了,公司准备将更多的资源投入到新的主业中去,便仍会将盈利的业务出售。此外,一个公司也可以采用剥离的方式从一个竞争激烈的市场中退出来。如公司在一些产品市场上遇到了强大的竞争,就目前该公司的生产率水平、研发能力而言,很难在竞争中取胜,因此,该公司决定从这些市场上退出,并将这些业务部门出售给一家较大的、有较强融资能力的公司,从而避免了公司在竞争中可能造成的损失。

(2) 追求主业清晰,强化核心业务。越来越多的事实证明,过分多元化会导致企业经营管理的各种弊端,而强化核心业务则会增强自身的竞争力,为了追求主业清晰,强化核心业务,剥离与主业不相关的资产就变得非常必要。

(3) 优化资产结构,提高资产质量。公司往往会存在一些流动性差、回报率低甚至亏损的业务部门,这些不良资产很可能会对整个公司利润增长造成负面影响,如果公司不能通过改进管理、有效开拓市场等措施扭转资产状况,那么通过资产剥离至少可以使公司挽回部分投资损失,同时提高资产的存量价值,改善资产的获利能力和流动性。

(4) 提升管理效率,消除负协同效应。在公司进行收购时,可能是看中被收购企业的部分业务或资产,收购后,被收购企业的其他业务往往对收购方没有吸引力,甚至干扰公司其他业务的发展，导致管理效率下降，产生负协同效应。这时，尽快剥离掉这些不适宜的业务，对整个公司的发展来说可能是一个较好的选择。

（5）满足公司适应经营环境变化的需要。公司的环境包括技术进步、产业发展趋势、国家有关法规和税收条例的变化、经济周期的改变等。这些因素的变化，可能使公司目前的母子公司的战略安排失去效率，因此，采取资产剥离的策略，如将子公司从母公司中分立出去，创造出一个简洁而有效率的和分权化的公司组织，能使公司更快地适应经营环境的变化。

（6）激发公司管理层的经营积极性。从激励机制来看，资产剥离可以使管理人员更直接地影响到公司的绩效，使他们的利益与股东的利益保持一致，同时也会影响到管理人员的报酬，因此可以降低代理成本。比如，分立出来的公司管理人员可以通过签订协议，使其报酬的高低直接与新公司的经营效益相联系，而不是与母公司的利润相联系，从而对它们可以起到更为直接的激励作用。

2. 直接原因

（1）减轻债务负担，改善财务状况。公司负债的负担过重会导致财务状况不佳，为改善财务状况，往往将资产和负债同时剥离，以改善公司的财务状况。

（2）获得急需的现金。公司有时需要大量现金来满足主营业务扩张或者减少债务负担的需要，而通过借贷和发行股票的方式来筹资可能会面临一系列的障碍，此时通过出售公司部分非核心或非相关业务的方式来筹集所需的资金，则不失为一种有效的选择。

3. 特殊原因

（1）弥补错误的并购决策。许多公司在并购整合时面临着两个公司在组织、经营、文化等方面的差异过大，使得预期的整合和重组目标难以实现，在这种情况下，应尽快将错误的并购进行剥离，以防止更大经营风险的发生。

（2）规避管制、节约税收。如果子公司从事受管制行业的经营，而母公司从事不受管制行业的经营，那么，母公司就会常常受到管制性检查的拖累。并且如果管制机关在评级时以母公司的利润为依据，受管制子公司就会因与有赢利的母公司的关系而处于不利地位。这时采用资产剥离，让子公司独立出来，既可使从事不受管制行业经营的母公司不再受到法律规章的约束与审查，又可以使子公司得以有更多的机会提高评级水平。而在西方国家，政府有时还会根据反垄断法强制公司剥离一部分资产或业务。

（3）"买壳上市"的需要。"买壳"后，一般情况下"壳"公司的业绩都不是很好，资产质量也不是很高。当新的大股东入主该"壳"公司后，首先要做的就是清理原有不良资产，清理力度大小主要取决于买壳方的实力、业务相关度及原公司资产质量等，而清理不良资产的主要方法就是资产剥离，即向原大股东或其他机构出售不良资产。

（4）作为公司的反并购对策。并购公司实施并购的动因有时仅是为了获得目标公司的某项特定资产。如果目标公司能够清楚地意识到这一点，那么就可以通过资产出售、资产置换、企业分立等形式将这一特定资产剥离出去，从而打消并购公司的意图，即反收购中的"皇冠之珠"策略。

第二节 资产剥离的分类与程序

一、资产剥离的分类

1. 按照剥离意愿分类

按照企业意愿，资产剥离可以分为自愿性资产剥离和非自愿性资产剥离。所谓自愿性资产剥离就是企业出于自身发展需要而进行的资产剥离，经理层主动地将公司内部部分资产，如生产线、业务部门或厂房等卖给第三方。非自愿性资产剥离是指由于违背了政府的相关政策或者反垄断法而引发，在政府或法律的压力下被迫出售资产，不得不实施的资产剥离。例如，为了打破垄断，恢复市场竞争，政府要求处于垄断地位的公司出售部分业务。

2. 按剥离资产的性质分类

按照剥离资产的性质，资产剥离可以分为物质资产剥离和股权剥离两类。物质资产剥离是指企业将直接控制的资产剥离，如剥离公司所属的分公司、部门或产品生产线等。被剥离的资产包括固定资产、无形资产、债权、存货等。股权剥离是指公司将企业间接控制的资产剥离，也就是剥离公司所属的子公司。被剥离的资产是企业对子公司的股权或所有权。

3. 按资产剥离的实现方式分类

按照资产剥离的实现方式，资产剥离可以分为纯资产剥离和资产配负债剥离两类。纯资产剥离是指企业只将拥有的部分资产剥离，并购方以现金、准现金、产品或劳务支付。资产配负债剥离是指企业将部分资产和负债一同剥离，差额部分由并购方以现金和准现金资产支付。资产配负债剥离的实质是并购方以承担债务的支付方式购买资产，因为并购方承担多少债务，就少支付多少现金或准现金。资产配负债剥离必须得到债权人的许可，因为它涉及债权人的利益。

4. 按资产收购者分类

按照收购者区分，资企业剥离可以分为第三方收购、管理者收购和雇员持股计划三类。

（1）第三方收购就是按照资产剥离协议，将企业的一部分出售给本企业控制之外的其他企业。如果将资产转让给本公司控股的子公司，就不是真正的资产剥离，因为公司对被剥离资产仍有间接控制权，这些资产仍未脱离本企业的控制范围。

（2）管理者收购是指将企业的一部分出售给管理者或管理者团队。通常管理者收购也被称为杠杆收购，因为收购的大部分资金来源于各种贷款和债券。为了获取所需的贷款，管理者通常要与收购专家、投资银行家或商业银行家合作。管理者首先出资成立一家新公司，然后向银行或财务公司借入收购贷款（以收购的资产担保），用于购买公司剥离的资产，最后管理者通过出售部分资产取得的收入以及经营获得的收入偿还贷款，并取得全部股权。

（3）雇员持股计划是指将企业的一部分出售给以本企业雇员为受益人的雇员持股计划。股份分配到雇员的账户中，随着时间的推移，股份最终会由雇员所拥有。雇员持股计划最初是一种雇员福利养老金计划，后来被大量用于收购、接管等重组活动。

二、资产剥离的操作程序

1. 选择操作人员

（1）对于大中型的企业和公司，一般都设有财务部、计划部或是从事资产剥离工作的部门。由他们从事经营性资产剥离工作不仅可以节约成本，而且可以保护企业的商业秘密。

（2）对于中小型企业或公司而言，可以采取聘请、委托外部专业机构或人员来进行操作的方式。这些专业机构包括投资银行、专业的并购与剥离顾问公司、经纪公司、会计师事务所、律师事务所、管理顾问公司等。

2. 制作资产剥离备忘录

备忘录的内容包括：企业资产剥离的原因，企业的历史背景，企业目前的状况，企业的未来发展潜力，企业产品生产线状况，企业的服务能力，企业的人员状况、固定资产状况、房地产、企业的综合财务状况等。企业的财务状况应包括：3～5年的利润表、现金流预测、短期财务状况预测等。

3. 确定最终的购买者

可以由选择的操作人员拟定一份可能的购买者名单，通过拍卖或个别谈判的方式出售资产。如果选择个别谈判方式，应当在能够控制的基础上同时与数个有购买意向的公司或企业接触，在初步确定购买者后，应当尽快就实质问题展开谈判。

拍卖也是确定最终购买者的一种有效手段。与个别谈判方式相比，拍卖一般具有较高的效率，能够在短期的时间内把最大数量的、可能的购买者吸引过来，因此出售成本较低，且不易受到外界的干扰。并且出售方能够控制出售的进程和市场竞争中的反应，从而消除了个别谈判方式中可能造成的时间延误。但是，拍卖也有一些不利因素：不利于保护知识产权和商业秘密，引起员工的不安，引起竞争性反应，引起市场的不利反应，影响消费者对该企业的信心。

4. 在过渡时期帮助对方

在资产、部门或子公司向买方转移的过渡过程中，买方通常需要卖方的帮助。需要帮助的方面包括管理、财务、制度或者公司的其他活动，如总的经营管理。有时候买卖双方可能会派出专家一道工作，使交易在每一个领域都能有序地进行。

5. 处理剥离后的遗留问题

剥离一个正在经营的企业，通常会在剥离完成后一个相当长的时期内产生许多遗留问题。出售之日要转移责任，就要对部门进行彻底切割。这会使许多有问题的交易浮出水面，尤其是应收、应付账款方面。不论剥离后的形式是出售股票还是出售资产，都会产生这些问题。这些应收、应付账款有可能引起卖方、买方、客户三方之间的争端,对此要加以妥善解决。

【复习思考题】

1. 企业为什么要进行资产剥离?请分析原因。
2. 资产剥离有几种形式?各自有什么特点?
3. 简述资产剥离的操作程序。

案例分析

中国远洋资产剥离 改善短期绩效

中国远洋(601919),即中国远洋控股股份有限公司,于2007年在上海证券交易所上市,公司控股股东为中国远洋运输(集团)总公司,是全球第二大综合性航运企业,实际控制人为国务院国有资产监督管理委员会。中国远洋自上市以来始终奉行增长型战略,在发展过程中对航运价值链不断整合,航运、物流、码头、货代、租箱等公司之间密切的业务往来,形成打造完整主业产业链的关键环节。

由于行业周期、企业战略决策失误等各方面原因,中国远洋在2011年、2012年分别亏损104.5亿元、95亿元。根据证监会的相关规定,因为公司连续两年亏损,2013年3月起实行"退市风险警示"特别处理,股票简称变为"*ST远洋"。如果连续三年亏损,其股票交易将被暂停上市。为了避免被暂停上市,在2013年公司就存在竭力调高利润的动机,从最大程度上避免公司继续亏损,使企业扭亏为盈。特别是在我国特殊的制度背景下,退市成本十分昂贵,一旦退市,对股东或者上市公司都是莫大的损失。因此,当中国远洋被特别处理而航运业整体复苏情况并不明朗的时候,在依靠主业扭亏困难的情况下,实施战术性资产剥离是保住其上市资格,实现自我救赎的必然选择。

中国远洋在2013年与其关联方之间总共进行了三次资产剥离交易,前后两次剥离发生的时间间隔很短。剥离出的资产包括纵向资产和混合资产,其中3月28日和5月21日剥离的中远物流和中集集团股权是公司航运价值链上的重要环节,属于与主营业务相关的纵向资产;8月30日剥离出的青岛远洋和上海天宏力公司的主要收益源自对地产项目的管理,主要资产是分别位于青岛CBD的远洋大厦和上海市虹口区东大名路378号上海远洋大厦的房地产,因此属于与主营业务无关的混合资产。

2013年年报显示,中国远洋2013年实现了2.35亿元的微利,其中包含约84.75亿元的剥离收益。可见,如果公司没有这几项资产剥离交易,那么其利润仍处于亏损状态。资产剥离收益通过"投资收益"科目直接计入利润表中,中国远洋通过处置中国远洋物流有限公司100%股权、中远集装箱工业有限公司100%股权、青岛远洋资产管理有限公司81%股权和上海天宏力资产管理有限公司81%股权分别获得18.46亿元、29.39亿元、36.9亿元的投资收益,共计高达84.75亿元的剥离收益。然而假设中国远洋未出售这几项资产,按2012年贡献利润测算剥离资产在2013年实现的收入,2013

这三项资产将为公司带来总计约 22.91 亿元（18.95＋3.91＋0.05）的净利润。如果剔除资产剥离带来的投资收益的影响，假设中国远洋未剥离这几项资产，截至出售日已计入利润表的 3.46 亿元（2.35＋1.3－0.19），那么 2013 年实现的净利润应为－62.95 亿元（2.35－84.75＋22.91－3.46），距离公司实现盈利的目标相差甚远。

由此可见，中国远洋的资产剥离并不是基于长远价值创造的战略型资产剥离，而是基于改善短期绩效的战术性资产剥离。一方面，资产剥离避免了公司由于特别处理而退市的风险，保护和巩固了在资本市场融资这一渠道。另一方面，剥离收益确保了公司在 2013 年扭亏为盈，大大改善了公司的财务绩效。

案例来源：魏妍昕，戴娟萍，"中国远洋战术性资产剥离及其价值效应"，《财会月刊》2014 年第 19 期

【思考】

中国远洋为何要进行资产剥离？这样的处理属于哪一类资产剥离？是否达到了预期目的？

第十一章 公司分立、分拆上市

【学习目标】
◆了解公司分立、分拆上市的分类；
◆理解公司分立、分拆上市的动因；
◆掌握公司分立和分拆上市各自的特点及法律后果，并掌握资产剥离与公司分立、公司分立与分拆上市的异同点。

导入案例

东北高速：分立为两家上市公司

2010年1月13日，东北高速正式公布了分立方案。根据方案，东北高速将分立为两家股份有限公司，即龙江交通和吉林高速。龙江交通和吉林高速将依法承继原东北高速的资产、负债、权益、业务和人员，原东北高速在分立完成后依法注销。龙江交通和吉林高速的股票经核准后上市。按照分立预案，龙高集团将其持有的吉林高速的股份与吉高集团持有的龙江交通的股份互相无偿划转，股权划转是本次分立上市的一部分，将在分立后公司股票上市前完成。

此次分立上市的审计基准日为2009年6月30日。资产划分也基本基于东北高速的负债、资产按其历史形成原因进行划分，不能确定归属的负债和资产，原则上施行平均分配。此次的资产分配方案遵循属地原则，黑龙江省境内的进入龙江交通；吉林省境内的进入吉林高速。而非主业资产主要是股权投资，分配方案略。

截至2009年上半年，东北高速母公司报表上有货币资金5.56亿元。分立后，龙江交通保留4.91亿元货币资金；吉林高速保留6500万元的货币资金。对于债务的处理，主要按照历史形成原因划分，不能确定归属的平均分配。而应付职工薪酬和税费由吉林高速承担。分立后的两家公司股本与东北高速相同，均为12.132亿股。扣除股本后，分立后两家公司权益的其余部分转入资本公积。

吉林高速（601518）和龙江交通（601188）A股股本均为12.13亿股，其中各有6.16亿股于3月19日起上市交易。吉林高速和龙江交通刊发的《分立上市公告书》显示，截至2009年12月31日，吉林高速备考每股净资产为1.22元，2009年度备考每股收益为0.104元。龙江交通备考每股净资产为1.90元，2009年度备考每股收益为0.09元。

两家公司大股东龙高集团和吉高集团分别承诺，为增强分立后公司的持续盈利能力，在分立上市事项完成后，将积极支持上市公司的持续发展，在两年内选择适当时机依法、合规地将其拥有的高速公路等优质资产注入上市公司。至此，东北高速的分立工作宣告完成。

东北高速本次分立是上市公司进行分立的首次试点，也是上市公司利用资本市场进行并购重组的一种创新形式。东北高速是在特定历史时期按照当时"限报家数"的证券发行管理体制，将黑龙江、吉林两省高速公司捆绑上市形成的产物。公司上市后未能完成经营机制转换工作，仍然维持地方行政管理体制，导致股东之间产生的矛盾和对立，形成了公司治理长期不健全的状态，造成了风险和不稳定因素，这在我国上市公司中属极个别案例。东北高速进行分立试点，是采用国际通行和我国法律许可的金融工具，以市场化方式解决历史遗留问题。

据介绍，现阶段我国上市公司分立尚处于试点阶段，证监会结合本次东北高速分立试点案例，总结经验，依据现行法律法规研究制定《上市公司分立试行办法》，严格上市公司分立标准和条件，在条件成熟时，依法合规，谨慎推开试点工作。

案例来源：《东北高速分立上市报告书（摘要）》《吉林高速、龙江交通分立上市公告书（摘要）》，载于《上海证券报》

【思考】东北高速的分立属于哪种方式？为什么要进行此次分立？

第一节 公司分立

一、公司分立的含义

公司分立是指一个公司依照公司法有关规定，不经过清算程序，通过股东大会决议分离为两个或两个以上公司的经济行为。公司分立是母公司在子公司中所拥有的股份按比例分配给母公司的股东，形成与母公司股东相同的新公司，从而在法律上和组织上将子公司从母公司中分立出来。按照分立后原企业是否存续的不同，企业分立可以分为两种方式：新设分立和派生分立。

1. 新设分立

新设分立，又称解散分立，指一个公司将其全部财产分割，解散原公司，并分别归入两个或两个以上新公司中的行为。在新设分立中，原公司的财产按照各个新成立的公司的性质、宗旨、业务范围进行重新分配组合。同时原公司解散，债权、债务由新设立的公司承受。新设分立，是以原有公司的法人资格消灭为前提，成立新公司。

新设分立一般采用企业整体改组模式，一般适用于那些"大而全，小而全"的企业，即非生产经营系统数量较多，而且赢利水平较低，甚至亏损的企业。这种模式有利于建立高效的企业运作机制，提高企业的竞争能力，不足之处是需要许多政策上的配套。

2. 派生分立

派生分立，又称存续分立，是指一个公司将一部分财产或营业依法分出，成立两个或两个以上公司的行为。在存续分立中，原公司继续存在，原公司的债权债务可由原公司与新公司分别承担，也可按协议由原公司独立承担。新公司取得法人资格，原公司也继续保留法人资格。

派生分立可采用整体改组和部分改组两种模式。采用整体改组，即从原企业中拿出生产经营性资产进行股份制改组，其余非生产性资产作为全资子公司隶属于改组的控股公司。这一类型适用于企业集团、非生产经营系统数量多而赢利水平低的企业级地方性大企业。采用部分改组，是指企业以一定的比例资产或业务进行改组，设立一个法人实体。这种模式主要适用于集团企业中的生产性企业界限较为清楚的。

二、公司分立的法律特征及法律后果

1. 公司分立的法律特征

从其法律内涵上讲，公司分立主要包括以下四个法律特征。

第一，从行为性质考察，公司分立为公司法上的组织变更行为，与单纯的交易法律行为不同。分立除涉及转移营业部门财产的物权与债权行为外，还可能涉及组织设立行为。此外分立的实行，还会发生财产承受与股东地位取得的效果，带有浓厚的组织法色彩。

第二，从主体角度考察，公司分立的结果可能会使一个公司分立为两个或多个具有独立法律资格的公司，因而，属于一种资格变动行为，常伴随着新公司的资格产生和旧公司资格的消灭。

第三，从客体角度考察，公司分立是一家公司将其营业财产的全部或一部分作为出资，而由其他公司取得的企业组织行为。公司分立的对象是营业财产的一部分或全部，即"公司为特定的营业目的而拥有的组织性或功能性整体财产，包括营业用的物或权利，及具有经济价值的所有资源或事实关系"。对于公司分立的客体，各国立法的规定并不一致，而对分立客体内涵的认识则关系到对分立法律含义的认识和与相关概念的区别，是个重要的问题。依据《欧盟公司法指令》，公司分立的客体是资产和负债。依据《德国公司改组法》的规定，可知德国法中的公司分立客体是作为整体的各个部分财产。依据《日本公司法》的规定，其分立客体为全部或部分营业财产。

第四，从分立的法律效果来考察，公司分立会带来三个方面的法律后果：发生公司组织变更的法律效果，发生股东地位取得的法律效果，发生营业及财产的移转和债权债务承担的法律效果。

2. 公司分立的法律后果

第一，公司主体的变化，涉及公司的解散、变更和新设。在新设分立形式中，原公司解散，新公司设立。在派生分立形式中，原公司存续，但主体因股东、注册资本等发生变化而必须进行变更，新公司设立。

第二，股东身份及持股额的变化。由于公司的"一分为二"或"一分为多"，股东的身份也可能随之发生变化，即由原公司的股东变成了新公司的股东。就留在原公司的股东而言，虽然股东身份没有变化，但在原公司的持股份额却可能发生变化。由于公司分立一般要导致原公司规模的缩小，因此，随着股东和公司注册资本的减少，剩余股东对公司持股份额必然会有所增加。

第三，债权债务的变化。随着公司的分立，原公司承受的债权债务也将因分割而变化成为两个或两个以上公司的债权债务。

三、资产剥离与分立的比较

资产剥离与分立的比较如表 11-1 所示。

表 11-1　资产剥离与分立的比较

	资产剥离	分立
与原公司的关系	母公司收到现金或与之相当的报酬	只是进行股权转移或交换，没有现金流入母公司
是否产生新的独立企业	购买者是已经存在的企业	创造出一个新的法律实体
与股东的关系		向现有股东支付股息
是否进行资产重估	进行资产评估	一般不进行资产评估

四、公司分立的动因

1. 实施管理激励

从激励机制来分析，公司分立能够更好地把管理人员与股东的利益结合起来，因此可以降低代理成本。特别是当子公司的情况与母公司很不一致的时候，比如母公司处于成熟产业而子公司处于高速成长产业，或者母公司处于非管制产业而子公司处于受管制产业，激励问题便会显得更加突出。公司分立后，管理人员能够更好地集中于子公司相对较少的业务。就直接报酬而言，分立出来的公司管理人员可以通过签订协议，使其报酬的高低直接与该业务单位的股票价格相联系，而不是与母公司的股票价格相联系，从而对他们可以起到激励作用。诸如股票期权等报酬协议能够对他们产生更大的激励作用。就间接利益而言，他们比在一个较大公司的一个部门工作时有了更大的自主权和责任感，也因此可以得到更高的经济收入。

2. 提高管理效率

业务范围大且广，部门多且杂，是企业走多元化道路的普遍结果。即使是最优秀的管理队伍，随着他们所控制的资产规模和范围的增大，也会达到收益随之递减的临界点。当管理的边际成本超过其边际收益时，对于企业来说不仅无规模效益可言，还会导致企业价值下降。这往往是由于在庞大的企业当中并非所有的业务都具有紧密的相关性，有的甚至根本无相关性可言，这使企业管理难度陡增。对于规模过大、机构臃肿、管理线很长的公司来说，分立不失为一个好方法。一个公司拆分为一个或多个公司，责任分化，有利于管理行为简单化，有利于精简公司的机构；同时，原来的一个经营者也变为两个或多个经营者，有利于管理幅度的缩小，管理专业化的提高，从而提高经营管理的效率。

3. 解决内部纠纷

公司分立不仅可以应用于大型公司，即使是在规模较小的公司也可得到有效的应用。当股东准备结束共同经营而各自经营的时候，当股东之间发生对公司经营权行使纠纷的时候，就可以通过公司分立而得到数个公司。因为小规模公司很难界定市场价格，所以对经营权存在分歧的股东很难继续留在同一个公司。此时作为解决公司内部纷争的手段，公司分立就非常有效。

4. 反收购的防御手段

当企业的多元经营超过最佳水平时，其市场价值便可能会被严重低估，并容易引起投资集团的收购兴趣。收购方把企业收购后，再进行资产出售、分立或股权割售，可以使企业的整体市场价值得到较大提高，从而为收购方带来巨大利益。这迫使实施多元化经营战略的企业进行反收购防御时，自己采取公司分立手段，在收购方采取行动之前就把力量回缩到主业从而提高自身价值。另外，当一个公司的下属子公司被收购方看中，收购方要收购整个企业时，母公司通过把该子公司分立出去，也可以减轻收购方的收购意愿，从而避免被整体收购。

5. 追求税收优惠

在某些分立中，可以获得税收方面的好处。为及时地获取税收优惠而进行分立可以称为一个重要的战略计划手段。在西方，公司分立与资产剥离等紧缩方式相比有一个明显的优点就是税收优惠。公司分立对公司和股东都是免税的，而资产剥离则可能带来巨大的税收负担。公司在资产剥离中得到的任何收益都要纳税，如果这笔钱再以股利的形式发给股东，那么还要继续纳税。

6. 避免反垄断诉讼

在西方国家，也有不少企业的分立是被迫的市场竞争，许多国家都制定有反托拉斯法律。当企业规模达到一定程度、销售额占同行业的比例太大时，就有可能因涉嫌垄断而遭到公众的忌恨，甚至被告上法庭。企业通过分立可以避免反垄断诉讼。

五、公司分立的程序

公司分立属于公司的重大行为，必须要遵循一定的程序。

（1）董事会拟订分立方案。当企业董事会初步达成企业分立的意向后，即应着手提出、起草分立草案，以便供企业股东大会讨论。

（2）股东大会做出分立决议。我国《公司法》明确规定：公司分立方案由董事会拟订并提交股东大会讨论决定，有限责任公司在公司做出分立决定，须经代表2/3以上的表决权的股东通过；股份有限公司股东大会做出分立决议，必须经出席会议的股东所持表决权的2/3以上通过。

（3）由分立各方，即原公司股东就分立的有关具体事项订立协议，并签订分立合同。分立合同应采取书面形式，一般包括以下内容：①分立后原公司是否存在；②存续公司或新设公司的名称与住所；③企业的财产如何分割；④原企业债权、债务的处理方法；⑤分立后各方的公司章程内容；⑥分立时需要载明的其他事项，如企业职工的安置问题等。

（4）依法办理有关审批手续。股份有限公司分立，必须经国务院授权的部门或者省级人民政府批准。

（5）编制资产负债表及财务清单。企业分立时，应将分立后各方拥有的资产、负债和所有者权益记载于资产负债表中，并将各方分地的全部动产、不动产、债权、债务以及其他财产一一列入财务目录，编制财产清单。财产清单要准确、清楚并保存好。

（6）处理债权、债务等各项分立事宜。各项分立事宜包括由原公司编制资产负债表和财产清单，并自股东大会做出分立决议之日起10日内通知债权人，并于30日内在报纸上至少公告3次。债权人自接到通知书之日起30日内，未接到通知书的自第一次公告起90日内，有权要求公司清偿债务或者提供相应的担保。不清偿债务或者不提供相应的担保的，公司不得分立。

（7）依法办理变更登记手续。因分立而存续的公司，其登记事项发生变化的，应当申请变更登记；因分立而解散的公司，应当申请注销登记；因分立而新设立的公司，应当申请设立登记。公司应当自分立决议或者决定做出之日起90日后申请登记。

六、公司分立的重大财务事项

公司分立无论出于什么目的，其最终都是为了企业的经济利益。因此，公司分立便涉及一些重大的财务处理。

1. 财务可行性分析

公司分立作为一种资本运营方式，是企业追求资本价值最大化的一条途径，公司分立后只有创造比分立前更多的利润，分立才具有经济上的可行性。对于谋求更大的经济利益而进行公司分立的企业，在进行可行性研究时，应侧重于收益预测。具体可采用NPV法，将分立后的各企业未来若干年净收益的预测值按某一折现率进行折现，求出其合计数，再与企业在非分立状态时未来若干年净收益预测值的折现值之和相比较，若前者大于后者，分立是可行的，否则分立不可行。

2. 所有者权益的处理

企业分离后，资产的分解会引起所有者权益的变化。如果是新设分立，企业的原所有者权益因原企业的分立而需在新设企业中体现，每一个新设企业应根据其净资产额、原企业股东的股权比例向其所有者提供出资证明或股权证、股票等。如果是派生分立，老企业因部分资产分离出去而减少注册资本的，应向所有者出具变更后的出资证明或股权证、股票等，新成立企业要按照其净资产、股东股权比例向所有者出具出资证明或股权证、股票等。

3. 资产的分割和评估

采用新设分立方式，被解散企业的资产要在新设企业中分割，新设企业间要签署协议，对资产分割情况做出明确规定。采用派生分立方式，老企业要将企业的一部分分割给新企业，新老企业也要对资产分割情况签署协议。公司分立设计资产的分割和变动，为明确所有者权益，对变动的资产应严格地进行资产评估工作。

4. 债务的承担与偿还

公司分立前的债务是分立时必须要慎重处理的问题，除非取得债权人的同意，否则在还清债务前期也不得分立。新设分立的，被解散企业的债务要分配给各新设企业负担，由新设企业按原定还债日期或同债权人达成的常在协议还本付息。派生分立的，老企业的债务可以由老企业独自承担，也可以由老企业分出一部分由新企业偿还。无论哪一种分立方式，有关各方在签署分立协议时，均须将债务分配情况在协议中明确载明并通知债权人。

第二节 分拆上市

一、企业分拆上市的含义

分拆上市是指一家被母公司全资所有的分部或子公司从母公司中独立出去，且通过首次公开发售（IPO）将子公司的部分股票出售给广大投资者。按照分拆的母子公司是否属于同一行业，分拆上市分为同行业分拆和跨行业分拆。在美国，由于税法规定若母公司对分拆出去的子公司拥有80%的股权将享受税收优惠，所以母公司出于税收考虑，一般将子公司的少于20%的股份进行公开发售，即分拆上市后，母公司通常拥有对子公司的绝对控股权。

分拆上市的概念有广义和狭义之分，广义的分拆上市是指已上市公司或未上市的集团公司将部分业务或某个全资子公司从母公司独立出来单独上市；狭义的分拆是指已上市的公司将其部分业务或全资子公司独立出来，另行公开招股上市。本部分我们主要讲述的是狭义的企业分拆上市的内容。

分拆上市的概念与分立的概念较相似，两者通过分拆都产生了独立的法律实体，但这两种方式还是存在着明显的区别，如表11-2所示。

表11-2 公司分立与分拆上市的异同点

分立	分拆上市
股票作为股利按比例分配给母公司股东（一种对股东的非现金支付形式）	子公司的股票在公开市场上出售，母公司得到现金
母公司不再对子公司拥有控制权	母公司一般只售出其在子公司权益的一小部分，仍保留了对子公司资产和经营的控制权
公司分立没有使子公司获得新的资金	子公司可以获得新的资金流入

①在公司分立中，子公司的股份是作为一种股票股利的形式按比例分配给原公司的股东，没有资金的流入。而在分拆上市中，新公司的股票要进行公开市场发售，因此，使子公司获得新的资金。

②在公司分立中，原公司对于分立出去的部分不再拥有控制权，只是原公司的股东控制新公司。而在分拆上市中，一般情况下，母公司都会保留对分拆部分的控制权，只将少

数的股权公开出售。

③在公司分立中，子公司没有获得新的资金流入，而在分拆上市后，其子公司可以获得新的资金流入。

二、分拆上市的分类

从企业分拆的类型来看，基本上可以分为横向分拆、纵向分拆和混合分拆三种类型。

1. 横向分拆

横向分拆是指对母公司的股权进行分离与分立，分拆出与母公司从事同一业务的子公司，由此实现子公司的首次公开发行。

2. 纵向分拆

纵向分拆是指由于母公司从事的业务涉及某一行业产业链中的不同环节。例如，石油行业有开采、生产、提炼和向最终消费者推销等业务链，将母公司的股权进行分离与分立，分拆出与母公司从事同一行业、但处于产业链中不同业务环节的子公司，把子公司分拆出去并进行公开发售股份上市。

3. 混合分拆

混合分拆是指母公司属于业务经营多元化的企业，其业务范围涉及完全不同的行业或业务类型，使得母公司控制的资产差异性很大，增大了企业经营管理的难度，不利于促进资源的合理有效配置。因此，将母公司的业务结构中涉及与其核心业务关联度较弱的某一行业或是某一类型的业务分离与分立出去，重新组建一家可以实施公开发售计划的公司，以便母公司和子公司可以更好地集中资源优势，做大和做强其核心业务，从而提高核心业务的竞争力。

三、分拆上市对母子公司的利弊分析

1. 分拆上市对母子公司的有利影响

第一，分拆上市后，如果子公司的上市价格理想，母公司可获得可观的资本溢价，经营业绩将大幅增长，从而推动股价的上涨。按照现行的投资准则，上市公司投资所获得的股权投资差额的收益摊销期可超过10年。这样，只要子公司的上市价格理想，母公司不仅能大幅提升业绩，而且还可保持一定的稳定性。

第二，分拆上市可以开辟新的筹资渠道，拓展融资空间和资产经营的运作空间。对于已经上市的公司而言，业绩欠佳将失去配股资格，而分拆上市具有"一种资产，两次使用"的特性，因而上市公司将其作为再融资的工具。通过分拆，子公司可以从外部筹集资本，资本来源将不再仅限于母公司这一渠道，拥有更独立的筹资与投资权利；通过分拆，使母公司与子公司在资产的转让、注入及融资活动更为灵活，母公司可通过控股的形式继续保持对子公司的控制权，但子公司的投资风险将由广大投资者共同承担。

第三，分拆上市有利于消除企业盲目扩张所带来的负协同效应，使公司更好地发展核心业务，实现业务的专业化管理，增强市场竞争力。目前上市公司普遍存在资本扩张的内在冲动，企业管理者常常自信能在不熟悉的行业创造奇迹，但事实往往并非如此。管理效率假说也表明，当规模扩张和多元化经营发展到一定程度时，将会出现一个报酬递减的临界点，这时就会产生一定的负协同效应。即当企业有限的财力、人力、物力和其他资源不足以满足多元化发展的需要时，有限的资源被过度摊薄，将使企业的所有业务得不到充分发展。通过分拆，将一些非主营或本身不太熟悉的业务剥离出去，适当缩小企业的经营规模，对于突出主业，消除负协同效应，改善财务状况，增强企业的竞争力都大有好处。

第四，通过分拆，可以完善上市公司的治理结构，更好地解决股东与管理者之间的委托代理问题。股东与管理者之间追求的目标不一致，常常导致两者之间的代理成本较高，股权激励在解决管理人员的代理成本问题时是比较成功的，但对于分支机构的经理，由于股权激励措施是建立在整个企业价值之上的，而与处于分支机构内的经理的决策或业绩关系不是很密切，所以不能很好地激励分支机构的经理，导致资源的浪费与效率的低下。通过分拆上市，分支机构的经理可以成为公司的股东，自己的报酬与公司的业绩更紧密地联系在一起，且他将直接面对市场，接受市场的评估，更能够激发分支机构经理的创造性和主观能动性，减少股东与管理者之间的代理成本。

2. 分拆上市对母子公司的不利影响

第一，分拆上市必然导致一定程度的股权稀释，这些原本被母公司完全控制的业务单位在分拆成为公众公司后将导致控制权的分散，加大了其被收购的可能性。

第二，分拆上市作为一种特殊的资产重组方式，使公司的股权结构和组织架构更复杂，而且分拆后，母公司通常拥有子公司的控制权，容易导致母子公司现金流的不平衡。

第三，分拆出去的子公司由于受到股东和证监会的直接压力，信息披露将会非常细致和严格，导致信息披露成本的加大。

第四，母公司若将分拆上市视为"圈钱"的工具，一味地追求上市融资，而纷纷将赢利能力较强的资产分立出去，则会降低母公司的资产营运质量和运作效率。

四、分拆上市条件

（1）主板公司分拆子公司上市创业板，需要满足6个条件：
①上市公司公开募集资金未投向发行人业务；
②上市公司最近三年盈利，业务经营正常；
③上市公司与发行人不存在同业竞争且出具未来不竞争承诺，上市公司及发行人的股东或实际控制人与发行人之间不存在严重关联交易；
④发行人净利润占上市公司净利润不超过50%；
⑤发行人净资产占上市公司净资产不超过30%；
⑥上市公司及下属企业董事、监事、高管及亲属持有发行人发行前股份不超过10%。

（2）要满足创业板上市规则：最近两年连续盈利，最近两年净利润累计不少于1000万元，且持续增长；或者最近一年盈利，且净利润不少于500万元，最近一年营业收入不少于5000万元，最近两年营业收入增长率均不低于30%。

（3）要满足战略型新兴产业政策的要求：新能源、新材料、生命科学、生物医药、信息网络、海洋空间开发、地质勘探、节能环保技术等领域。

五、分拆上市的程序

分拆上市与普通公司上市的程序没有本质的区别,只不过分拆的如果是一部分业务的话,须先行成立一家公司。这方面内容与企业上市相似,请参阅前面内容。值得一提的是,我国目前分拆上市的公司往往是一些资本额不大,但业务中高科技含量比较多的、适于创业板上市的公司。因此要特别注意创业板市场上市程序的有关规定。

【复习思考题】
1. 为何要进行公司分立?公司分立分为哪几种形式?
2. 从法律内涵上分析公司分立的特征及法律后果。
3. 请分析资产剥离与分立的异同点。
4. 分拆上市与分立有何异同点?
5. 分拆上市有哪几种分类?
6. 简要分析分拆上市的利弊。

案例分析

同仁堂A股分拆上市

1. 案例简要介绍

北京同仁堂是中药行业闻名遐迩的老字号。北京同仁堂科技发展股份有限公司(以下简称同仁堂科技)成立于2000年3月,是由北京同仁堂股份有限公司(以下简称同仁堂)将其所属的同仁堂制药二厂、同仁堂中药提炼厂、进出口分公司和研发中心四部分进行投资,联合中国北京同仁堂(集团)公司和六位自然人(即赵丙贤、殷顺海、田大方、王兆奇、梅群、田瑞华)共同发起设立的股份有限公司。2000年10月31日,同仁堂科技在中国香港联交所创业板挂牌上市交易。

同仁堂科技设立时,发起人认购的同仁堂科技的全部股份为11000万股,公开发行(H股)前,同仁堂A股持有同仁堂科技90.9%的股份,公开发行后同仁堂A股持有同仁堂科技54.7%的股份。此案例为国内上市公司将其资产分拆并在中国香港地区上市的首案(再融资案),形成了被日后业内人士所津津乐道的"同仁堂模式"。

2. 背景分析

同仁堂分拆上市是中国资本市场寻找新的融资渠道的探索,不管是从国际国内市场还是从同仁堂本身的发展来看,都是有很深的原因的。

近年来,海外上市是许多企业的梦想和追逐的目标。而对于有331年历史的中药第一品牌同仁堂来说,更有其独特的优势和意义。

在海外许多地区,同仁堂就是中药,中药就是同仁堂。同仁堂几乎成了信誉和质量的代名词。在海外,同仁堂也是一块颇受人们(包括医药监管当局)尊崇的金字招牌。

仅凭这三个字，同仁堂在海外就拥有了多家大型药店的股份。从同仁堂自身来讲，同仁堂有世界级的品牌和成为世界级企业的实力，但却不具备世界级企业的规模和现实资质。即使按照中国的标准来看，迄今仍然不过是一家中型企业而已。如果不换一种思路，同仁堂无疑仍将继续维持目前这种稳健的增长势头，不过即使是在国内市场恐怕也难以突破。

而由于中医药独特的机理和西方的科学理论完全是两套不同的解释系统，难以用符合"国际规范"的"科学标准"来进行定量地阐述，也就一直得不到将信将疑的西方主流社会的认同和接纳。据统计，全球植物药年贸易额约150亿美元，日本和韩国改良后的"汉方药"占了85%以上的市场份额，而发源地为中国的中成药只占其中的3%～5%。传统的中药亟须走现代化、国际化道路。要改变这种被动处境，利用海外的资本和科技优势，以现代化中药进军国际医药主流市场就成了同仁堂必须选择的道路，而从历史上来看，中国香港就是中药海外流通的集散地。因此，分拆同仁堂科技到中国香港创业板上市，正是利用国际资本推进中药现代化，使同仁堂挤进国际医药主流市场的一次绝好机会。

案例来源：百度文库

【思考】同仁堂为什么要分拆上市？它是如何操作的？对其自身会产生什么影响？

第四单元
资本内部调整

  资本结构是指企业各部分资本之间的构成及比例关系，以及部分资本占资本总额的比例。企业在运行过程中，会出现结构需要优化的时候，这就需要进行内部调整。内部调整资本结构，实质是企业资产存量、负债和所有者权益之间的调整与转换。基本前提是企业的资产规模不变，但权益之间进行相应转换。例如当企业债务过高时，可将部分债务转变为主权资本，"债转股"是其中一种做法。即把对银行的债务转变为银行对企业的投资，从而降低企业的资产负债率，调整了企业的资本结构。或通过对无形资产的所有权或使用权进行转让，盘活企业的无形资产，充分发挥无形资产的作用。或与关联公司进行资产置换，改变资产的活性，达到改善资本结构的目的。资本内部调整通常采取债务重组、资产证券化、战略联盟、租赁与托管、无形资产运营等模式来优化企业资产结构。

第十二章 债务重组

【学习目标】
◆ 了解企业债务的含义,熟悉企业偿债能力的指标体系;
◆ 掌握债务重组的动因和方式;
◆ 了解债务重组的程序。

导入案例

三九集团的债务重组

(一) 债务重组的背景

三九集团的起步始于1983年,经过重组与上市和十几年的发展,到2000年,集团已成为全国最大的中医药企业之一。三九集团的迅速扩张建立在大量并购的基础上。1996年到2001年,三九出手并购了140多家地方企业,平均每一个月并购2家,其中承债式占45%,控股式占35%,托管式占20%。在这种疯狂并购中,在迅速扩大公司规模的同时,已使得公司的财务风险不断上升,并最终陷入了不得不进行债务重组的困境。

(二) 债务重组的困境

截至2003年年底,三九集团及其下属公司欠银行98亿元,三九集团负债率过高。以三九医药为例,2006年年末其流动资产不到64亿元,而其流动负债却高达51亿元,流动比率仅为1.26。三九集团总资产178亿元,其中,固定资产38亿元,长期投资40亿元,两项合并78亿元,仅约占总资产的44%。三九集团旗下的三九医药的季报显示,其一季度主营业务收入及净利润均同比下降近18%。三九集团已经陷入"资金紧缺,银行逼债"的困境,经营状况不容乐观,改制重组迫在眉睫。三九集团内部频密的关联交易也是银行收缩贷款的重要原因。在2001年被违规占用三九医药资金事件打断了资金链条后,三九集团近两年资本运作活动的规模虽然明显缩小,但大量关联交易仍然存在。

(三) 重组方案的实施

在国资委和银监会联合牵头下,23家债权银行于2004年11月组成三九债权人委员会,参与三九集团清产核资与重组谈判。《三九集团债务重组协议》确定三九总体偿债比例60%;对上市公司三九医药36亿元的债务有条件地减债,最高削债比例不超过20%。协议中解除三九医药对相关重组债务的担保责任;解除所有与三九医药层面重组债务质押及查封、冻结。作为相关的抵押、出资人的国资委选择了"内部解决"——由华润去重组三九。重组者和被重组者同为国资委全资持有的"央属企业"。三九医药作为三九集团下属核心企业,最后,新三九控股有限公司、三九由华润集团及其下属企业在自债务重组协议生效日起1个月内向债权人一次性全额支付人民4457002080元,用以清偿全部集团层面和三九医药层面重组债务本金、三九医药层面欠息以及诉讼费。华润集团获得对三九集团的战略重组权后,在国家工商总局注册成立了新三九控股,作为重组三九集团的管理平台。

【思考】三九集团的债务是如何进行重组的?

第一节 债务重组的含义

一、企业债务

1. 企业债务的定义

企业债务是指企业所承担的、能以货币计量的,将以资产或劳务偿付的债务。对于企业来说,债务的来源主要有以下三种:为满足战略性发展需要而筹措的长期债务;短期资金不足而借入的短期借款;日常经营活动产生的应付项目。其中,为满足企业战略发展需要而对外筹措的长期借款为企业主动承担的债务,是有计划、有安排地进行筹措,并能够利用战略发展后获得的收益进行偿还的部分。这部分债务主要对应于企业购置设备、引进技术、开发新产品、对外投资、调整资本结构等而筹措的资金。短期借款则是为了应对短期资金不足而向企业外部筹措的资金,如企业为周转现金或偿还债务等而筹措的资金。应付部分则一定与企业生产经营过程相关。

2. 企业的偿债能力

企业的偿债能力是指企业用其资产偿还长期债务与短期债务的能力。企业偿债能力是反映企业财务状况和经营能力的重要标志。偿债能力是企业偿还到期债务的承受能力或保证程度,包括偿还短期债务和长期债务的能力。

企业偿债能力,静态地讲,就是用企业资产清偿企业债务的能力;动态地讲,就是用企业资产和经营过程创造的收益偿还债务的能力。企业有无现金支付能力和偿债能力是企业能否健康发展的关键。

反映企业偿债能力的指标主要有:流动比率、速动比率、现金比率、资本周转率、清算价值比率和利息支付倍数等。

(1)流动比率。流动比率,表示每1元流动负债有多少流动资产作为偿还的保证。它反映公司流动资产对流动负债的保障程度。

$$流动比率 = 流动资产合计 \div 流动负债合计$$

一般情况下,该指标越大,表明公司短期偿债能力越强。通常,该指标在200%左右较好。在运用该指标分析公司短期偿债能力时,还应结合存货的规模大小,以及周转速度、变现能力和变现价值等指标进行综合分析。如果某一公司虽然流动比率很高,但其存货规模大,周转速度慢,则有可能造成存货变现能力弱,变现价值低,那么,该公司的实际短期偿债能力就要比指标反映的弱。

(2) 速动比率。速动比率表示每1元流动负债有多少速动资产作为偿还的保证,进一步反映流动负债的保障程度。

$$速动比率=(流动资产合计-存货净额)÷流动负债合计$$

一般情况下,该指标越大,表明公司短期偿债能力越强,通常该指标在100%左右较好。运用该指标分析公司短期偿债能力时,应结合应收账款的规模、周转速度和其他应收款的规模,以及它们的变现能力进行综合分析。如果某公司速动比率虽然很高,但应收账款周转速度慢,且它与其他应收款的规模大,变现能力差,那么该公司较为真实的短期偿债能力要比该指标反映的差。

(3) 现金比率。现金比率,表示每1元流动负债有多少现金及现金等价物作为偿还的保证,反映公司可用现金及变现方式清偿流动负债的能力。

$$现金比率=(货币资金+短期投资)÷流动负债合计$$

该指标能真实地反映公司实际的短期偿债能力,该指标值越大,反映公司的短期偿债能力越强。

(4) 资本周转率。资本周转率,表示可变现的流动资产与长期负债的比例,反映公司清偿长期债务的能力。

$$资本周转率=(货币资金+短期投资+应收票据)÷长期负债合计$$

一般情况下,该指标值越大,表明公司近期的长期偿债能力越强,债权的安全性越好。由于长期负债的偿还期限长,所以,在运用该指标分析公司的长期偿债能力时,还应充分考虑公司未来的现金流入量,以及经营获利能力和盈利规模的大小。

(5) 清算价值比率。清算价值比率,表示企业有形资产与负债的比例,反映公司清偿全部债务的能力。

$$清算价值比率=(资产总计-无形及递延资产合计)÷负债合计$$

一般情况下,该指标值越大,表明公司的综合偿债能力越强。由于有形资产的变现能力和变现价值受外部环境的影响较大且很难确定,所以运用该指标分析公司的综合偿债能力时,还需充分考虑有形资产的质量及市场需求情况。如果公司有形资产的变现能力差,变现价值低,那么公司的综合偿债能力就会受到影响。

(6) 利息支付倍数。利息支付倍数,表示息税前收益对利息费用的倍数,反映公司负债经营的财务风险程度。

$$利息支付倍数=(利润总额+财务费用)÷财务费用$$

一般情况下,该指标值越大,表明公司偿付借款利息的能力越强,负债经营的财务风险就越小。由于财务费用包括利息收支、汇兑损益、手续费等项目,并且还存在资本化利息,所以在运用该指标分析利息偿付能力时,最好将财务费用调整为真实的利息净支出,这样才能最准确地反映公司的偿付利息的能力。

二、债务重组的定义

债务重组是指债权人按照与债务人达成的协议或法院裁决,同意债务人修改债务条件的事项。此定义包含如下几个要点：

1. 债务人发生财务困难是债务重组的前提条件

财务困难是指企业处于经营性现金流量不足以抵偿现有负债的状态，即常说的资不抵债。此时企业的正常业务开展受到了影响，无法或者没有能力按原定条件偿还债务，需要利用债务重组等方式来摆脱财务困境。

2. 债权人做出让步是债务重组的明显特征

债权人做出让步是指债权人同意发生财务困难的债务人在债务重组日或债务重组日后以低于重组债务账面价值的金额或价值偿还债务。我国现行会计准则规定，如果债权人不肯减少偿还金额，仅仅延长偿债期限是不符合债务重组规范要求的。

3. 持续经营是债务重组的隐含条件

只有债务人在可预见的未来仍然会继续经营下去，债权人、债务人达成的偿债协议才称得上是进行债务重组。企业处于破产清算或改组改制时发生的债务重组不属于债务重组准则规定的范围，由其他企业会计准则来规范。

4. 达成的协议或法院的裁定是债务重组的依据

重组双方可以通过协商签订债务重组协议，也可以通过法院裁定。该协议或裁定对债权债务双方都具有约束力，债务重组程序将按照该协议或裁定进行。

5. 债务重组日的确定

债务重组日不只可以发生在到期后，还可以发生在债务到期前和到期日。确定债务重组日，是为了在债务重组日更准确地确认和计量债务重组损益，避免因重组损益确认日的不规范而影响债务重组损益对企业产生的利润或企业应纳税的金额，使报表信息更加真实可靠。

从债务重组的定义和特征可以看出，债务重组准则所规范的债务重组不是广义的债务偿还条件的变更，而是在债务人发生财务困难的情况下，按照债务重组准则规定的重组方式，对债权人做出让步的交易或事项。企业发生的以下债权债务处理的交易和事项，不属于债务重组准则规范的债务重组：①债务人发行的可转换债券按正常条件转为其股权（因为没有改变条件）；②债务人破产清算时发生的债务重组（此时应按清算会计处理）；③债务人改组（权利与义务没有发生实质性变化）；④债务人借新债偿旧债（借新债与偿旧债实际上是两个过程，旧债偿还的条件并未发生改变）。

第二节 债务重组的动因

一、债务人视角

1. 减少企业债务，降低资产使用成本

简单从定义来看，不难看出由于债务重组的一个重要的因素是债权人做出让步。因此通过债务重组可以有效地减少债务人的负债,进而将降低企业资产负债率。债权人在一定程度上分担了债务人的经济负担。同时企业债务重组还可以通过修改债务条件进行,例如减少本金、减免利息等。通过这些措施可以有效减小企业未来的财务压力。从而有效降低企业未来的财务费用,进而降低企业资产的使用成本。

2. 增加债务人收益,增加企业净利润

根据企业债务重组的方式,企业在债务重组过程中可以获得两种形式的收益:企业债务重组利得;资产处置收益。由于营业外收入(包括债务重组收益和非流动资产处置利得)、部分流动资产抵债造成的营业收入(以存货和原材料抵债等)以及处置部分投资造成的投资收益(交易性金融资产等)的增加,会导致企业当期净利润的上升,因此,债务重组会增加债务人的收益。

3. 盘活部分闲置资产,提高资产使用率

通过非现金资产抵偿债务是企业债务重组的重要方式之一。债务人可以通过使用部分闲置资产来抵债,实现债务重组,进而盘活闲置资产,有效降低资产闲置水平,提高资产使用率。从一定程度上来说,将有利于企业的长远发展。

二、债权人视角

1. 加速资金周转,增强资产真实性

企业应收账款属于企业的流动资产,长时间占用会导致企业流动资金周转性下降,形成大量的呆账、坏账损失。通过资产重组虽然债权人损失了部分债务,但从另一个侧面来讲,也使债权人减少了部分应收账款,加快了企业资金周转速度,进而提高了企业资金的增值能力,增强了企业资产的真实性。

2. 减少资金占用,降低资金使用成本

债务重组可以活化呆滞资金,加速资金周转。一些长年累月形成的呆账、坏账,会长期占用企业资产,同时形成巨额的收账费用。鉴于这些原因,债权人选择债务重组,可以从一定程度上有效减少收账费用和由于债务人对本公司资产的占用而形成的垫资费用;也可以从一定程度上避免因债务人拖欠而导致本公司必须举债的后果,减轻了债权人企业的财务费用负担。

3. 提高损益真实性,提高公司形象

通过债务重组,可以降低债务人由于资不抵债导致破产的可能性,而减轻债务人的经济负担,也使得债权人可以避免更大程度的损失(丧失全部求偿权)。若债权人被拖欠账款数额过大,时间过长,则会形成潜亏的可能性,从而降低企业盈利的真实性。通过债务重组可以实现部分债权,增强损益的真实性,从而有助于提高企业的社会形象,有助于企业的长期发展。

第三节 债务重组的方式

一、以资产清偿债务

1. 以现金（包括库存现金和银行存款）资产清偿全部或部分债务

以现金清偿债务的，债务人应当在满足金融负债终止确认条件时，终止确认重组债务，并将重组债务的账面价值与实际支付现金之间的差额，计入当期损益。以现金清偿债务的，债权人应当将重组债权的账面余额与收到的现金之间的差额，计入当期损益（营业外支出）。债权人已对债权计提减值准备的，应当先将该差额冲减减值准备，冲减后尚有损失的，计入营业外支出（债务重组损失）；冲减后减值准备仍有余额的，应予以转回并抵减当期资产减值损失。

2. 以非现金资产清偿债务

债务人以非现金资产清偿债务的，应当在符合金融负债终止确认条件时，终止确认重组债务，并将重组债务的账面价值与转让的非现金资产的公允价值之间的差额，计入当期损益（营业外收入）。转让的非现金资产的公允价值与其账面价值的差额为转让资产损益，计入当期损益。债权人收到非现金资产时，应按受让的非现金资产的公允价值计量。

二、将债务转为资本

将债务转为资本的，债务人应当将债权人放弃债权而享有的股份的面值总额确认为股本（或者实收资本），股份的公允价值总额与股本（或者实收资本）之间的差额确认为资本公积。重组债务的账面价值与股份的公允价值总额之间的差额，计入当期损益。

将债务转为资本的，债权人应当将享有股份的公允价值确认为对债务人的投资，重组债权的账面余额与股份的公允价值之间的差额，先冲减已提取的减值准备，减值准备不足冲减的部分，或未提取减值准备的，将该差额确认为债务重组损失。

三、修改其他债务条件

1. 不附或有条件的债务重组

在不附或有条件的债务重组中，债务人应将重组债务的账面余额减记至将来应付金额，减记的金额作为债务重组利得，于当期确认计入损益。重组后债务的账面余额为将来应付金额。

以修改其他债务条件进行债务重组的，如修改后的债务条款涉及或有应收金额，则债权人在重组日，应当将修改其他债务条件后的债权的公允价值作为重组后债权的账面价值，并将重组债权的账面余额与重组后债权账面价值之间的差额确认为债务重组损失，计入当期损益。如果债权人已对该项债权计提了坏账准备，则应当首先冲减已计提的坏账准备。

2. 附或有条件的债务重组

附或有条件的债务重组，对债务人而言，修改后的债务条款如涉及或有应付金额，且该或有应付金额符合或有事项中有关预计负债确认条件的，债务人应当将该或有应付金额确认为预计负债。并将重组债务的账面价值与重组后债务的入账价值和预计负债之和的差额，作为债务重组利得，计入营业外收入。

对债权人而言，修改后的债务条款中涉及或有应收金额的，不应当确认或有应收金额，不得将其计入重组后债权的账面价值。根据谨慎性原则，或有应收金额属于或有资产，而对或有资产不予确认。只有在或有应收金额实际发生时，才计入当期损益。

四、以上三种方式的组合方式

以前面所讲的几种方式组合起来进行债务重组，即通常所讲的混合（债务）重组，主要有以下几种组合形式：以现金、非现金资产组合清偿某项债务；以现金、将债务转为资本组合清偿债务；以非现金资产、将债务转为资本组合清偿债务；以现金、资产、将债务转为资本组合清偿债务；以资产、将债务转为资本等清偿某项债务。对于混合债务重组方式，应注意以下两点：

（1）无论是从债务人还是从债权人角度讲，都应考虑清偿的顺序。一般的偿债顺序为：被豁免的金额→以现金资产偿还金额→以非现金资产偿还金额→债转股部分金额→剩余债务的金额。

（2）债权人收到的用于抵债的多项非现金资产不需要按公允价值相对比例进行分配，只需直接按照所收到资产各自的公允价值入账。以非现金资产抵偿债务，该资产应该按照其公允价值来确定可以抵偿的债务金额。

第四节 债务重组的程序

债务重组的程序包括非法定债务重组操作程序和法定债务重组操作程序。

一、非法定债务重组操作程序

非法定债务重组操作程序包括四个阶段：重组前策划、签订债务重组协议、完成债务重组、进行债务重组处理四个阶段。

1. 重组前策划

重组前策划是指债权方和债务方进行债务重组的财务可行性分析以及重组时间、重组方式等内容的选择与设计。这个步骤是与双方的协商及彼此的了解相伴而行的，其间交织着债权方和债务方以及各自的出资方之间的博弈,双方各自拟定重组策划书,报各自出资方审核批准,涉及国有资产的,还须取得相关国资管理部门的批准。

2. 签订债务重组协议

债权方和债务方双方经过协商,就债务重组内容(债务重组的具体方式、金额、时间等)达成一致,签订协议书,以法律形式明确双方的权利与义务关系,以防止日后造成经济纠纷。涉及国有资产的,还须取得相关国资管理部门的批准。然后,双方按照协议约定组织实施协议约定事项。

3. 完成债务重组

债权方和债务方组织重组资产的交付,履行相关法律程序,及时进行产权手续的变更,并按照要求进行公告,完成重组事项。

4. 进行债务重组账务处理

在重组资产交付完成以及相关产权转移手续办结后,清理和收集重组资产相关资料,确认相关价值数据,按照准则的规定核算企业在债务重组日(即债务重组完成日)的债务重组损益,并进行相关账务处理。跨年度的,须按照相关法律、法规的规定确定其期间归属,并按规定进行追溯调整。

二、法定债务重组操作程序

法定债务重组操作程序一般须经过以下程序:法定债务重组申请、法院的调查和裁决、组成重组机构、制订重组计划、完成重组。

1. 法定债务重组申请

企业面临财务困难、经营混乱或面临停业危险时,应由符合法律规定的董事会、股东、债权人或其他机构向法院提出重组申请,在申请书中载明申请人的名称、申请资格企业名称、住址和负责人姓名;申请重组的原因及事实;经营业务状况;企业的资产、负债、损益、其他财务状况以及对企业重组的意见。

2. 法院的调查和裁决

法院收到申请后,应派对企业经营业务比较熟悉、具有专门知识和管理经验的非重组关系人作为调查人进行调查,并在法定期限内将调查结果报告法院。调查内容包括:债权人和股东的姓名和住址、债权及股份总额;企业经营状况、财务状况及资产估价情况;企业负责人对经营管理有无玩忽职守或失职行为及相应责任;申请事项中有无弄虚作假行为。调查后,由法院对申请做出肯定裁决或驳回。如果申请手续不符合法律规定,重组申请有不实事项,企业已被宣告破产或已解散,企业已没有重建的希望,法院则驳回申请。如果没有驳回申请的理由,则应做出准许重组的裁决。

3. 组成重组机构

在实施阶段,法院应选派监督人、重组人,召开关系人会议,并决定债权、股东权的申请期限及场所,对所申报的债权和股东权进行审查的期限和场所及第一次关系人会议的日期及场所,同时应发布重组公告。

4. 制订重组计划

重组计划是指以维持债务人的继续经营、清理债权债务关系、制订挽救手段为内容的协议。重组计划一般由重组人拟订，计划的制订必须坚持公正和可行的原则。公正是指对同类债权和股权应一视同仁，可行是指计划的实行必须有恰当的措施和手段加以保证。

重组计划的主要内容包括：①变更一部分或全部债权人或股东的权利，为了达到重组的目的，重组债权人或股东应对企业做出一定的让步，包括按比例减少股份、免除部分债权、债权延期、降低利率等；②变更经营范围，改变经营内容，并针对以往经营失利的管理原因，提出提高管理水平的措施；③处置财产，确定债务清偿办法及资金来源；④确定企业资产的估价标准和评估办法；⑤变更公司章程；⑥发行新股或债券；⑦裁减或调动企业职工；⑧确定重组执行期限；⑨其他必要事项。

重组计划拟订后，并将企业业绩情况、财务报告、重组计划等材料一并提交给关系人会议审查。关系人会议审查通过后，重组人应将重组计划提请法院裁定，法院认可后，即可付诸实施。

5. 完成重组

重组人必须在重组计划规定的期限内完成重组工作，召开重组后的股东大会，确认修改后的公司章程，并选举新的董事和监事，然后再由重组人向法院申请批准完成重组的裁决，并向登记机关申请变更登记。

【复习思考题】

1. 企业的债务是怎么来的？用哪些指标来衡量企业的偿债能力？
2. 从债务人和债权人角度分别谈谈企业为什么要进行债务重组？
3. 用哪些方式可以进行债务重组？

案例分析

江纸股份资产重组

江西纸业股份有限公司（现更名为中江地产股份有限公司，以下简称江纸股份）是一家在上海证券交易所挂牌的上市公司，是江西省最早的上市公司之一。股票简称江西纸业（现变更为中江地产），代码600053。公司注册资本16107万元。作为江西较早进入资本市场的上市公司，是国内制浆造纸行业的大型骨干企业和9家新闻集团新闻纸定点生产企业之一。自1997年上市以来，江纸股份在股票市场一直表现颇佳，1997年至2000年，每股收益均在0.32元以上，净资产收益率大都在10%以上。

但2001年12月，中国证监会南昌特派办对江纸股份进行专项核查时发现，公司的9.9亿元巨额资金被大股东江纸集团占用。2002年4月，江纸股份公布2001年年报，因大股东长期占用巨额资金，江纸股份计提坏账准备2.6亿元，导致当年亏损2.99亿元，每股收益-1.86元。虽然在2001年12月江纸集团曾承诺2003年12月30日前归还全部占用江纸股份的资金，但事实上，到2002年6月30日，江纸集团净资产仅为－1.77亿元，严重资不抵债，江纸集团根本无力偿还欠款。当年，江纸集团仅以部分固定资产、备品备件偿还9700万元占用资金，承诺中的其他偿还措施均未实施。

此后，江纸股份的经营状况也是如履薄冰。2002年，由于新闻纸市场整体不景气和原材料价格上涨影响，使江纸股份主营业务收入和主营业务利润也逐年减少。同时，大股东江纸集团无力还款，继续占用公司巨额资金，又造成公司资金紧张和财务状况恶化，特别是计提坏账准备增加（截至2003年12月31日，江纸股份已计提坏账准备金高达6.49亿元），导致江纸股份2002年、2003年两个财务年度连续巨额亏损，主营业务收入分别同比下降45.1%和28.9%，公司净利润分别亏损3.32亿元和4.58亿元，每股净资产分别仅为0.1元和－2.73元，净资产1.57亿元和－4.39亿元。

到2003年4月30日，由于两年连续亏损，江纸股份股票简称由"江西纸业"变更为"ST江纸"。2003年5月8日，根据上海证券交易所有关通知规定，公司股票实行退市风险警示的特别处理，股票简称相应变更为"＊ST江纸"。

此时，江纸股份不仅仅是经营亏损，企业还欠下银行巨额债务无力偿款。截止到2003年12月31日，江纸股份的长期借款、短期借款高达8.67亿元，逾期未还欠款高达86%以上。其中欠工商银行7.14亿元。资产负债率高达160%。根据江纸股份的实际情况，企业已无法进行持续经营。再加上公司已资不抵债、资金缺乏、信贷无门，公司实际已濒临破产。如果不及时进行实质性资产重组，将带来严重后果。连续三年亏损使江纸股份被上海证券所暂停上市流通。如果在2004年下半年公司仍无法盈利，就将被彻底摘牌。另外，江纸股份与江西省内数家上市公司互为债务担保单位，江纸股份累计对外担保5.9亿元。一旦江纸股份被彻底摘牌，企业就失去宝贵的壳资源，也就失去重组的吸引力，必然走向破产的道路，这将会影响到相关银行的债权和数千职工的就业，影响到2万多中小投资者的利益，影响到数家江西省上市公司的经营和稳定，进而影响证券市场稳定和社会稳定。

为避免江纸股份摘牌破产的连锁负面效应，南昌市政府高度重视江纸股份问题的解决，力图通过资产重组和债务重组的手段，有效地盘活江纸股份资产，消除因江纸股份破产可能带来的各种消极影响。

但江纸股份高达160%的资产负债率，近10亿元的银行欠款，使先期的多家有意重组方知难而退，江纸股份重组陷入僵局。在2003年12月17日和30日，连续两次委托上海商品拍卖有限公司对5170万江纸股份国有法人股进行拍卖，均无人问津。历经两次流拍后，南昌市政府以市属企业南昌好又多实业有限公司的名义暂时买下了这些股份，以争取时间，积极寻找实质性重组方。南昌好又多暂时成为江纸股份法律意义上的第一大股东，江纸集团仍持有江纸股份2961万股，退而成为第二大股东。

到了2004年年初，南昌市政府决定用土地问题破解重组江纸股份的难题，并找到江西江中（集团）有限责任公司（以下简称江中集团），将南昌市土地储备中心2003年收储的原江纸集团土地487亩和江纸股份现工业用地88亩，共计575亩以工业用地性质按规定程序协议出让给江中制药集团。江中集团受让了南昌好又多持有的4510万股江纸股份国有法人股（占江纸总股本的28%）后，从而开始了江纸股份实质性的资产重组。

重组思路：股权转让、债务重组、资产置换＋增发新股＋股权分置改革

(1) 由江中集团受让南昌好又多持有的江纸股份国有股权,以江纸股份的第一大股东身份进驻江纸股份,管理江纸股份日常经营及重组事务。

(2) 债务重组。通过谈判以江纸集团部分实物资产和对江纸集团的应收账款抵偿债权银行大部分欠款,改善江纸股份的财务指标与经营状况,保住公司的壳资源。

(3) 利用股权分置改革机会,同步实施资产置换、增发新股、股权分置改革。江纸股份与江中集团进行资产置换,江纸股份资产差额部分通过向江中集团定向增发新股补充,并以提高公司盈利能力及资产质量、实现公司可持续发展作为股权分置改革的对价。

江纸股份是国内首家提出并实施股改、债务重组、资产置换、增发新股"四合一"的股改方案的上市公司,在实践中为绩差上市公司进行资产重组和实施股权分置改革进行了有益的探索,提供了新的思路。江纸股份"四合一"股改方案的实施不仅成功挽救了濒临退市的上市公司,同时也盘活了存量资产,完成了股权分置改革,使上市公司、战略投资人、债权人、中小投资者等有关利益各方得到了最大限度的保护,实现了多方共赢的目标,为众多绩差上市公司股权分置改革提供了可借鉴的范本。

案例来源:百度文库

【思考】江纸股份为什么要进行债务重组?它采用了哪些有效方法完成了资产重组?

第十三章 资本投资

【学习目标】
◆理解资本投资的分类与原则；
◆掌握实业投资的特征与方式，掌握实业投资与金融投资的区别与联系，了解实业投资的运动过程；
◆掌握证券投资的种类及投资时的考虑因素；
◆掌握期货与期权交易的特点及两者之间关系，了解期货、期权的交易方式和流程。

 导入案例

苹果公司与雅虎公司的成长启示

在过去的半个多世纪里，美国涌现了许多著名的高科技信息公司，包括英特尔（Intel）、苹果（Apple）、雅虎（Yahoo）等，这些公司在创业之初全都默默无闻，后来一跃而成为全球瞩目的佼佼者。它们是怎么一步步走向辉煌的？除了创始人的创业冒险精神以及他们聪明有见识的头脑，风险投资的介入无疑是这些公司迅速崛起、一步步扩展的重要原因之一。

苹果电脑的创办人Steve Jobs在20世纪70年代初，与几位同事到Xerox加州总部参观，看到图像化荧幕操作计算机的雏形后感到非常震撼，决定根据所见到的创造出一个属于自己的革命性计算机，结果乔布斯和他的合伙人沃兹尼克于1976年成功地在车库里设计出了苹果计算机（一种新型微机），从此使两个肄业大学生成为世界计算机业的巨人。但当时的乔布斯与沃兹尼克仅有1300美元现金，根本无法进行大量生产。风险投资家马克库拉看中计算机的发展将主宰人类未来生活，毅然投资9.1万美元，并帮助他们又另外募集到了60万美元，创建了苹果公司。苹果计算机推出市面后大受欢迎，短短5年，苹果公司就成了美国500家大企业之一，公司上市后，造就了很多暴发户，其中乔布斯1.65亿美元，马克库拉1.54亿美元，沃兹尼克8800万美元，斯格特6200万美元，他们一共占了苹果40％的股份。而早先在苹果公司下赌注的风险投资家也都丰收而归，每一美元投资收回243美元。

雅虎创办人杨致远，在1993年与斯坦福大学一名研究生合创雅虎。三年后在纽约股票市场上市，每股股价由13美元飙升到33美元，个人身价高达1.32亿美元。杨致远表示，人人都说美国机会多，没想到机会就降临得这么偶然，而风险投资就是帮助他抓紧了这个机会。原来，杨致远在1995年上半年，便开始与风险投资公司接触，希望

第十三章 资本投资

令公司得到更理想的发展。他知道硅谷是一个风险投资的乐园，在那里平均每天就有一家公司上市，故此当时微软、美国在线（AOL）等想收购雅虎，都遭他拒绝。结果，他终于找到风险投资基金的支持，而公司也得以成功上市。

小规模公司单凭本身资金，要在短短的时间落实公司发展大计，机会微乎其微，但风险投资基金却会让这些有创意、有潜力的公司抓住创业先机。

【思考题】
苹果公司、雅虎公司的创业历程给我们什么启示？

投资最初是指资本所有者为了在未来可预见的时期内获得收益或资本增值而放弃当前的消费，将资本投入再生产过程的经济行为。当生产和资本增值主要以企业的形式而展开时，投资成为企业这一市场主体和资本所有者的共同行为，而且企业的投资是资本所有者投资行为的延续，它在投资的动机、目标、决策模式上和资本所有者的投资行为具有一致性。

第一节　资本投资概述

一、资本投资的意义

资本投资是指企业为获取所筹集资本的增值，而将资本投放到特定的项目中，以经营某项事业的经营行为。它包括厂房、机器设备的新建、改建、扩建和购置等活动，也包括购买股票、债券和以联营方式向其他单位投入资本等活动。

投资决策的正确与否关系到企业的兴衰存亡，对企业的生存和发展以及资本的保值具有决定性作用。具体表现为：首先，投资是维持企业生产经营的重要手段，企业为组织生产经营就必须具有一定数量和质量的劳动资料、劳动对象和劳动力，而生产经营表现为三者的有机结合，在市场经济条件下，要获取这些生产要素，就必须依靠交易进行资本投放而获取。其次，资本投资是调整现有生产能力和结构，研发新产品，寻求新的经济和效益增长点的手段。最后，在我国当前情况下，以企业为主体的投资是实现资本重组和企业重组，调整产业结构，实现存量资本流动，推动国有资产管理体制改革和企业内部治理结构完善的重要手段。改革开放前，我国一直执行的计划经济体制，使得投资主要是一种政府行为，企业缺乏自主投资的动力和机制，形成了国有资本布局结构中的突出矛盾：一是有限的国有资本过度分散，严重损害现有国有企业的竞争能力和国民经济的整体效益；二是国有经济的行业分布结构与市场经济下国家应有的功能严重错位，在国有资本大量分布于一般性工商业的同时，许多政府必须办的事情却因为没有资金而无力去办。在资本运营中强调企业为主体的自主投资，推动企业间的相互投资，才能实现存量资本的流动和重组，实现经济的战略性改组。因此，资本投资是资本运营的重要环节，是寻求资本保值和增值的关键。

二、资本投资的分类

资本投资,可以从不同角度加以分类,分类的目的在于寻求不同类型投资的特点和规律,以便于更好地做出投资决策。

(一) 实业投资、金融投资和产权投资

按投资的性质划分,可以分为实业投资、金融投资和产权投资。

实业投资是指将资本投放于特定的经营项目,以形成满足生产要求的生产能力。如建造厂房、购置机器设备、技术改造等劳动资料的投资;购置原材料、燃料、动力等劳动对象的投资;职工的培训、教育、职业训练等劳动力的投资。

金融投资是以金融资产为对象的投资,包括银行存款、股票、债券、基金、期货、保险、外汇等,以获取收益或控制效益等。对于一个生产企业来说,金融投资有助于增加收益和拓展生存与发展的空间。

产权投资是指以产权为对象的投资:实业投资的投资要素是劳动力、生产资料、技术和信息等,证券投资的对象是各种有价证券,产权投资则是以实业投资要素的部分或整体集合为投资要素。产权投资的主要形式有兼并、收购、参股、控股等。这三种投资是资本运营中的主要分类,本章主要阐述前两种。

(二) 长期投资和短期投资

按投资回收期的长短划分,可以分为长期投资和短期投资。

长期和短期的界定只是相对的,关键的差异在于其性质和目的。长期投资一般是指不能够或不打算随时变现的投资,它包括固定资产投资、长期有价证券投资和联营投资,而短期投资一般是指具有高流动性,目的在于充分利用闲置的资金以创造更多收益的投资,通常包括短期证券投资。

(三) 确定性投资和风险性投资

按投资风险程度划分,可以分为确定性投资和风险性投资。

任何投资都会有风险,差别仅在于风险的大小和可控程度。确定性投资是指风险较小,未来收益可以准确预测的投资,这类投资在决策时可以不考虑风险;风险性投资是指风险较大,未来收益难以准确估计的投资。在进行决策时,应注重风险的研究,并采用相应的方法加以防范,以做出正确的决策。

(四) 对内投资和对外投资

按投资发生作用的地点和资本增值的方式划分,可以分为对内投资和对外投资。

企业占有的资本的增值渠道不外乎通过内部的生产经营而获取利润和让渡资本的使用权而获取租金、利息、股利等两种方式。从投资来说,则可以划分为对内投资和对外投资。企业对内投资是指把资金投入到企业内部的生产要素,以形成生产能力;企业对外投

资是指将资本投入到企业外部的债券、股票或其他企业等，其目的是获利或控制其他企业的经营。

（五）境内投资和境外投资

按投资是否跨越本国国境划分，可以分为境内投资和境外投资。

境外投资是指投资者将其资本投放到本国之外以获取收益的经济行为，投资者可以用外汇、实物和无形资产向境外投资办企业，也可以用外汇购买外国政府、金融机构和公司发行的债券或外国公司的股票。境外投资的目的主要是为了获得高额利润，增加外汇收入，维护和扩大国外市场，充分利用现有设备技术，开发和利用国外自然资源，收购和控制外国公司，取得和利用国外的先进技术和科学管理经验，以及分散和减少风险等。

三、资本投资的基本原则

投资对企业的资本保值和增值具有重大影响，优化投资决策必须遵循一定的原则。

1. 利益兼顾原则

企业作为整个国民经济的细胞，它的持续发展是一国经济持续发展的前提。而从经济的角度来说，任何经营行为都具有外部性，外部性具有正、负两方面的效应。正的效应，如增加就业、带动相关产业的繁荣等；负的效应，如污染、生态破坏、非理性竞争等。因此，企业在做出投资决策时，应注重外部性的研究，注重企业利益服从社会利益，局部利益服从全局利益，眼前利益服从长远利益。

2. 兼顾外延和内涵两种扩大再生产方式

外延扩大再生产是指增加人力、设备的投入，新增生产能力以扩大生产规模；内涵扩大再生产是指挖掘企业自身现有的生产能力，在不增加人力、物力、财力投入的情况下，提高生产能力和效益水平。外延扩大再生产主要以扩建和新上项目为主；内涵扩大再生产主要靠技术改造和更新来完成。在我国当前资金紧张的情况下，企业应注重内部挖潜、苦练内功，以效益促发展，以效益求生存，注重以内涵扩大再生产为主。

3. 结构优化和配套原则

任何生产能力的正常发挥，必然要求劳动资料、劳动对象和劳动力的有机结合与相互适应，显然如果技术水平极高，而工人的生产素质和技能达不到要求，生产肯定是不能正常进行的。这在客观上就要求资本的投入必须在三者之间合理分配。如果结构失衡，必然会影响效益的发挥。

4. 适度多样化经营的原则

按照投资组合理论，多样化投资可以分散和降低经营风险，从而稳定收益水平。然而，如果把资本作为一种稀缺性资源来看待，资本的增值又会受到规模经济效应的约束，在一定时期内企业所能筹集和运用的资本是有限的，这就决定了企业的资本投资应以一种业务为主，在满足基本经营的资本需求之后，在资本充裕的条件下再注重多角化经营，以降低风险。此外，多角化经营会要求更高的管理水平和运筹能力与之相适应，在企业的管理水平未提高到一定程度时，盲目多角化经营不仅不会得到分散风险的效应，反而会影响企业的正常经营和获利。

5. 以人为本的投资原则

人是各生产要素中最活跃和能动的因素，只有注重人才的投资和储备才能使企业的资本增值有充分的保障。这要求企业在投资过程中不仅要注重生产性的投资，还应注重对人的教育、培训，提高全员素质，激励员工的创造性和积极性，时刻以人为本是投资中应注重的一个重要原则。

6. 企业自主投资原则

由于计划经济的影响，企业的投资自主权一直没有落到实处，在社会主义市场经济条件下，投资的主体应是企业，强化企业的投资自主决策权尤为必要。可喜的是我国政府对投资体制的改革已经取得了实质性的进展：（1）明确了政府和企业在投资体制中的职责范围，政府主要投资于公益性项目和部分基础设施项目，一般不对竞争性项目进行直接投资；企业是竞争性项目的投资主体，对项目立项、筹资、建设、经营负全部责任。（2）在扩大投资审批自主权的同时，对项目进行了重新分类。对竞争性项目将以登记备案制代替项目审批，实行项目法人责任制和资本金制度；垄断性基础项目改为专家评议制；政府选定的项目，推行项目法人公开招标制。国家在密切结合产业政策的前提下，按产业性质和特点，把所有项目划分为鼓励、允许、限制和禁止四大类，属于鼓励之列的下放审批权，而对限制项目则严格审批。（3）国家对固定资产投资的宏观调控，将从直接控制规模转到利用货币、财政和税收政策进行间接管理，用产业政策和经济信息进行引导。在国家进行投资体制改革的同时，作为资本运营主体的企业必须转变观念，树立自主投资、自负责任、自担风险的投资意识。

7. 正确处理投资与消费的关系

坚持扩大内需的战略，把扩大消费需求作为扩大内需的战略重点，把优化投资结构的重点放在投资促进消费上，使投资进一步向保障和改善民生倾斜，建设一些有利于改善消费环境的项目，大力发展服务业和中小企业，增加就业机会，把扩大投资与增加就业、改善民生有机结合起来，创造更多最终需求，实现投资与消费之间的良性互动，以投资带动消费，以消费促进投资。

第二节 实业投资

一、实业投资的概念

实业投资（Industrial Investment）是指经济主体（包括法人和自然人）为未来获取预期收益，而于现在投入资金或资本到生产领域的投资行为。也即以货币购买生产要素，从而将货币收入转化为产业资本，形成固定资产、流动资产和无形资产的经济活动。

实业投资区别于股票投资、债券投资等纯金融投资的要点在于，纯金融投资仅表现为所有权的转移，并不构成生产能力的增长，而实业投资则是资本投放于特定的经营项目，总是和固定资产的再生产联系在一起，具有周期性和经常性的特点，形成经济生产能力的增长，以获取投资利润，是推动经济增长的因素。实业投资必须服从整个国民经济长远发展和全局的战略要求，要与产业和地区发展的要求相一致，并服从于企业发展战略的要求。

二、实业投资的特征

（一）收益性

实现未来净收益最大化是投资的主要目标。影响实业投资收益的主要因素有投资额、年生产（或营业）成本和市场状况。首先，一般来讲，投资额越大，则其生产（或营业）期所分摊的折旧费、摊销费也越大，从而影响到项目的收益。同时，在存在外部筹资且举债比例不变的条件下，投资额越大，意味着财务费用也越大，也会对投资的收益产生影响。因此，科学制订投资方案，降低投资额，是提高投资收益的重要途径。其次，投资活动结束之后，即项目投产之后的年生产（或营业）成本也是影响投资收益的重要因素。从投资者的角度来考察，收益表现为利润。利润是从销售（或营业）收入中扣除生产（或营业）成本、税金之后形成的差额。在销售收入、税率不变的条件下，降低生产（或营业）成本是提高投资收益的重要途径。再次，项目投产之后为社会所提供的产品和服务能否按可接受的价格实现，也会对投资收益产生重要影响。最后，建设期、投产期的长短也会对投资收益产生影响。

（二）风险性

投资的风险性是指投资遭受失败的可能性。获得预期的经济效益是投资活动的最基本的要求，但任何一项投资的未来收益都是不确定的，因而存在着风险。投资风险的种类主要有：政治风险，即由于政治格局变动而导致的风险；市场风险，即由于市场变化而导致的产品滞销的风险；汇率风险，即由于汇率的变动而导致的风险；技术风险，即由于新技术的研究和开发中的不确定性因素导致的风险；财务风险，即由于债务人不能按期偿还债务而导致的风险。此外，还有通货膨胀风险、自然风险、经营风险和利率风险等。投资活动涉及面广，影响因素众多，周期长，因而风险较大。一般来讲，投资的风险与预期收益呈强烈的正相关关系，预期收益越大，则投资者所要承担的风险越大。

（三）长期性

与生产或营业活动相比，长期性是实业投资的一个很明显的基本特征。工业企业所生产的产品一般体积较小，生产活动表现为生产要素的不断投入，最终产品的不断形成。而投资活动则不然。直接投资主要用于形成固定资产，所投资的项目体积大，地点固定，又具有不可分割性，因而投资建设的周期很长。实业投资的过程是资产形成的过程，表现出巨额的一次性支出，而在一段时间内不能为社会提供任何有用的产品。投资的长期性这一特征客观上要求投资的实施过程应具有连续性，以便早日形成固定资产，发挥其效益。

(四) 其他

实业投资除了上述特征之外，还具有如下几种特性：

不可分性：必须符合形成综合生产能力或服务能力对各类要素的技术要求；必须达到规模经济的要求，一般需要一次性垫支的资金数额巨大。

固定性：产业投资通常选择在一定的地点进行，投资形成的生产能力和服务能力要固定在建设地点长期发挥作用。

专用性：产业投资所形成的资产大多具有专用性，即有着专门的用途。

异质性：产业投资不能像成批生产标准产品那样组织实施。

不可逆性：由于上述多种原因，产业投资的成本至少部分是沉没的。

三、金融投资与实业投资的联系与区别

要深入理解金融投资的概念，必须了解金融投资与实业投资的联系与区别。

(一) 主要区别

第一，投资主体不同。实业投资主体是直接投资者，也是资金需求者，他们通过运用资金直接从事生产经营活动，如投资办厂、购置设备或从事商业经营活动。金融投资主体是间接投资者，也是资金供应者，他们通过向信用机构存款，进而由信用机构发放贷款，或通过参与基金投资和购买有价证券等向金融市场提供资金。

第二，投资客体或者对象不同。实业投资的对象是各种实物资产，即资金运用于购置机器设备、厂房、原材料等固定资产或流动资产；金融投资的对象则是各种金融资产，如存款或购买有价证券等。

第三，投资目的不同。实业投资主体进行实物资产投资，目的是从事生产经营活动，获取生产经营利润，着眼于资产存量的增加和社会财富的增长，直接形成社会物质生产力，从投入和产出的关系看，实业投资是一种直接投资；金融投资主体进行金融资产投资，目的在于金融资产的增值收益，如存款目的在于获取存款利息，贷款目的在于取得贷款利息，购买有价证券（如股票、债券等）在于获取股息、债息收入等，它们并不直接增加社会资产存量和物质财富，从投入和产出的关系看，金融投资是一种间接投资，又称"资本性投资"。

第四，投资的收益与风险不同，投入的人员、财力也不同。实业投资需一定的人力及财力为基础，收益与风险相对较小，故从事实业投资的人有限；金融投资容易受市场环境及国家政策影响，收益与风险相对较大，投资者只需相应较少的份额就可以博取较大的收益，是当前较为普通的投资渠道。

(二) 主要联系

第一，投资媒介物或者投资手段相同。实业投资与金融投资都是对货币资金的运用，即以货币作为投资手段或媒介物，只是对象物及目的不同。因此，金融投资总量和实业投资总量同属于全社会货币流通总量的范围，二者均为社会货币流通总量的重要组成部分。

第二，金融投资为实业投资提供了资金来源，实业投资是金融投资的归宿。一方面，尽管金融投资并不直接增加社会资产存量，但通过金融投资活动，为实业投资筹集到了生产经营资金，从而间接地参与了社会资产存量的积累。在现代市场经济条件下，假如没有金融投资的存在和发展，实业投资的资金来源将大大受到限制，许多耗资巨大的建设项目都难以迅速兴办甚至根本无法兴办，为此，金融投资成为促进资本积累、集中和扩大生产能力的重要手段。另一方面，金融投资是把社会闲置的货币资金转化为生产资金，而最终归宿也是进行实业投资，只不过它是通过一个间接的过程实现的。

此外，金融投资的收益也来源于实业投资在再生产过程中创造的物质财富。

实业投资与金融投资的区别如表 13-1 所示。

表 13-1 实业投资与金融投资的区别

项目	实业投资	金融投资
投资对象	经营项目	有价证券
投资性质	直接投资	间接投资
所有权	所有权不转移	仅表现为所有权的转移
生产能力	是生产能力的增长	不构成生产能力的增长
收益与风险	收益与风险相对较小	收益与风险相对较大
存在形式	实物资产	虚拟金融资产
投资者	投资的人有限	普通的投资渠道

◆小思考：实业投资与金融投资有何区别？

四、实业投资的种类

（1）在企业的财务核算中，依据资产形态的不同，实业投资可以分为固定资产投资、流动资产投资、无形资产投资和递延资产投资等几类。

1) 固定资产投资：是指购置或建造固定资产的投资。

固定资产是指在社会再生产过程中，可供长期使用，而且不改变原有的实物形态的生产资料，如厂房、机器设备等。它具有三个特点：①在生产过程中发挥劳动手段的作用；②可以多次反复地参加生产过程，并始终保持原有的实物形态，直到完全报废才需要更换；③在整个发挥作用的时期内，其价值是按损耗程度逐渐地转移到产品中去。

2) 流动资产投资：是增加流动资产的投资，其中主要是增加存货的投资。

流动资产是指在一次生产过程就改变或消失其原有实物形态的生产资料，如货币资金、短期投资、应收款项、存货等。它具有三个特点：①在生产过程中起着劳动对象的作用；②只能参加一次生产过程，并在生产过程中改变或消失原有的实物形态，而且在每个生产周期后都必须重新购买新的原材料；③只参加一次生产过程，它的价值则是一次全部转移到产品中去。

3) 无形资产投资：是为了获取无形资产而进行的投资。

无形资产是指在生产过程中能够长时间发挥作用，并能为所有者带来收益，而没有实物形态的资产，包括专利权、商标权、著作权、土地使用权、专营权、非专利技术、商誉等。

其特点是：①没有实物形态；②垄断性；③必须以有形资产为依托才能发挥作用；④其价值在于它为企业以现有的有形资产获得高于正常投资报酬率的超额收益提供了可能。

4）递延资产投资：是指形成递延资产的投资。

递延资产：是指不能一次计入当年损益，应在以后年度分期摊销的支出，如开办费、租赁固定资产的改良支出等。

导入案例

可口可乐公司的品牌故事

2004年8月2日出版的最新一期美国《商业周刊》，评选出2004年全球最具影响力的100个品牌，可口可乐以673.9亿美元的品牌价值再次荣登榜首，2003年，可口可乐的品牌价值为704.53亿美元。毫无疑问，可口可乐是全球最有价值的品牌。

1886年5月8日，药剂师彭伯顿（Pemberton）在调制出新口味糖浆时，助手误把苏打水与糖浆混合，却令顾客赞不绝口。由此诞生了历经一百多年盛名不衰的可口可乐。

可口可乐初诞生时，第一年只赚了50美元，连做广告的费用都不够。今天，可口可乐公司已经拥有118年的历史，同时它也是全球最大的饮料生产及销售商。

据说20世纪的一项调查显示，全球最流行的三个词分别是"上帝""她"和"可口可乐"。品牌分析家认为，全球最有价值品牌仍然是财富的主要创造者，未来仍将成为创造财富的领头羊。从这个角度讲，可口可乐的品牌经营本身就是在创造财富。可口可乐公司的创始人艾萨•坎德勒曾说："假如可口可乐的所有公司、所有财产在今天突然化为灰烬，只要我还拥有'可口可乐'这块商标，我就可以肯定地向大家宣布：半年后，市场上将拥有一个与现在规模完全一样的新的可口可乐公司。"

那么可口可乐的品牌成功秘诀何在？

广告。可口可乐的伍德拉夫有一句名言："可口可乐99.61%是碳酸、糖浆和水。如果不进行广告宣传，那还有谁会喝它呢？"1886年可口可乐营业额仅为50美元，广告费却为46美元；1901年营业额12万美元，广告费为10万美元，如今可口可乐每年的广告费竟超过6亿美元。如果算一笔账，1886年可口可乐投入的广告费为92%，1901年为83.3%，可能只有这个92%和83.3%的惊人之举使可口可乐这样一种99.61%都是碳酸、糖浆和水的饮料，卖了个世界第一。

广告，无疑是使一个产品成功并扩大市场占有率的法宝，作为一个99.61%都是碳酸、糖浆和水的产品，居然能远销全世界，盛誉满天下，靠的就是大规模广告宣传。除了不惜血本的投入外，可口可乐的广告内容也是煞费苦心，紧跟时代与环境的变化而变化。

【思考】在可口可乐品牌的成长史上，重要的关键因素是什么？投资在其中起到了什么样的作用？

(2) 从社会资本循环周转的角度来看，实业投资中的固定资产投资可以分为重置投资与净投资。

1) 重置投资，是指为补偿固定资产损耗而进行的投资，其基本功能是维持社会简单再生产，它有两种基本形式：为补偿固定资产有形损耗而进行的重置投资和为补偿固定资产无形损耗而进行的重置投资。

2) 净投资：是指增加资本存量的投资。

小知识：

存量（stock）是指某一指定的时点上，过去生产与积累起来的产品、货物、储备、资产负债的结存数量。如某日银行的金库中存有500美元，某年某月某日某一时刻全球的人口数有60亿。

流量（flow）是指一段时间内发生的某种经济变量变动的数值。它是在一定的时期内测度的，其大小有时间维度；而存量则是在某一时点上测度的，其大小没有时间维度。财富就是一个存量，它是某一时刻所持有的财产；收入是一个流量。

(3) 新兴投资方式

1) 房地产投资

房地产：又称不动产，包括地产和房产。地产是指对土地的所有权或使用权；房产包括住宅和非住宅两大类。房地产投资是指以盈利为目的，用于形成不动产为目的的投资。它包括两种基本类型：①房地产开发投资，主要是指房地产企业用于房地产开发的投资；②房地产交易投资，是指为了获取租金或增值收益而购置房地产的投资。

房地产投资具有以下特点：第一，投资对象的固定性和不可移动性，房地产投资对象是不动产，土地及其地上建筑物都具有固定性和不可移动性，不仅地球上的位置是固定的，而且土地上的建筑物及其某些附属物一旦形成，也不能移动。这一特点给房地产供给和需求带来重大影响。第二，房地产投资具有周期长、高投资量和高成本性。房地产业是一个资金高度密集的行业，投资一宗房地产，少则几百万元，多则上亿元的资金。这主要是由房地产本身的特点和经济运行过程决定的。由于房地产投资的影响因素复杂等特性，房地产投资面临的风险因素也特别复杂，由此引起的后果也特别严重。如果投资失误会给投资者和城市建设造成严重后果，所以投资决策对房地产投资更为重要。

2) 高新技术产业投资

所谓的高新技术产业，是指研究和开发高新技术产品的企业的集合。目前公认的高技术包括信息技术、生物技术、新材料、新能源、航空航天和海洋开发技术等。而新技术则是指某一领域和范围相对较新的技术，并不一定是高技术。高新技术产业投资是对高新技术产业部门进行的投资。

高新技术产业在发展过程中存在各种风险。首先，高新技术产品的开发风险远远大于普通商品，如果新开发的商品不被消费者接受或投入市场后被其他商品替代，那么原有的投资就无法收回，面临很大的市场风险。其次，高新技术产品的开发成功率较低且开发周期很长。面临很大的技术风险。再次，高新技术的开发需要庞大资金的不断注入。一旦出现资金紧张，将严重影响高新技术的研发，面临很大的资金风险。统计表明，高新技术企业在西方国家的失败率高达75%。高新技术企业的发展离不开风险投资。

3）风险投资（Venture Capital，VC）

风险投资是指为了促进高新技术成果尽快商品化，获取高额资本收益，而将资金投向高新技术企业的投资行为。投资方向主要集中于高新技术领域，投资对象主要为新兴的、迅速发展的、有巨大竞争潜力的中小企业；投资方式主要为股权投资，重点支持处在开发和试生产阶段的科技成果迅速进入商品化推广应用阶段。主要通过在风险企业公开上市后转让股权获取投资收益。

风险投资诞生于美国，其标志是 1946 年美国哈佛大学在波士顿创建了名为 ARD 的第一家现代风险投资公司。半个多世纪来，风险投资有力地推动了世界各国高新技术产业的发展，国民经济的增长以及国际竞争力的提升。

中国的风险投资开始于 20 世纪 80 年代。1985 年 9 月，第一家专营风险投资的全国性金融机构——中国新技术创业投资公司（中创公司）成立。1987 年全国第一家风险投资基金在深圳设立。到 2008 年年底，虽然受到金融风暴的影响，中国风险投资市场上新募集的风险资本规模仍然达到 1018.67 亿元。2009 年上半年，已完成募集和正在进行募集的资本额达 1614.63 亿元，是 2008 年全年的 1.38 倍。显然，我国的风险投资事业发展是比较快的，它在促进我国高新技术企业的创立和成长方面起到积极作用。但是，我们也看到，我国的风险投资业只经历了较短的发展历史，至今尚处于初始阶段，还无法独立支撑高新技术企业的发展，风险投资在发展中还存在大量的问题，如我国风险投资相对于需求量而言，提供的资金量明显不足；投资主体单一；缺乏相应的法律、法规、政策和税收环境；资本退出机制不完善；风险投资行业人才缺乏等。

五、实业投资的作用

关于实业投资的作用，可以分别从宏观和微观两个角度来讨论。

（1）从宏观的角度看，实业投资能起到两方面的作用：

①影响社会总需求水平，从而在短期内影响产出和就业水平。投资增加，会相应扩大内需，从而增加社会总需求水平；投资减少，会相应减少内需，从而减少社会总需求。从短期来看，产出和就业水平的变化也决定于投资水平，投资增加，会增加社会的产出，同时提供更多的就业机会。

②通过投资能够增加社会投资积累，提高潜在生产能力，从而促进长期的经济增长。

（2）从微观的角度看，实业投资有三方面的作用：

①增强投资者的经济技术实力。投资者通过投资项目的实施，不但增加了资本积累，而且提高获得收益的能力，同时，增加了抵御风险的能力。

②提高投资者不断创新的能力。投资者通过实业投资，实现科技成果的商品化和产业化，就可以不断地取得创新利润，从而使投资者具备长期的经济发展实力。

③增加投资者的市场竞争能力。市场竞争不但表现为人才的竞争，也与经济技术实力

和不断创新有关。通过实施投资项目，可以扩大投资者的生产规模，达到规模经济，或者扩大经营范围，达到规模经济，在市场竞争中立于不败之地。

六、实业投资的运动过程

一般而论，实业投资要经过三个阶段：投资前期、投资期、投资回收期。产业投资必须按其内在的时序，经历一定的阶段。这些阶段环环相扣，前一阶段为下个阶段创造条件，而下个阶段必须在前一阶段的基础上进行。

1. 投资前期

投资前期包括可行性研究和筹措资金两个阶段。

（1）可行性研究，又包括机会可行性研究、初步可行性研究和详细可行性研究三种。

①机会可行性研究：主要是对投资方向进行规划设想，鉴别和确定一个项目的投资机会，并将项目设想转变为概略的投资建议简介，散发给潜在的投资者，以激发广泛的投资响应。机会可行性研究是相当粗略的，往往是根据调查得到的当时情况，通过与类似现有项目的比较来获得总的估计数据。但是对投资额估计的误差一般在±30%以内。

机会研究的时间短，一般是1~3个月；花钱也不多，所花的研究费一般占总投资的0.2%~1.0%。

②初步可行性研究：是在更为详尽的研究报告中系统阐述项目的设想，其目的是对项目设想进行初步估计，判明投资机会是否有这样的前途，以便可以在详细阐明资料的基础上做出投资决策，或确定需要通过市场调查、实验等手段，进行深入研究和调查，使项目设想具有足够的吸引力。

初步可行性研究只需概括地研究，对项目的各种方案可以进行初次筛选，以确定对其中较优的方案作进一步的比选。

初步可行性研究对投资估算的误差要求在±20%以内，所需时间为3~4个月，研究费用占总投资的0.25%~1.25%。

③详细可行性研究：对项目进行全面研究，其报告是投资者做出投资决策的主要依据。它必须详细回答六个方面的问题，即说明五个"W"和一个"H"：Why、What、Where、When、Who、How。

详细可行性研究对投资估算的误差要求在±10%以内，所需时间和经费随项目的大小及复杂程度有所不同，时间少则几个月，多则几年，经费占项目总投资的0.2%~3%。

（2）筹措资金：企业的资金来源可分为内部资金和外部资金。

①内部资金是指企业所有者提供的资金和企业通过生产经营活动所取得资金，主要包括：股东出资、累计折旧、资本公积、盈余公积、出售资产等。

②外部资金是指向企业以外单位筹措的资金，包括向银行借款、发行债券、商业信用资金等。筹资方式不同，必然影响到融资的成本、投资项目建成后的所有权、经营管理方式以及收益的分配形式。

2. 投资期

投资期是投资的实施阶段，其主要任务是通过编制设计委托书、委托设计、委托施工和竣工验收等活动,形成具有生产能力的固定资产。

3. 投资回收期

投资回收期是投资的回收阶段,其主要任务是通过项目经营取得收益,回收投资成本并取得投资收益。

三个阶段的关系如下:

(1) 要想获得投资的成功,必须做好各阶段每个环节的工作。

(2) 在这三个阶段中,投资前期工作尤为重要。

(3) 投资运动三个阶段各个环节的顺序不能任意跳跃,更不能颠倒,但可适当交叉。

七、实业投资项目评估

项目评估是实业投资决策的重要手段,投资人、决策机构、金融机构以项目评估的结论作为实施项目、决策项目和提供贷款的主要依据。实业投资项目评估的目标是为投资决策提供科学的依据。实业投资的类型很多,其规模、性质和复杂程度各不相同,因而其评估的内容和侧重点也有一定的差异,但其基本内容大同小异,主要包括以下几个方面:

(1) 实业投资项目与企业概括评估

首先,对项目实施的背景进行简要分析;其次,对各类项目的基本概况进行简要分析。对于基本建设项目,主要评估项目的投资者、建设性质、建设内容、产品方案、项目隶属关系以及项目得以成立的依据(如立项批复文件、选择意见书等)等。对于更新改造项目,除上述内容之外,还要评估现有企业的基本概况、历史沿革、组织结构、技术经济水平、资信程度、经济效益等。对于中外合资项目,则还要分别评估各合资方的基本概况。

(2) 实业投资项目建设必要性评估

主要从宏观和微观角度论述项目建设的必要性,如项目的建设是否符合国家的产业政策,是否符合国民经济发展规划与地区发展规划,是否有助于优化城市整体布局等。

(3) 实业投资项目市场需求分析

主要分析项目所生产的产品(或所提供的服务)的市场现状、未来发展趋势以及产品(或服务)在市场的竞争能力等。

(4) 实业投资项目生产规模的确定

在必要性评估和市场需求分析的基础上,结合项目的具体情况(如厂址情况、资金筹措能力、技术和管理水平、规模经济等),确定项目的最佳生产规模。

(5) 实业投资项目建设生产条件评估

主要评估项目的建设施工条件能否满足项目正常实施的需要,项目的生产条件能否满足正常生产经营活动的需要。

(6) 实业投资项目工程和技术评估

主要评估项目工程设计是否合理,项目所采用的工艺是否具备先进性、经济性、合理性和安全性。

(7) 投资估算和资金筹措

主要估算项目总投资额(包括建设投资、流动资金投资与建设利息等),并制订相应的资金筹措方案和资金使用计划。

(8) 财务效益分析

从企业或项目的角度出发，根据收集和估算出的财务数据，以财务价格为基础，编制有关表格，计算相应的技术经济指标，据此判断项目的财务盈利能力和清偿能力。

(9) 国民经济效益分析

从国民经济的角度出发，根据收集和估算出的经济数据，以影子价格为基础，编制有关表格，计算相应的技术经济指标，据此判断项目对国民经济的贡献。

(10) 社会效益分析

从社会的角度出发，以社会影子价格为基础，编制社会评价表格，计算相应的技术经济指标，据此判断项目对实现社会发展目标的贡献。

(11) 不确定性分析

通过运用有关方法，计算有关指标，考察项目抵御风险的能力。

(12) 在上述各项评估的基础上，得出项目评估的结论，并提出相应的问题和建议。

在实际评估中，可根据项目的性质、规模和类别等对上述内容加以调整。

第三节 证券投资

一、证券投资的目的

(一) 资本保值和增值的需要

在企业经营中，由于折旧的计提和未分配利润的存在会使资本在一定时期内闲置，若把这部分资金存放于银行，其收益较小，因此把这部分资本投放于收益较高的公司债券、政府债券和股票，不仅不失其流动性，而且可以获取较高的收益而达到资本保值和增值的目的。

(二) 控制其他企业

这是基于股票投资者具有企业管理决策权这一特征而产生的，一般认为，当拥有一个企业25%以上的股份时，就可以控制该企业的重大生产经营决策。若不足25%，也能建立起一定的联系，在原材料供应、产品销售、技术开发与工艺上提供一定的便利和优惠。

(三) 积累整笔资金

企业要扩大生产经营规模或者兼并、收购其他企业都需要有一定的资金积累，而有价证券投资可以积累整笔资金以备随时调用。

(四) 转移和分散风险

把企业的闲置资本投放于有价证券，有利于实现企业收益的多样化，从而可以有效地散和转移风险,稳定收益和利润水平。

二、证券的种类

进行证券投资必须先弄清投资对象,因此,应该了解流通中的证券主要有哪些,以及它们是如何分类的。证券的具体种类有如下七种:

1. 国库券

国库券是由政府财政金库发行的,用以弥补财政收支不平衡的一种债券。最初只具有短期性质,发行期限通常在一年以内,现在我们国家实际所发行的国库券都在一年以上,具有长期性质,而成为一般政府公债。国库券安全性好,利率较之银行储蓄存款利率高,流动性强,担保价值大,是企业进行投资的重要对象。

2. 可转让大额定期存单

它是指在市场上可以转让出售的注有特定金额、特定期限及利率的存款证明。其特点是不记名,可以自由转让,存单金额固定且比较大。其利息率一般高于国库券,所以它不仅变现能力强,而且收益能力高。

3. 银行承兑汇票

它是指由收款方签发的载明付款金额和付款期限而由付款方银行承兑的票据。在票据未到期之前,收款方如果需要资金,可持票据到银行贴现,银行扣除一定的利息和手续费后支付现金。此外,在票据未到期之前,收款方还可以背书转让。因票据由银行承兑,所以持有人的风险不大。因可以自由转让,是企业较好的短期投资对象。

4. 投资基金受益凭证

投资基金受益凭证往往被简称为投资基金,是募集投资基金的工具,是投资人可选择的一种投资对象或投资方式,是金融市场上可流通转让的有价证券。投资基金往往是由实力强大的企业发起设立,通过发行受益凭证募集资金,实现投资人共同出资,成立基金会或受益人大会,以信托契约为基础交由专业投资人进行投资管理,多元投资,分散风险,以谋求比较稳定可靠的经济利益。

5. 金融债券

这是指由银行或非银行金融机构发行向购买者开出的具有特定还本付息日的债权凭证。金融债券与银行定期存款相比,有较强的流动性,可以自由转让,但不能提前支取现金,逾期兑付不计逾期利息。

6. 企业债券或公司债券

它是指由企业或公司发行向购买者开出的承诺在未来的特定日期偿还本金,并按照规定的利率支付利息的债权证书。对于发行者来讲,这是一种筹资手段;对于购买者来讲,它是一种可流通转让的有价证券。企业债券或公司债券与政府债券相比,风险较大,但利率较高,是企业进行长、短期投资的主要方式。

7. 公司股票

它是指股份有限公司为筹集资本金而发行的,需要定期支付股利但无固定还本日的,由购买者持有的股权证书。与债券相比,股票的投资风险大,但期望收益高,并可参与管理或控制公司的生产经营。它是企业进行长、短期投资的主要方式。

三、证券投资应考虑的因素

企业在进行各项投资活动时一般都要考虑风险与报酬,而进行证券投资活动也不例外,也应考虑风险与报酬。所说的安全性原则,实质上就是考虑证券投资的风险。所说的流动性原则,实质上还是考虑证券投资的风险,只不过考虑的是具体的证券流动转让风险。所说的收益性原则,实质上就是考虑证券投资的报酬。所说的应预计未来经济发展趋势,归根结底是考虑证券投资的风险,还是考虑证券投资的报酬。投资者都反感风险而追逐报酬,但实际上风险与报酬是相辅相成的。报酬高,往往伴随的风险较大,报酬低,往往伴随的风险较小;反过来,风险大往往期望收益即期望报酬较高,风险小往往期望收益较低。当然,风险与报酬之间的对应并没有严格的比例。因此,证券投资人总是希望在谋取较高的报酬时,投资风险越低越好。但证券投资人在进行证券投资时,应对欲投资的证券风险进行充分估计,应对欲投资的证券报酬进行谨慎测算。

(一) 风险

证券投资风险就是指证券投资报酬具有不确定性。一般来说,债券的投资风险小于股票的投资风险,而在债券当中,政府债券的投资风险小于金融债券的投资风险,金融债券的投资又小于企业债券或公司债券的投资风险,有担保债券的投资风险小于无担保债券的投资风险,短期债券的投资风险小于长期债券的投资风险;在股票当中,优先股股票的投资风险小于普通股股票的投资风险。证券投资风险所包括的内容如下:

1. 流动性风险

它是指投资人持有的证券因能否迅速转换为现金的不确定性所引起的证券投资报酬的不确定。特别是在我们国家有许多企业证券不能上市交易的情况下,未上市证券近期能否上市,已上市证券能否迅速流通转让,这些不确定性势必会影响企业证券投资的报酬。比如,当企业面临更好的投资机会而需要资金时,若不能将所持有的证券转让出去或只能以较低的价格转让出去,毫无疑问会使企业减少收益;当企业继续持有某种证券将会遭受损失或遭受更大损失时,若不能将该证券转让出去或迅速转让出去,明显会使企业增加损失。一般来讲,债券的流动性风险小于股票的流动性风险,上市企业证券的流动性风险小于不上市企业证券的流动性风险,绩优企业证券的流动性风险小于绩劣企业证券的流动性风险。

2. 期限风险

它是指投资人持有的证券因存在着长短不同的还本期限所引起的证券报酬的不确定。需要说明的是,证券的还本期限是投资人在进行证券投资之前就可以知道的,而且在投资之后并不需要一直持有至还本期,而可以提前转让,然而证券投资的期限风险是客观的,可以想办法回避,但不可能完全回避掉,只要进行证券投资就不可能完全回避期限风险,而只能想办法把期限风险降得低一点。一般而言,债券投资的期限风险小于股票投资的期限风险,短期证券投资的期限风险小于长期证券投资的期限风险,长期证券投资的期限风险小于无期证券投资的期限风险。

3. 违约风险

它是指投资人持有的证券因客观上存在着不能按期获得应计利息和兑取本金的可能性所引起的证券投资报酬的不确定。一般而言,政府证券投资的违约风险小于金融证券投资的违约风险,金融证券投资的违约风险小于企业证券投资的违约风险,绩优企业证券投资的违约风险小于绩劣企业证券投资的违约风险,股票投资的违约风险小于债券投资的违约风险,有担保债券投资的违约风险小于无担保债券投资的违约风险。由于股票没有固定的还本日,所以股票的违约风险较小。

4. 利率变动风险

它是指投资人持有的证券因可能的市场利率变动会导致证券价格下跌所引起的证券投资报酬的不确定。市场利率上升,则证券价格下跌;市场利率下降,则证券价格上涨。而证券价格的涨落直接会导致证券投资报酬的相应涨落。因为股票的股利率是变动的,而债券的利率是固定的,所以,股票受利率变动的影响比较小,而债券受利率变动的影响较大。因此,从一般意义上讲,股票投资的利率变动风险小于债券投资的利率变动风险,短期证券投资的利率变动风险小于长期证券投资的利率变动风险。

5. 购买力风险

它是指投资人持有的证券因可能发生的通货膨胀会导致证券到期收益的货币购买力下降所引起的证券投资报酬的不确定。通货膨胀、物价上涨,则证券到期收益的货币购买力下降;物价下跌,则证券到期收益的货币购买力上涨。而货币购买力的升降直接会导致证券投资报酬的相应升降。一般而言,股票投资的购买力风险小于债券投资的购买力风险,短期证券投资的购买力风险小于长期证券投资的购买力风险,变动收益证券投资的购买力风险小于固定收益证券投资的购买力风险。

6. 经营性风险

它是指投资人持有的证券因发行企业经营情况、经济效益的不确定所引起的证券投资报酬的不确定。经营性风险对于债券投资的影响不大,因为债券不论企业经营好坏,发行企业都应按照固定的利率去支付利息,当然,如果企业经营状况恶化会导致企业违约。而经营性风险对于股票投资的影响较大,因为股利率以及股票价格会随着发行企业的经济效益的好坏而上下浮动。所以,债券投资的经营性风险小于股票投资的经营性风险,优先股投资的经营性风险小于普通股投资的经营性风险。

(二) 报酬

证券投资的报酬,从理论上讲应包括投资的时间价值和投资的风险价值。投资的时间价值就是投资在无风险条件下应获得的报酬。投资的风险价值就是投资因冒风险应获得的超过时间价值的额外报酬,具体包括流动性风险报酬、期限风险报酬、违约风险报酬、利率变动风险报酬、购买力风险报酬和经营性风险报酬等。而我们知道,风险与报酬相辅相成,风险越大,报酬越高;风险越小,报酬越低。因此,企业在进行证券投资时,应在风险与报酬之间做出权衡,短期投资应以风险为重而讲究安全,长期投资应以报酬为重而讲究效益。

从实践上讲,证券投资的报酬应包括投资的利息收益和投资的资本利得收益。投资的利息收益是证券投资人按期从证券发行人手里取得的资金使用费收入,如债券的利息、股票的股利等。投资的资本利得收益是证券投资人通过证券的买卖,主要是低进高出所获得的资本价差收益,但如果卖出价低于买入价,则资本利得收益表现为负值。

证券投资的报酬,既可以用相对数表示,也可以用绝对数表示,而在企业财务管理中通常使用相对数,即投资报酬率来反映,其计算公式如下:

$$证券投资报酬率 = \frac{利息收益 + 资本利得收益}{证券投资成本} + \frac{360 天}{证券持有日数}$$

式中:资本利得收益——证券卖出价与证券买入价之差;

证券投资成本——证券买入价;

证券持有日数——从证券买入日起至证券卖出日止的天数。

四、证券投资的程序

按程序进行操作是顺利完成投资行为,降低证券投资风险,提高证券投资收益的基础。证券投资的基本程序为:

1. 选择证券经纪公司并办理开户

要进行证券投资首先应选择一家信誉良好、服务质量较高、具有证券交易所会员资格的证券经纪公司去代理证券买卖。选择好证券经纪公司后,与其签订代理买卖证券契约即开户。开户时需填写有关表格办理登记手续。通过开户,证券经纪公司对客户有所了解,可防止客户发生背信行为。

2. 选择合适的投资对象

选择投资对象,首先是选择投资的证券种类,然后是选择投资于哪家企业的证券。不论是选择证券种类,还是选择证券所属哪家,都应遵循以下原则:①安全性原则。根据发行者的资信状况考察债券的偿还能力或股票收益的保障程度;②流动性原则。债券因有偿还期限,先天就有一定程度的流动性,而股票的流动性首先依赖于二级市场的发育程度,其次依赖于股票自身的质量;③收益性原则。债券的风险一般较小,但其收益较低。相对债券而言,股票是一种高收益高风险的证券。在股票中,普通股的收益和风险要高于优先股的收益和风险。在债券中,无担保债券的收益和风险要高于有担保债券的收益和风险。此外,我们在选择证券投资对象时,还应对未来经济发展趋势做出预计。如果未来经济发展趋向于稳定、繁荣,因股票的收益率不固定即期望收益高,应选择投资于股票;如果未来经济发展趋向于动荡、萧条,债券因收益率固定,到期还本,故应选择投资于债券。

3. 委托买卖

在确定了证券投资对象后,即可委托其开户的证券经纪公司办理证券买卖,证券经纪公司在接受了委托后,即通知其在证券交易所的代表进行代理买卖。交易完成后,该代表向证券经纪公司报告,再由证券经纪公司通知委托人,以便委托人准备交割事宜。企业在办理委托证券买卖时,需发出委托投资指示,常用的委托投资指示有随市指示、限定性指示、停止损失指示等。随市指示是委托人向证券经纪公司发出的按当时市场价格买卖某种证券的指令。限定性指示是委托人向证券经纪公司发出的买卖某种证券并对买卖价格进行限制的指令。停止损失指示是委托人为保障既得利益或减少可能的损失而向证券经纪公司发出的，当某种证券价格上涨或下跌超过特定限度时，便代其买进或卖出的指令。

4. 交割

证券买卖成交后，委托人应在规定的时间内完成交割，即委托人在成交单上签字，然后将证券或现金交给证券经纪公司。卖出时交出证券取得现金，买进时付出现金取得证券。交割的同时，委托人应按规定向证券经纪人支付委托买卖的手续费即佣金。证券交割按交割期限的长短分为正规交割、现金交割、隔日交割、卖方选择交割等。正规交割是在证券买卖成交后的第五个工作日进行交割。现金交割是在证券买卖成交的当日进行交割。隔日交割是在成交后的第一个工作日进行交割。卖方选择交割是在成交后的60日内由卖方选择交割日进行交割。

5. 过户

证券的过户是指投资人买进证券后，到证券发行公司办理变更持有人姓名的手续。证券的过户仅限于记名证券的流通转让，而目前我国证券交易所交易的股票主要是记名股票。因此，委托人在购进股票成为新的持有人后，若想享受股息和股东的权益，就应及时过户。不过有许多股票的持有人并不去办理过户手续，因为他们并不想享受股息和股东权益，而只想赚取价差收益即资本收益。投资人在办理过户时，必须携带买进的股票、成交单、身份证和本人印鉴等。

第四节 期货与期权投资

期货与期权是两种重要的金融衍生品。期货的英文为 futures，是由"未来"一词演绎而来，其含义是：交易双方不必在买卖发生的初期就交收实货，而是共同约定在未来的某一时刻交收实货，因此中国人就称其为"期货"。期权的英文 options 是"选择权"的意思，我们习惯上把它译为期权，实际上是指在某一限定的时期内按事先约定的价格买进或卖出某一特定金融产品或期货合约（统称标的资产）的权利。本质上来说，期权就是指一种"权利"的买卖。

我国自20世纪90年代初开始恢复建立期货市场，现已初具规模，在这段时期内，期货市场由初创时期的50多家交易所、近千家期货经纪公司、数十种合约商品缩减到2002年的3家交易所、近200家期货经纪公司、有10种商品在期货交易所交易。现有的3家期货交易所是：上海期货交易所、大连商品交易所、郑州商品交易所；在上海期货交易所交易的是天然橡胶期货、铜期货、铝期货、燃料油期货；在大连商品交易所交易的是大豆期货、豆粕期货、玉米期货；在郑州商品交易所交易的是小麦期货、棉花期货和绿豆期货。这为企业提供了新的投资机会和投资方式。

一、期货投资

（一）期货与期货合约

期货相对于现货而言，是指于现在达成买卖协议而于未来一定时期内实际交割的各类商品，包括货物商品和金融商品。期货交易实际上是期货合约的交易，而不是商品本身的交易。

期货合约是为在将来一定时期以指定价格买卖一定数量和质量的商品的标准化合约。它是由期货交易所制定，并经政府有关部门批准的标准化的、受法律约束的、在将来某一特定时间和地点交收的某一商品或金融工具的书面法律文件。它是确定期货交易关系的一种契约，是期货市场的交易对象。企业买进期货合约，就等于同意在将来某一指定时期、指定地点、按约定价格接收某等级和数量的商品。企业卖出期货合约，就等于同意在将来某指定时期、指定地点，按约定价格交付某等级和数量的商品。

（二）期货的种类

期货交易的品类繁多，具体来说主要有两大类，即商品期货和金融期货。

1. 商品期货

商品期货是以实物商品，如大豆、大米、玉米、小麦、铜、铝等作为期货品种。商品期货历史悠久、种类繁多，主要包括农副产品、金属产品、能源产品等几大类。

2. 金融期货

金融期货是以金融产品，如汇率、利率、股票指数等作为期货品种。金融期货大致包括外汇（汇率）期货、利率期货和股票指数期货三种。

①外汇期货是指协约双方同意在未来某一时期，根据约定价格——汇率，买卖一定标准数量的某种外汇的可转让的标准化协议。外汇期货包括以下币种：日元、英镑、德国马克、瑞士法郎、美元等。

②利率期货是指协议双方同意在约定的将来某个日期按约定条件买卖一定数量的某种长短期信用工具的可转让的标准化协议。利率期货交易的对象有长期国库券、政府住宅抵押证券、中期国债、短期国债等。

③股票指数期货是指协议双方同意在将来某一时期按约定的价格买卖股票指数的可转让的标准化合约。最具代表性的股票指数有美国的道·琼斯股票指数和标准·普尔500种股票指数、中国香港的恒生指数、日本的日经指数等。

（三）期货交易的特点

期货交易是一种特殊的交易方式，它有不同于其他交易的如下特点：

1. 交易的对象——期货合约

与生活中其他的买卖不同，期货买卖的对象并不是实物，而是和这些东西有关的合约，这份合约中规定了买卖双方的权利和义务。合约对相关问题都提前进行了详细的规定，买卖合约的双方都要遵守这个规定，任何人不得随意违反。

2. 交易的地点——期货交易所

大部分的期货都在期货交易所上市，所以交易的地点自然是期货交易所。在期货交易所里，不仅有严密的组织结构和章程，还有特定的交易场所和相对制度化的交易、结算、交割流程。我国国内的期货产品都是在期货交易所交易的。

3. 交易的载体——利用标准化合约

这是指同一家交易所对标的物相同的合约内容都有标准化的规定。例如，在上海期货交易所上市交易的铜期货合约，每张合约的内容都是一样的，交易品种都是阴极铜，交易单位都是5吨，交割品级都要符合国标GB/T467—1997标准，其他的有关规定包括报价单位、最小变动价位、每日价格最大波动限制、交易时间、最后交易日、最低交易保证金、交易手续费等，这些规定对每份铜期货合约来说都是相同的。

4. 交易的经费——只需缴纳保证金

进行期货买卖的时候，不需要支付全部金额，只要交出一个比例（通常为5‰～10‰）的金额作为履约的担保金就行了，即保证金。

5. 交易的方式——到期交割

期货合约是有到期日的，合约到期需要履行交割义务。

6. 交易中的独有方式——双向交易

这种交易方式是其他投资项目所没有的，也是期货投资中不得不提的一种方式。它实际上是指：我们既可以先买一张期货合约，在合约到期之前卖出平仓（或者到期时接受卖方交割），也可以先卖一张合约，在合约到期之前买进平仓（或者到期时交出实物或者通过现金进行交割）。就算手头没有一张合约，依然可以先卖出。这种可以先买也可以先卖的交易被称为双向交易。

（四）期货的交易流程

成功的期货交易始于熟悉它的交易过程。在简单了解期货投资后，为了能让投资者进一步熟悉它，这里就介绍一下期货投资的交易过程以及交易方式。根据交易的习惯，期货交易的全过程可概括为开仓、持仓、平仓或实物交割。

1. 开仓

开仓是指交易者新买入或新卖出一定数量的期货合约，例如，投资者可卖出10手大豆期货合约，当这一笔交易是投资者的第一次买卖时，就被称为开仓交易。

2. 持仓

在期货市场上，买入或卖出一份期货合约相当于签署了一份远期交割合同。开仓之后尚没有平仓的合约，称为未平仓合约或者平仓头寸，也称持仓。

3. 平仓或实物交割

交易者开仓之后可以选择两种方式了结。期货合约要么择机平仓，要么保留至最后交易日并进行实物交割。为了更好地诠释平仓或实物交割的含义，我们先看一个假设：假如你在2009年5月卖出大豆期货合约10手，那么，你就应在2009年5月到期前，买进10

手同一个合约来对冲平仓,这样,一开一平,一个交易过程就结束了。这就像财务做账一样,同一笔资金进出一次,账就做平了。这种买回已卖出合约,或卖出已买入合约的行为就称为平仓。如果交易者将这份期货合约保留到最后交易日结束,他就必须通过实物交割来了结这笔期货交易。

在期货交易的过程中,有很多种交易方式,尤其是网络的发达带来的通信发达,使得交易途径更加宽广、快捷。

首先,传统的交易方式——书面方式和电话方式。书面方式是客户在现场书面填写相关单据,传达自己的指令,通过期货经纪公司的盘房接单员将指令下达至交易所;电话方式是客户通过电话将指令下达给期货经纪公司的盘房接单员,接单员在同步录音后再将指令下达至交易所。

其次,随着科技的进步,也出现了一些新型的电子化交易方式,如计算机自助委托交易、电话语音委托交易、网上交易等。

(五) 期货投资的方式

按期货交易者的目的,期货投资可以分为两种基本方式:套期保值交易和投机交易。期货套期保值者的根本目的在于避险保值,而不是赚取价差利润;期货投机交易者的根本目的利用价格波动获得风险利润。

1. 套期保值交易

套期保值是指交易者在期货市场上买进卖出与现货数量相等、但交易方向相反的期货合约,以期在未来某一时间通过卖出或买进期货合约,来补偿因现货市场价格变动所带来的风险。

例如,在 3 月 1 日,某美国公司预期在 7 月底收到 50000000 日元。国际货币交易所(IMM)的日元期货的交割月为 3 月份、6 月份、9 月份和 12 月份。每一合约交割的金额为 12500000 日元。因此,公司在 3 月 1 日卖出 4 个 9 月份日元期货。当 7 月底收到日元时,公司平仓其期货合约。我们假定 3 月 1 日的现货价格和期货价格为每日元 0.7800 美分和 0.785 美分,当期货合约平仓时现货和期货的价格分别为每日元 0.7200 美分和 0.7250 美分。

$$现货盈亏 = (0.72 - 0.78) \times 12500000 \times 4 = 7000000 = -\$30000$$
$$期货盈亏 = (0.785 - 0.725) \times 12500000 \times 4 = 7000000 = \$30000$$

现货市场与期货市场盈利互相相抵,美国公司套期保值获得成功,它实现了现时现货市场价格(3 月 1 日现货市场上日元外汇价格)。

当然,我们可以将这一结果与美国公司没有进行套期保值操作进行比较。按 3 月 1 日现货日元价格,美国公司应得到现货 390000 美元(50000000×0.78 = 390000000 美分),如果它不做套期保值操作,而到 7 月份,由于现货市场日元价格跌到每日元为 0.7200 美分,它只能获得 360000 美元(50000000×0.72)的收入,比 3 月 1 日可多收入 30000 美元。而如果它进行了上述套期保值操作,那么,它在现货市场上由于现货市场价格下降而少收入的 30000 美元,就可以由期货市场上由于价格下降而获得的 30000 美元赢利来弥补。

套期保值交易要注意两点:一是要在现货市场与期货市场同时反方向操作。现货市场买进,期货市场卖出,反之亦然。二是现货价格和期货价格的变动方向和变动幅度基本一致。这样才能保值，一旦现货市场出现亏损，可以用期货交易的盈利来补偿；反之，现货交易的盈利也可以弥补期货交易的亏损。如果现货价格和期货价格的变动方向不一致，则不能进行套期保值。

根据套期保值交易者在期货市场上占据买方位置还是卖方位置，套期保值交易有两种基本类型：买入（多头）套期保值和卖出（空头）套期保值。如果公司知道它要在将来某一特定的时间出售某一资产，则可以在期货市场上买进一个与资产相等的卖出（空头）期货合约来对冲它的风险。这就是空头套期保值。如果现货资产的价格下降，则公司在出售该资产时将发生损失，但将在期货的空头上获利。如果资产的价格上升，公司在出售该资产时将获利，但期货的空头将有损失。以此类推，如果公司知道它要在将来要购买某一资产，它可以在期货市场上买进一个与资产相等的期货合约来对冲它的风险。这就是多头套期保值。买入（多头）套期保值的目的仍是回避现货价格上涨的风险，卖出（空头）套期保值的目的仍是回避现货价格下降的风险。

企业在生产经营过程中，经常面临着产品价格和原材料价格波动而遭受损失的风险。企业进行买方套期保值交易可以锁定生产成本，控制因原材料涨价而带来的损失风险；企业进行卖出套期保值交易可以维护产品的销售价格，避免因跌价而带来的利润损失。

2. 投机交易

投机交易是指在期货市场上谋求盈利并愿意承担风险的投机性活动。投机交易者并不是真正要购买或出售某种商品，而只是想从商品价格的经常波动中获利。他们认为可以正确预测期货市场价格趋向，甘愿冒险，不断地买卖期货合约，以期从中获得价差收益。当预测某种商品价格将要上涨时，就会买进期货。例如，某投资者估计某债券价格将会上涨，于是在8月8日以当时市价120元的价格买进100口（一种期货交易的单位）该债券的期货合同，交割期为11月8日。此时，该投资者就拥有了一个多头头寸（Long）。不久，8月底，若其期货价格上升至140元，此时将合同卖出，获得利润为（140－120）×1000－佣金、税金、垫付款利息。

当预测价格下跌时，就会卖出期货，从而获得期货交易中的有利的价差利润或承担不利的价差损失。例如，当S&P500指数期货的开盘指数为1000点时，一投资者预测期市将下跌，在开盘时以市价卖出一张S&P500指数期货合约。此时他拥有了一个空头头寸（short）。如果收盘时，期市价格下跌至990点，将其买回平了空仓。S&P500指数期货＄500/点，该投资者通过这一操作获利：500×（1000－990）＝5000（美元）。

期货交易的财务杠杆作用是吸引大量投机交易者的重要因素。投机者使用少量资金，有可能获取巨额利润。可见，套期保值者转移的价格风险主要由投机交易者承担，与此同时，套期保值者也将在价格变动中可能获得的利润转让给了投机交易者。因此，期货市场上的套期保值者和投机交易者相互依存，缺一不可。

二、期权投资

（一）期权的概念

期权是一项选择权，期权交易的一方在向对方支付一定数额的权利金后，便可获得在一定的时间内以一定价格向对方购买或出售一定数量的相关资产的权利,但不负有必须买进或卖出的义务。为了使读者能更好地理解期权交易,在这里举个日常生活中的例子。

有一位杨先生很聪明,他认为中国经济的迅速发展,一定会带动房地产价格的上涨,由此他认为购置房产是一种很有前景的投资,可惜的是他此时没有足够的钱去购买房屋。杨先生于是想出了个主意,在他看中了一幢售价为 30 万元的房屋以后,杨先生找到了屋主,他告诉屋主,他喜欢屋主的房屋,但目前没有经济能力购买。杨先生估计自己大约需要一年时间才能凑足这笔购屋的款子,于是杨先生向屋主建议道,他愿意支付给屋主 2.5 万元作为换取他在一年之内能以 30 万元购买屋主房屋的权利。杨先生于是和屋主签订了一个合同,合同的基本内容为:杨先生支付给屋主 2.5 万元以换取在一年之内以 30 万元的价格购买屋主房屋的权利。同时,在合同的有效期内,杨先生有权将此合同转卖给别人,任何购买此合同的人都有权在合同的有效期内(一年),以 30 万元的价格去购买屋主的房屋(屋主对此没有疑义,因为屋主关心的是以 30 万元来出售他的房屋,至于谁来购买并不重要)。

现在让我们来看看在以后的一年里发生的事情。半年以后,这幢房屋的价格从 30 万元涨到了 50 万元,杨先生有以下两种选择:

(1) 杨先生根据合同规定,以 30 万元买下房屋,立即以 50 万元转手卖掉,赚得 20 万元,扣除先前支付的 2.5 万元,净利 17.5 万元。

(2) 杨先生将合同卖掉,赚得 20 万元,扣除先前支付的 2.5 万元,净利 17.5 万元。这里,杨先生为什么能赚得 20 万元呢?因为杨先生有那份他与屋主签订的合同,换言之,那份合同价值 20 万元。进一步讲,我们可以认为,那份价值 20 万元的合同是由两部分组成的,一部分是由合同中规定的购买房屋的价格与房屋的市场价格的差价所产生的价值,另一部分则是时间价值。因为对于任何一位相信房价会上涨的投资者而言,合同的有效期限使他们从房价上涨而得到获利成为可能。

在这个例子里,杨先生因为没有足够的资金,出于无奈,才想出了这个聪明的办法,其实杨先生无意中采用了期权投资的方法。

现在再让我们来看看杨先生用两种不同方法购买房屋的投资回报率。

方法一:杨先生支付 30 万元买下房屋,半年后,房价涨到 50 万元,杨先生将房屋卖掉,获利 20 万元,杨先生的投资回报率为 67%。

方法二:杨先生支付 2.5 万元得到了一个期权合同,半年后房屋涨到了 50 万元,杨先生将期权合同卖掉,获利 17.5 万元,投资回报率为 600%。

显然,第二种方法的投资回报率比第一种方法的投资回报率要高得多。不仅如此,例如投资方向错了,房屋不涨反跌,那么第一种方法的损失从理论上讲是 30 万元,而第二种方法只有 2.5 万元。第二种投资方法显然比第一种投资方法的风险要小得多。现在再让我们来看看,假如杨先生以 30 万元资金用第二种方法进行此购屋投资,也就是将 30 万元分成 12 个 2.5 万元,然后用期权投资的方法进行购屋投资,假如半年内房价从 30 万元涨到 50 万元,此时,杨先生的利润就是 12×17.5 万 = 210 万元。

从上面的例子可以看出,以不同的购屋方法进行购屋投资,投资的回报率会相差很大。例如我们用上述所讲的购屋方法进行股票投资,那就是所谓的股权投资。例如:

ABD 股票的价格为每股 30 美元,张先生经过分析研究,认为该股票会上涨,于是张先生购买了一个有效期为 3 个月的合约，此合约规定张先生有权在 3 个月里以每股 30 美元购买 100 股 ABD 的股票，为了获得这个权利，张先生支付了 400 美元的代价。2 个月后，ABD 股票的价格从每股 30 美元涨到了每股 44 美元，此时，张先生购买的股权合约的价值也从 400 美元增值到了 1400 美元。因为根据该股权合约规定，张先生有权在规定的时间里以每股 30 美元的价格购买 100 股市值为每股 44 美元的 ABD 股票。在此以后，张先生有两种选择：

（1）张先生以每股 30 美元，共计 3000 美元买入 100 股市价为每股 44 美元的 ABD 股票，然后再以每股 44 美元的市价将股票卖掉，从而获利 1400 美元，减去预先支付的 400 美元，张先生净利 1000 美元，投资回报率为 33％。

（2）张先生将股权合约以 1400 美元的价格卖掉，获利 1400 美元，减去预先支付的 400 美元，净利 1000 美元，此时张先生的投资回报率为 250％。①

期权是一个很有用的投资方法，期权主要有股票期权、股票指数期权、期货期权、利率期权等。

（二）期权交易的特点

相对于股票或期货而言，期权具有如下鲜明的特点：
（1）期权是一种权利的买卖；
（2）期权买方要获得这种权利就必须向卖方支付一定数额的费用（权利金）；
（3）期权买方取得的权利是未来的；
（4）期权买方在未来买卖的标的资产是特定的；
（5）期权买方在未来买卖标的资产的价格是事先确定的（即执行价格）；
（6）期权买方根据自己买进的合约可以买进标的资产（看涨期权）或卖出标的资产（看跌期权）。

（三）期权交易的类型

期权有很多种，分为看涨期权和看跌期权；实权期权、平值期权和虚值期权；交易所交易期权和柜台交易期权；欧式期权和美式期权等。此处着重介绍看涨期权和看跌期权两种。

看涨期权又称买权、买入选择权、择购期权、延买期权、敲进期权。它赋予了买方有选择购买的权利，而卖主必须出售的义务。即看涨期权的买方有权利（但不是义务）在期权有效期内以敲定价格向看涨期权的卖方购买合约规定的商品，而卖方必须按敲定价格出售。

看跌期权又称卖权、卖出选择权、择售期权、延卖期权、敲出期权。它赋予了卖方有选择出售的权利，而买方必须购买的义务。即看跌期权的卖方有权利（但不是义务）在期权有效期内以敲定价格向看跌期权的买方出售合约规定的商品，而买方必须按敲定价格购买。当然，在期权有效期内，卖方也可放弃出售权利，任其过期作废，但买方却没有选择的权利，只有义务。

---

① 王开良：《资本运营技巧与风险管理》，中国书籍出版社 2013 年版。

看涨期权的购买者是希望股票价格上升,而看跌期权的购买者是希望股票价格下降。例如,某投资者购买了 100 个 Exxon 股票的欧式看跌期权,执行价格为 90 美元。假定股票的现价为 86 美元,距到期日有 3 个月,期权的价格为 7 美元。由于期权是欧式期权,投资者仅能于到期日,在股票价格低于 90 美元时执行该期权。假定在到期日股票价格为 65 美元,投资者可以以每股 65 美元的价格购买 100 股股票,并按看跌期权合约的规定,以每股 90 美元的价格卖出相同的股票,实现每股 25 美元的盈利,即实现 2500 美元的总盈利(在此忽略交易成本)。当考虑期权的初始支出成本时,投资者的每一期权所获净利为 18 美元,即总的净利为 1800 美元。当然,如果最后股票的价格高于 90 美元,看跌期权在到期日时价值为零,投资者每一期权损失 7,即总损失为 700 美元。

期权投资是指以盈利或避免风险为目的从事期权交易的投资活动。在期权投资交易中,期权的买方支付一定数额的期权购买费后即可依市场价格变化是否有利于自己而相应地决定是否实施期权。因此,买方承担的风险是有限的(以其支付的权利金为限),而其获利的机会却是无限的。对卖方来说,其收益只是买方支付的权利金,是有限的,却承担了无限的风险。既然买卖双方的权利不对称,为什么还有卖方?因为卖方绝大多数都是坐市商、机构投资者,他们对行情的把握是相对较准的,从期权市场上看,期权买方最终行使期权的概率还是很小的,他们可以获得稳定的期权费收益。

(四) 期权投资和期货投资的关系

期权投资和期货投资之间既有联系又有区别,其联系是:

第一,两者均是以买卖远期标准化合约为特征的交易。

第二,在价格关系上,期货市场价格对期权交易合约的敲定价格及权利金确定均有影响。一般来说,期权交易敲定的价格是以期货合约所确定的远期买卖同类商品交割价为基础,而两者价格的差额又是权利金确定的重要依据。

第三,期货交易是期权交易的基础,交易的内容一般均是否买卖一定数量期货合约的权利。期货交易越发达,期权交易的开展就越具有基础,因此,期货市场发育成熟和规则完备为期权交易的产生和开展创造了条件。期权交易的产生和发展又为套期保值者与投机者进行期货交易提供了更多可选择的工具,从而扩大和丰富了期货市场的交易内容。

第四,期货交易可以做多做空,交易者不一定进行实物交收。期权交易同样可以做多做空,买方不一定要实际行使这个权利,只要有利,也可以把这个权利转让出去。卖方也不一定非履行不可,而可在期权买入者尚未行使权利前通过买入相同期权的方法以解除他所承担的责任。

第五,由于期权的标的物为期货合约,因此期权履约时买卖双方会得到相应的期货部分。

两者的区别是:

第一,期权投资的收益与风险是不对称的,而期货投资交易的收益与风险是对称的,买卖双方一方的盈利就是另一方的亏损,并且在价值上完全相等。

第二,期权投资是单项合约,买卖的是一种特殊权利,而不必一定要履行合约;期货投资是双向合约,买卖的是一种权利义务合约,投资者必须履行合约。

第三,期权投资风险往往小于期货投资,其避险效果往往高于期货投资。期权买方的最大损失为权利费，不存在追加的义务，期货投资要求买卖双方都要缴纳保证金与追加保证金。

第四，期权投资真正进行商品交割的比期货投资更少，这是由于期权合约投资者可以放弃权利。

期权投资的作用主要是避免价格波动的风险，保证企业生产经营活动顺利进行。同时，有利于推动市场竞争，形成商品的标准价格。此外，企业还可以把期权投资作为盈利的重要手段。一方面，当市场价格发生有利于企业的波动时，企业可以行使期权获利，其中包括价格结算和实物交付。另一方面，在上述价格波动的情况下，企业期权的价格必然上涨。企业可以卖掉期权合约，从中获利。

【复习思考题】
1. 资本投资有哪些特点？按照不同的角度，资本投资可分为哪些类别？
2. 实业投资具有什么特征？有哪些实业投资的方式？
3. 简述实业投资与金融投资的区别与联系。
4. 流通中的证券主要有哪些？投资时需要考虑哪些因素？
5. 什么是期货交易？什么是期权交易？它们各自有哪些特点及交易方式？
6. 简述期货与期权交易两者之间关系。

案例分析

中国第一例"杠杆收购"融资案例

2006年1月底，私募投资基金太平洋联合（Pacific Alliance Group，PAG）以1.225亿美元的（公司）总价值购得原来由中国香港第一上海、日本软银集团（SB）和美国国际集团（AIG）持有的67.6%好孩子集团股份。至此，PAG集团成为好孩子集团的绝对控股股东，而包括好孩子集团总裁宋郑还等管理层，持32.4%股份为第二大股东。据介绍，这是中国第一例外资金融机构借助外资银行贷款完成的"杠杆收购"案例。

PAG是一家在香港注册、专门从事控股型收购的私募基金。据资料显示，PAG旗下管理着大约4亿美元基金，投资好孩子集团是其在中国的第五宗交易。在过去的12个月，PAG在中国累计投资约2亿美元，其中包括收购好孩子集团。

2005年10月PAG接触好孩子集团，12月13日就签署了股权转让协议。根据协议，第一上海投资有限公司（简称第一上海）会同其他几家机构投资人将其在好孩子集团中持有的全部股权转让给由PAG控制的名为G-baby的持股公司。PAG借助外资银行贷款完成了此次杠杆收购交易，交易所需部分资金来自台北富邦商业银行（Taipei Fubon Commercial Bank）的贷款，贷款金额5500万美元。

此次PAG是用好孩子集团的资产和现金流做抵押，向银行获得过渡性贷款，并以此贷款完成收购。在获得好孩子集团控股权之后，PAG将通过对公司的经营以及最终包装上市，获得投资回报和退出通道。

易凯资本是好孩子的财务顾问，全程参与了这个历时一年多的交易。易凯资本对于新投资者PAG的评价是：非常低调，反应速度很快。其他一些知名的基金，受到的监管比较多，在法律等方面的细节也考虑很多，决策比较犹豫。而PAG行动非常迅速，善于避开枝节，因此仅跟好孩子集团短暂谈判两个月，就达成协议。集团总裁宋郑还表示："资本的进入不会对公司的战略发生太大的影响，此次成功融资，对'好孩子'实现品牌经营、资本经营和建立儿童用品全球零售网络，将注入新的活力。在获得投资基金的助力后，从制造业起家的好孩子集团正在向服务业和流通领域延伸。"

【思考】
1. 什么样的企业适合杠杆收？
2. 好孩子的杠杆收购对其他中国企业意味着什么？

第十四章 管理层收购

【学习目标】
◆理解MBO的概念和特征，理解MBO与企业兼并收购的异同点；
◆掌握企业管理层能够采取哪种方式进行MBO；
◆掌握MBO的基本内容，熟悉MBO的程序。

导入案例

粤美的：打响MBO第一枪

一、公司简介

美的集团的前身就是1968年何享健带着23个人，凑足5000元办起的一个生产药瓶盖的生产组。1980年，生产药瓶盖的"生产组"换成了"顺德县美的风扇厂"，开始了在家电领域的起步。1992年，美的进行股份制改造。1993年11月上市（现股票代码：000333），成为中国第一批进行股份制改造、第一家上市的乡镇企业。MBO前，控股股东为顺德市当地镇政府下属公司持股。粤美的被认为是我国第一例上市公司MBO案例。

二、MBO时间和期限

粤美的是从1998年起开始酝酿管理层收购的，2000年年初启动，至2000年12月完成，历时1年左右。

三、MBO过程

1. 设立持股平台

2000年4月，由美的集团管理层和工会共同出资组建建立了一个"壳"——顺德市美托投资有限公司作为实现融资收购计划的平台，由何享建等21名自然人股东和工会于2000年初共同出资组建，注册资本为1036.87万元。

2. 协议收购

（1）2000年4月10日，美托投资以每股2.95元的价格协议受让了粤美的控股股东顺德美的控股有限公司持有的股权中的3518万股法人股（占粤美的股权的7.25%）。

（2）2000年12月20日，美托投资以3元每股的价格受让美的控股持有的7243.0331万股（占总股本的14.94%）。本次股权转让完成后，美托投资正式成为粤美的第一大股东，所持股份上升到22.19%。

粤美的MBO过程中两次股权收购价均低于每股净资产值。

(3) 原第一大股东美的控股退出

2001年6月21日和6月27日，顺德市美的控股有限公司将股权转让给顺德市北沼投资管理有限公司和顺德市信宏实业有限公司，完全放弃了在粤美的股权。顺德市北滘镇人民政府彻底退出了粤美的作为一个企业经营决策的管理层，粤美的MBO彻底完成。

四、融资方式——股权抵押贷款

美托投资第一次协议受让美的控股7.25%的股份时，先以现金支付了10%的首期持股费用，然后采取股权抵押获得的融资来支付其余的90%的持股款。美托投资收购粤美的股权后，首年现金分红即为2152万元，投资收益率达7%。公司分红成为粤美的管理层分期偿还收购款的主要资金来源。这正是MBO的核心内容：企业的经理层利用借债方式融资购买股份，从而改变公司的所有权结构及资产结构。

特点：以股权抵押贷款融资用于股权收购，与《贷款通则》规定的借款人不得将贷款用于股权性收益投资相悖。但因《上市公司管理办法》尚未颁布，加之正处于国有股改制的时代背景下，相对地，对管理层用于收购资金来源的关注并不强调。

何享健坦言，企业的产权问题已经成为制约企业持续快速发的"瓶颈"问题，管理层收购对粤美的有划时代的意义。他说，通过MBO收购，政府退出来，而公司管理层成为公司第一大股东，控制了公司，这对实现股份公司的公司化运作有非常多的体制上的好处。向企业要求个人的正当权益，企业创始人何享健认为是理直气壮的事。

案例来源：百度文库及《中国经济时报》（2003年6月26日）

【思考】
1. 管理层收购是如何运作的？
2. 美的电器的管理层是如何筹集资金购买公司股份的？

第一节 管理层收购概述

一、管理层收购的含义

管理层收购（Management Buy-Outs，MBO）是指公司的经理层利用借贷所融资本或股权交易收购本公司的一种行为，从而引起公司所有权、控制权、剩余索取权、资产等变化，以改变公司所有制结构。通过收购使企业的经营者变成了企业的所有者。

二、管理层收购（MBO）的特征

（1）管理层收购的主要投资者是目标公司内部的经理和管理人员，他们往往对本公司非常了解，并有很强的经营管理能力。通过管理层收购使原来的经营者身份变为所有者与经营者合一的双重身份。管理层收购涉及企业的核心商业秘密，往往政府或行业管理部门都有一些优惠措施。

(2) 收购融资的高财务杠杆性。MBO计划的完成通常要借助于外部大量的债务或权益性融资，这种高财务杠杆性质决定了收购本身的高风险、高回报，也决定了目标企业应当是拥有稳定的现金流量的成熟行业。因为成熟企业一般现金流量比较稳定，这样才能在融资后用被收购企业的现金流量来偿还债务，有利于收购顺利实施。

(3) 管理层收购的资金主要是管理者通过自筹或融资来实现的。MBO的财务由优先股（先偿债务）、次级债（后偿债务）与股权三者构成。目标公司往往是具有巨大资产或存在潜在的管理效率提升空间，管理层是公司全方位信息的拥有者，管理者要有较强的组织能力，通过对目标公司的控制权，重组公司结构，达到节约代理成本，获得巨大的现金流入。

(4) 收购后目标企业实际控制权的转移性。收购完成后，目标企业原股东，部分或全部退出企业，取而代之的是目标企业管理层，目标企业在一定程度上实现了所有权和经营管理权的合一，管理层地位因此而发生根本改变，即由单纯的企业经营者变成企业所有者，目标企业的实际控制权因此而实际或可能转移到管理层手中。当然，企业实际控制权的转移并不一定要求管理层取得控股地位或持有多数表决权股份，只要管理层能够直间接地操纵目标企业的重大经营决策即可。

随着MBO在实践中的发展，其形式也在不断变化。除了目标公司的管理者为唯一投资收购者的形式外，实践中又出现了另外两种MBO形式：一是由目标公司管理者与外来投资者或并购专家组成投资集团来实施收购，这样使MBO更易获得成功；二是管理者收购与员工持股计划（Employee Stock Option Plan，ESOP）相结合，通过向目标公司员工发售股权，进行股权融资，从而免缴税收，降低收购成本。

三、管理层收购与一般的企业兼并收购的区别

(一) 收购主体上的区别

MBO与企业兼并收购的买方主角有所不同。区别在于，企业兼并收购的买主是"企业外部"的第三者；MBO的买主是"自家"的经营者，卖方是该企业的股东，是自家人之间的商业交易，二者在实际经营方式或经营姿态全然不同。由自家人收购该企业与外部人相比，收购的风险明显减少。而且收购者因为当了股东，取得了经营权，对收购之后的业务关心程度和介入方法，以及经营热情，都与企业兼并收购后的重组大不相同。实施企业收购，不会像企业兼并收购那样，让在岗人员产生消极失落感，而能使"业务的连续性"得到发展，新的管理人员对企业经营的关心程度提高，能以向前看的姿态行事。

(二) 收购的目的不同

一般企业并购的目的在于获取战略机会，发挥协同效应提高管理效率，获得规模效益，买壳上市，避税效应，企业价值增值以及筹资等；而管理层收购目的是为改变本公司所有者结构、控制权结构和资产结构，进而达到重组本公司的目的，并获得预期收益。

(三) 融资难度不同

企业兼并收购与管理层收购虽然都需要考虑资金筹措问题，但是两者在融资难度上差别很大。实际上所需要的资金成本并不多，运用股份交换，不需要筹集收购的追加资金，而且进行收购时可以使用手里的流动资金，不足部分可较为容易地从金融交易中获得融资。收购时所需要的资金，通过收购后的兼并又回到手里。管理层收购，要审理以收购为目的的公司，需要大笔资金，管理层收购计划的完成通常要借助于外部大量的债务或权益性融资。管理层收购的贷款依据不同于一般的收购，需要运用以被收购公司的现金流或资产作抵押的"贷款"，若没有资金提供者的合作难以完成。它可能将使被收购企业的财务情况恶化，这与企业兼并收购有较大差别。

(四) 企业文化融合环境不同

兼并收购是在两个不同企业之间进行的，所以不同文化的企业间进行收购，企业文化差别较大。不同文化的企业间进行收购，收购后企业文化的融合是一个重大课题。若把重点放在被收购企业的软件价值上，人才将流失。实行管理层收购时，自家人之间的商业交易，经营和被收购者是在相同的企业文化里成长起来的，企业文化融合不存在的障碍。

(五) 谈判和毁约可能性不等

企业兼并收购和管理层收购最初阶段都要进行预备性谈判。这一阶段协议的情况对其后的进展影响很大。企业兼并收购在达成协议、进入实际作业阶段后，常常会出现各种问题。尤其是文化不同的企业合并到一起，将会出现人事、组织方面的协调、信息体制的统一等复杂问题。这些问题有时会使企业兼并收购协议最后变成一纸空文。而管理层收购一般在事前协议时可决定一切。其后的主要问题大多是收购价格和转让资产内容的调整，其中收购价值将是最大的难题。

第二节 管理层收购的运作

一、管理层收购的形式

1. 收购上市公司

管理层通过收购自己公司发行在外的股票，使目标公司"私有化"。

2. 收购集团某一部门或分支机构

20世纪80年代，各企业基于加强专业化生产和经营的要求，纷纷实行分拆，以便集中力量发展核心业务。这时他们考虑的往往是内部的管理层。因为一方面，内部管理者拥有更多有关部门或子公司赢利潜力以及其可能存在的风险的具体信息，可以在更为有效规避风险的同时，将这些部门的赢利潜力挖掘出来；另一方面，从卖方来看，分拆出去的企业还可能与原母公司存在一定的业务往来,为了维持这些业务关系,卖方也愿意采取MBO的方式。

3. 国有企业私有化

国有企业私有化有多种形式,MBO只是其中的一种。因为,从政府而言,采用MBO一般可以保证企业大部分员工不至于失业;从管理者而言,原有管理者成为股东后,可以充分利用他们的经验和熟悉情况的优势,更为有效地调动其工作的积极性。

二、管理层收购的主要方式

1. 收购资产

收购资产是指管理层收购目标公司大部分或全部的资产,获得目标公司的业务经营控制权。收购资产的操作方式适用于收购对象为上市公司、大集团分离出来的子公司或分支机构、公营部门或公司。如果收购的是上市公司或集团子公司、分支机构,则目标公司的管理团队直接向目标公司发出收购要约,在双方共同接受的价格和支付条件下一次性实现资产收购。

如果收购的是公营部门或公司,则有两种方式:一种方式是目标公司的管理团队直接收购公营部门或公司的整体或全部资产,一次性完成"私有化"进程;另一种方式是先将公营部门或公司分解为多个部分,原来对应职能部门的高级官员组成管理团队分别实施收购,收购完成后,原公营部门或公司变成多个独立经营的私营企业。

2. 收购股票

收购股票是指管理层从目标公司的股东那里直接购买控股权。如果目标公司有为数不多的股东或其本身就是一个子公司,购买目标公司股权的谈判过程就比较简单,直接与目标公司的大股东进行并购谈判,商议买卖条件即可。如果目标公司是一个公开发行股票的公司,收购程序就相当复杂。其操作方式为目标公司的管理团队通过大量的债务融资收购该目标公司所有的发行股票。通过二级市场出资购买目标公司股票是一种简便易行的方法,但因为受到有关证券法规信息披露原则的制约,如购进目标公司股份达到一定比例,或达到该比例后持股情况再有变化都需履行相应的报告及公告义务,在持有目标公司股份达到相当比例时,更要向目标公司股东发出公开收购要约,所有这些要求都易被人利用哄抬股价,而使收购成本增加。

3. 综合证券收购

综合证券收购是指收购主体对目标企业提出收购要约时,其出价有现金、股票、公司债券、认股权证、可转换债券等多种形式的组合。这是从管理层在进行收购时的出资方式来分类的,综合起来看,管理层若在收购目标公司时能够采用综合证券收购,既可以避免支付更多的现金,造成新组建公司的财务状况恶化,又可以防止控股权的转移。由于这两大优点,综合证券收购在各种出资方式中的比例近年来呈现出逐年上升的趋势。

三、管理层收购的基本内容

1. 收购主体

管理层收购的主体主要是目标公司的经理、管理人员和少数技术骨干。管理层对所在公司的资产质量状况以及未来的赢利能力都很熟悉，对收购后如何运作充满信心，也就非常热衷于对目标公司资产和股权的收购。有时，拟实行管理层收购的企业会在内部成立一个职工持股会，允许企业职工购买一定数量的股份，管理者则可通过多出资的方式在职工持股会中掌握控制权，这种收购方式通过内部融资大大降低了收购成本。

2. 收购资金

收购主要通过借贷融资来完成。一般情况下，目标公司股权或资产的价格会远远超出管理层的支付能力。由于所需的资金量很大，管理层通常会以目标公司的资产作抵押通过向银行借款或发行债券等手段来筹集资金，这样一方面会导致公司股权价值的损失，另一方面也需要金融机构的支持。

3. 收购对象

收购对象一般是目标公司本身，也可以是目标公司的子公司或其他业务部门。后一种情况通常与目标公司的战略调整相关，成为目标公司剥离某种业务的一种方式。不管目标公司本身还是它的子公司，这些收购对象往往具有巨大的资产升值空间或潜在的管理效率提升空间。

4. 收购后运营

在欧美国家，目标公司若是上市公司，收购完成后多数会变为非上市公司，从而也就摆脱了上市公司的众多限制及透明化运作的要求。这样，目标公司的股权结构、资本结构以及治理结构均会发生根本性的变化，取得所有权和经营控制权的高度统一。任何企业都会面临股东和经营管理者之间的矛盾问题，管理层收购有效地解决了这一难题。通过实施管理层收购，管理者的身份由单一的经营者角色变为所有者与经营者合一的双重身份，这样就把管理者自身利益与公司的利益紧密地联系在一起，对管理者形成强有力的激励和约束机制，使其在追求自身价值最大化的同时也实现企业价值的最大化。

四、管理层收购的操作程序

MBO 的操作程序与一般的企业收购程序并无太大区别，但由于 MBO 的收购主体从收购目标公司中诞生，他们对公司的经营、财务状况非常清楚，对公司的发展潜力、现存问题主要矛盾及其解决途径拥有建立在多年的经验和亲身感受的基础上的判断，因而实现收购的周期和路线相对一般的并购要短得多。但是，也正因为收购主体来源于目标公司，导致了一些问题的出现，如"自买自卖""贱卖"等问题，在此不做过多讨论，究其原因，大多是没有严格按照规范的程序进行。

MBO 的操作程序主要包括以下步骤：

1. MBO 策划——组建收购集团

管理层收购其公司的动机有许多种，比如创业尝试，对实际或预期敌意收购的防御，实现公司私有化等。管理层为了成功地实施收购，有目的地策划和组建收购集团有着举足轻重的作用。

在进行 MBO 策划、组建收购集团的第一个阶段，主要工作程序如下：

（1）尽职调查

尽职调查旨在了解和调查目标企业及其股东的情况，以确定交易能否较好地满足买方的需求。尽职调查在大多数交易中是一项非常艰难、费时费力的过程。然而在 MBO 执行过程中，由于管理团队长期服务于目标公司，掌握着得天独厚的内部信息资源，对目标公司的历史沿革、股东及管理层、经营状况、分销渠道、财务资料、客户及供应商情况、企业文化等都极为了解。因此，管理层对目标公司开展的尽职调查，内容可倾向于 MBO 可行性分析，其重点放在检查和确认目标企业的竞争优势、现在以及可以预见的未来若干年财务和现金流情况；对供应商、客户和分销商的稳定性进行评估；目标公司现存经营管理和制度上的问题、改进潜力；收购存在的法律障碍和解决途径；收购有关税收事项及安排；员工的养老金问题；管理层完成对目标公司收购后，在满足商业银行和战略投资者的还本付息和其他利益要求外，公司股东权益的增长和管理层的利益回报等方面。

（2）组建管理团队

以目标公司现有管理人员为基础，由各部门的高级管理人员和职员组成收购管理团队。组建管理团队时，应从优势互补的角度考虑，引进必要的外部专家和经营管理人员，同时剔除掉内部那些缺乏敬业精神和团队协作的原管理人员或高级职员。通常情况下，管理团队以自有积蓄或自筹资金提供 10％的收购资金，作为新公司的权益基础。

（3）设计管理人员激励体系

管理人员激励体系的核心思想是通过股权认购、股票期权或权证等形式向管理人员提供基于股票价格的激励报酬，使管理人员成为公司的所有者，其收入及权益与公司盈亏直接挂钩，能够得到基于利润等经营目标的股东报酬，从而充分发挥其管理才能和敬业精神。

（4）设立收购主体

由管理团队作为发起人注册成立一家壳公司或称为"纸上公司"，作为拟收购目标公司的主体，该公司的资本结构就是过渡性贷款加自有资金。设立新公司的原因是因为管理层作为一群自然人要实现对目标企业资产的收购，必须借助于法人形式才能实现。因此，在这种情况下，管理层在组建管理团队后，首先要在目标公司的经营业务的基础上设计公司框架，制定公司章程，确定公司股份认购原则，发起设立新公司。在新设立的公司中，管理团队人员通过选举确定董事长、总经理和董事会成员以及各个层面的高级管理人员。

（5）选聘中介机构

管理团队应根据收购目标公司的规模、特点以及收购工作的复杂程度，选聘专业中介机构，如投资银行、律师事务所、会计师事务所等，指导业务操作，提高收购成功率。

（6）收购融资安排

在任何一个管理层收购交易当中，除非目标公司非常小，否则管理层往往只能够支付得起总购买价格中很小的一部分。其他资金则通过债务融资筹措，其中所需资金的大部分

（50%～60%）通过以公司资产为抵押向银行申请抵押收购贷款，其他资金以各种级别的次等债券形式，通过私募或公开发行高收益率债券（也就是垃圾债券）来筹措。

此外，战略投资者在融资安排中也起着重要作用。战略投资者也称外部投资者，其角色经常由投资银行、养老基金、保险公司、风险投资公司等机构担任，战略投资者提供管理团队收购资金和各种贷款安排所不足的部分。战略投资者的出资可能进行有限的股权参与，但通常情况下都会有购回协议，在规定的时期后这些股权将被购回，以保证投资者获得事先确定的收益。战略投资者的股权购回方式以股票期权或权证的形式向管理人员提供基于股票价格的激励报酬。这样，管理人员（不包括董事）的股权份额将不断增加，一般最终会高于30%。

2. MBO 执行——进行收购行动

MBO 执行，即管理层进行收购行动，这一阶段的主要工作程序包括：

（1）评估和收购定价

目标公司价值的确认一般遵循两个依据：一是根据目标公司的盈利水平评价；二是按照目标公司的账面资产价值评价。管理团队根据其对目标公司经营情况和发展潜力的充分了解，确定能够接受且合理的总购买价格。管理团队在确定收购价格时，要充分考虑到建立在公司资产评估基础上的各价值因素，如固定资产、流动资产、无形资产的价值；企业改造后的预期价值；被转让的债权、债务；员工的养老金、医疗保险和冗余人员的安置费用；外部买主的激烈竞争；足够的筹资能力和可行的筹资手段，并确定最终的收益能负担筹资成本。

（2）收购谈判，签订合同

管理团队就收购条件和价格条款与目标公司董事会进行谈判。收购条款一经确定，MBO 便进入实质性阶段，管理层与目标公司正式签订收购合同，这是 MBO 的核心和关键步骤。

（3）收购合同的履行，完成收购

收购集团按照收购目标或合同约定完成收购目标公司的所有资产或购买目标公司所有发行在外的股票，使其转为非上市公司。收购完成后，根据收购具体情况办理下列手续和事项：

①审批和公证。协议签订后，经双方法定代表人签字，报请有关部门审批，然后根据需要和双方意愿申请法律公证，使收购协议具有法律约束力，成为以后解决相关纠纷的依据。

②办理变更手续。收购完成后，意味着被收购方的法人资格发生了变化。协议书生效后，收购双方要向工商等有关部门办理企业登记、企业注销、房产变更及土地使用权转让手续，以保证收购方的利益和权利。

③产权交接。收购双方的资产交接，须在律师现场见证、银行和中介机构等有关部门的监督下，按照协议办理移交手续，经过验收、造册，双方签证后，会计据此入账。收购目标公司的债权、债务，按协议进行清理，并据此调整账户，办理更换合同、债据等手续。

④发布收购公告。这是收购过程的最后一道程序。可以在公开报刊上刊登，也可由有关机构发布，使社会各方面知道收购事实，并开始调整与之相关的业务。

3. MBO 完成后的公司整合

收购完成后,管理层拥有企业相当比例甚至全部的股权,同时也肩负着商业银行和投资银行沉重的债务。因此,对于管理层而言,收购的完成仅仅是第一步,接下来还将面临公司经营业务调整和重新制定发展战略等一系列重大事项。

首先,是经营调整。经营调整是收购完成之后的首要任务。经营调整的核心内容是管理层通过对原来经营管理存在问题和弊病的分析,重新制定发展战略和调整经营政策,通过削减经营成本,改变市场战略,增加利润和现金流量。

其次,如果调整后的公司整体能力得到较大的提升,并且收购集团的目标已经实现,管理层应重点考虑股权资本的流动性,制定和实施上市或再上市(收购企业原本为上市公司)计划,或者出让部分或全部股权。

【复习思考题】

1. 管理层收购(MBO)的特征是什么?简述管理层收购与一般的企业兼并收购的区别。
2. 管理层收购一般可以采取哪些方式?
3. 在管理层收购中,收购资金一般是如何筹措的?属于杠杆收购吗?
4. 简述管理层收购的运作程序。

案例分析

新浪成中国互联网首例 MBO

2009 年 9 月 28 日,新浪宣布一项重大股权交易,以新浪 CEO 曹国伟为首的新浪管理层,将以约 1.8 亿美元的价格,购入新浪约 560 万普通股,成为新浪第一大股东。据悉,这是目前国内互联网行业首个重大的 MBO 案例。

根据这项购股计划,新浪管理层将通过新浪投资控股有限公司进行此次管理层收购。为此,新浪 CEO 曹国伟和管理层专门在英属维尔京群岛注册并成立了这家新浪投资控股有限公司并拥有新浪投资控股的实际控制权。

新浪将向新浪投资控股增发约 560 万股普通股,全部收购总价为约 1.8 亿美元。增发结束后,新浪的总股本将从目前的约 5394 万股扩大到约 5954 万股,新浪投资控股占据新浪增资扩股后总股本约 9.4%,成为新浪第一大股东。

而收购所需的 1.8 亿美元资金,由曹国伟与新浪管理层自行出资 5000 万美元,中信资本、红杉中国、方源资本三家私募股权基金提供其他的 1.3 亿美元资金。三家私募基金将有权指派一位董事加入新浪投资控股的董事会,而新浪管理层有权指派四位各拥有一个投票权的董事,或者指派一位拥有四个投票权的董事。

分析新浪 MBO 的原因,主要是因为新浪股权结构分散,以职业经理人为主的新浪决策层,被竞争对手攻击为"只顾自己任期内的短期利益,不考虑长远发展"。虽然新浪的董事会从未对曹国伟说过"不",但曹国伟及其管理团队希望能够真正主导这家公司，有更真实的控制权，能够更大程度地影响公司未来的决策，并且在公司成长的同时获得更多回报。

这项收购已得到新浪董事会的批准，同时无须通过其他审批手续。新浪投资控股持有的新浪股份将有6个月的锁定期，而增发筹措的1.8亿美元资金，将会被用于新浪公司未来可能发生的收购，以及公司的正常运营。

新浪董事长汪延表示："新浪公司非常高兴能与新浪管理层达成此次私募融资。这次融资将进一步增加新浪的流动资金，加强公司的战略发展能力。"截至2009年6月30日，新浪的现金、现金等价物及短期投资总额为5.8亿美元，收购完成后，新浪的现金储备有望得到进一步提升，达到7.6亿美元，有利于进一步改善新浪公司的财务状况。

曹国伟表示，管理层成为新浪公司第一大股东，有利于进一步提升公司的治理结构，同时由长期负责公司运作的管理层成为公司大股东，有利于新浪的长期发展，以及公司发展战略的统一和稳定。未来新浪一方面会继续围绕核心竞争力在网络媒体以及网络广告方面扩大领先优势，同时也会在垂直领域进行深入拓展，在手机互联网、游戏及电子商业等各方面开拓新的业务和新的收入来源。

2011年新浪财务数据显示：2011年度焦点业绩：净营业收入4.828亿美元，较上年度增长20%。非美国通用会计准则净营业收入4.641亿美元，较上年度增长21%。

与新浪MBO比较，国内许多企业实施MBO的原因都来自于董事会或者市场的威胁，并且运作起来也不像新浪MBO这么简单。管理层并不总能如此顺利地、不经过讨价还价就将主动权握在手中。

资料来源：金晶，《第一财经周刊》，2009年第47期

【思考】新浪的管理层为什么要进行管理层收购？他们是如何解决收购资金问题的？

第十五章 托管经营

【学习目标】
◆理解托管经营的概念、特征和类型；
◆掌握企业托管与并购、承包经营和租赁经营的区别；
◆熟悉托管经营的程序。

导入案例

德国企业的托管经营

　　企业托管经营起源于德国。是德国政府在东、西德统一后，针对东德那些濒临亏损甚至破产境地而又拍卖不成的国有企业实行整顿后再出卖或破产，以实现国有企业私有化的过渡性措施。其具体做法是在两德统一之前依照有限责任公司的形式成立托管局负责对原东德国有企业及相关国有资产实现私有化的过程。

　　1990年前后，德国政府对前东德国有企业进行大规模重组，而这一任务是通过托管局完成的。托管局成立于两德统一之前，它是依照有限责任公司的组织形式设立的。托管局具有双重身份，一方面，作为政府设立的机构，隶属于联邦政府，其业务工作受到联邦财政部、经济部的监督，9人执行委员会的控制和审计局的审计；另一方面，作为企业法人，又相对独立于联邦政府，拥有财政预算额度内的国际资本市场的融资能力。

　　德国托管局重组国有企业分为三步：第一步是将8000家大型工业联合体和国有企业分解成12000多家中型或小型企业；随之将其改组为有限责任公司和股份有限公司，新公司的产权由托管局独家持有；同时建立大中型国有企业数据库。第二步是评估企业价值。第三步是在综合分析的基础上将国有企业分成三大类分别重组。将基本条件较好的企业立即出售；对条件较差但有发展前途的企业由托管局通过委托或租赁承包等形式限期整顿；对没有可能恢复竞争能力或造成严重污染的企业采取停业和关闭的办法。

　　截至1994年年底，在12000多家前东德工业企业中，托管局已出售的企业约6500家；有1588家企业归还给原业主；并对3718家企业进行了清算，其中清算完毕的为157家；另有192家企业未做处理。此外，托管局还出售了2500家商业、服务业企业，以及46845处房地产。对于一些在民营化过程中未能出售且出于政治原因不能关闭的企业，托管局设立了5家国有风险基金公司和投资公司，即中期转型控股公司，对未能私有化的企业实行控股经营。托管局为每家控股公司注入2.5亿马克，作为其创立的启动资本；并配备了15～26名富有经验的管理人员，负责经营管理其控股企业，以待今后对这些企业做进一步股价制改组。

以托管经营的形式对前东德原国有企业进行重组与改造，这是德国托管局成功的尝试和实践，也为企业托管经营理论学说的创立与形成提供了科学的理论依据和实践经验，是企业托管经营发展史上的一个里程碑。

案例来源：根据新浪网资料整理

【思考】 德国企业的托管经营对我国企业有什么启示？

第一节 托管经营概述

企业托管是近年来我国经济生活中出现的新生事物，是一种新的资本经营形式。在我国目前国有企业产权制度改革滞后的情况下，托管是一种搞活国有企业的灵活办法，也是一种值得探索的上市公司进行资产重组的途径和方法。

一、托管经营的概念

托管经营是指出资者或其代表在所有权不变的条件下，以契约形式在一定时期内将企业的法人财产权部分或全部让渡给另一家法人或自然人经营。由于托管这一方式能够在不改变或暂不改变原有产权归属的前提下，直接开展企业资产的重组和流动，从而有效地回避了企业破产、并购中的某些敏感性问题和操作难点，是现有条件下推进国有企业改革的有效模式之一。

托管经营的意义：第一，给一大批有眼光、有经营能力却拿不出巨资购买大块资产的企业家提供了广阔舞台。第二，只转让经营权，不转让所有权，这有利于"两权分离"，避免资产所有者对企业干预太多，更好地体现现代企业自主经营的原则。第三，在委托经营期间既可搞产品经营，也可搞资产经营。

二、托管经营的特征

1. 企业托管实现所有权与经营权分离

企业实施托管经营，不涉及所有权的变更，只发生经营权在时空上的让渡，即在实际运作过程中，委托方只出让经营权，受托方一般只注入启动资金与输入现代管理技术，因此，托管经营不发生产权交易与转移，其交易风险相对较少。而且在企业实施托管后，委托方不通过银行贷款就可筹得启动资金，获得先进的经营管理技术，使企业摆脱困境，步入良性循环；受托方则以较低成本获取了经营场所，扩大了经营规模，为企业实施规模经营创造了条件。

2. 企业托管是一种综合治理企业法

企业托管是一种综合治理企业法，其内部震荡小，托管双方权责明晰。托管是在企业资产的保值增值基础上，对企业资产的经营管理，而且是一种开放式的经营管理，其目标是提高企业资产的运营效率，因而有利于资源的调动和企业的整改，并有利于企业的中长期发展。企业托管较好地形成了企业产权市场化营运的内部利益激励机制，有效地避免了短期行为和事实上的负盈不负亏，企业经营风险最终由委托方与受托方共同承担，起到了分散风险的作用，从而增强了经营者的责任感。

3. 托管企业具有相对独立性

企业托管并未发生所有权的转移，因此与企业兼并不同，企业仍然保留原来的企业名称和经济性质，它也不同于企业租赁，即只保留企业财产所有权，而不保留原企业职工和独立核算制度。企业被托管之后，托管方与托管企业发生的经济往来，属一般的经济关系，应使用相应的经济法律、法规来调整。对于托管方当事人超越托管权限，侵犯托管企业的合法权益的行为，委托方有权予以抵制和拒绝。如果托管方当事人已经损害了托管企业的经济利益，且该行为不属于托管合同约定的形式的范围，托管企业可以直接提起诉讼要求托管方予以赔偿。

4. 企业托管的委托方和受托方地位平等

企业托管并不即刻发生企业产权交割，政策障碍较少，委托方和受托方处在平等的地位，加大了成交的可能性、合理性和有效性。托管合同只是内部合同，只是对托管方和委托方当事人发生相应的法律效力，不具有对抗第三人的法律效力。

三、企业托管经营的类型

1. 管理输出型托管

这种托管以输出管理为主，在行业特征较为明显的企业中会更有效，比如酒店、宾馆等服务业管理，超市、商场的管理，某种特定产品的生产管理等。这些企业的发展，除了需要相应的硬件设施投资保证，更需要先进的管理水平和丰富的经营技巧。

管理输出型托管一般按受托方、委托方和被托管方签订的合同行事，受托方负有合同规定的权利和义务，托管期间享有经营权和一定的处置权，在此权限范围内，保证被托管企业获得合同规定的效益。受托方以管理输出为主，必要时也包括资金等实物投资，对受托方的约束可采用担保、保证金或其他。管理输出型托管是一种市场行为，受托方、委托方和被托管方从自身经济利益出发达成合作协议，受托方必须是经营管理经验丰富的企业。管理输出型托管可以由在本行业具管理优势的企业开拓托管业务，也可以成立专门的管理输出型托管中心。这一托管中心是专营托管业务的独立法人企业，其工作方式比较灵活，与很多具有优势的企业或专家保持密切联系，当承接不同托管业务时，根据被托管企业的产业特征和实际情况，选择专家组成领导小组，商讨解决方案。

这种托管模式的优点有以下三个：一是较为专业，专门从事托管；二是可以调动多行业的管理人才和专家力量，工作中可以综合配置社会资源，所以托管业务范围较大；三是通过这些托管中心的实践操作，有助于形成适合我国国情的比较科学的托管工作制度和管理规范。

2. 技术信息型托管

技术信息型托管从三个方面带来支撑：第一，对同类企业提供技术信息支持，特别是在对生产性行业、小企业现状分析的基础上，为其发展提供投资决策支持，帮助其把握市场变化；第二，相关产业间进行协作配套，通过联合相关产业、上下游产业、同类产业、配套产业等，促进小企业间的合作，为小企业提供更广阔的发展前景；第三，对小企业更新改造提供帮助，在加强企业间信息、技术沟通协作的基础上，挖掘原企业的生产优势，并进行改造重整，促进小企业合作，提供有效的社会服务支持。

技术信息型托管，一是需要技术力量；二是需要资金支持，所以最好由有实力的企业承担，也可以由几家大公司共同出资组建专门的以托管为经营内容的股份合作制或有限责任制企业，行使受托方的职能，实施以营利为目的的经济化操作，通过对被托管企业经营状况进行分析，帮助被托管方进行技术产品更新，并提供资金支持，通过信息沟通优势，加强小企业合作，放开搞活经营的机会。

技术信息型托管需有组织、有计划地逐步展开。首先要选择性地成立托管中心。组建方式可有两类情况：一是由优势企业成立托管中心；二是专业性技术信息托管中心。但后者也必须以某产业中具优势的企业为主体，或采用联合该优势企业的方式，只有这样，才能保证受托方企业的托管能力，依靠其产品优势和市场优势，从而获得强有力的指导和支持。其次，随着单个的、独立的、行业性托管中心的不断发展，技术信息型托管的工作范围也有待逐步扩大，有待在技术支持的基础上，拓展信息支持的功能，发挥规模效应，加强托管能力。

3. 行政型托管

虽然通过改制、破产、兼并等手段，已有不少小企业走出困境，但是，仍有很多困难企业，难以找到合适的改革途径。原因是：第一，企业历史包袱严重，改革成本高，兼并收购很难推行，没有企业愿意承购；第二，由于企业亏损大，员工多，特别是退休人员、冗员过多，员工安置问题难以解决，所以破产的选择也要很谨慎，而且破产会造成国有资产流失严重；第三，企业自我发展能力差，内部股份制改造或其他方式难以发挥作用，员工的积极性不强。

这类企业问题的解决可从政府和企业两个角度进行：一是靠集团公司自身力量逐步消化，但其解决问题的能力是有限的；二是通过政府的力量，减轻集团的压力，由行政部门承担过渡作用。

行政型托管可以成立专门的政府管理机构，类似于德国托管局，进行托管活动。该机构可以是固定的，如小企业管理办公室等，也可以是临时的，通过政府部门抽调工作人员组成，如上海各区县为解决轻工行业下放企业而组建的"放小办"等，该类托管在运作中行政色彩较浓，要靠行政推动和上级主管或相关部门的监督管理。

行政型托管也可以由政府部门、集团公司（有托管要求的委托方）共同出资成立托管基金，依靠基金支持组建托管中心，承担出资部门所属中小企业的托管业务，其经营活动不以营利为目的，主要为困难型小企业提供临时过渡服务。

行政型托管的建立与运作需注意以下几个问题：第一，这是改制过程中的特殊现象，会随着市场经济体制的健全和企业改制的推进而逐步消失；第二，托管是为小企业稳定走向市场经济进行的过渡；第三，行政型托管中心是临时性机构，当小企业成为自负盈亏的市场主体时，行政型托管也将随之消亡；第四，这种托管是非完全的经济行为，行政色彩比较明显；第五，行政型托管的目的是为缓解政府部门或大集团的压力，有助于最终实现政企分开。

4. 金融机构托管

对于金融机构寻找新的投资机会，托管是一种有效的尝试。金融机构涉足托管业务，把企业托管作为一种新型的投资银行业务来运作，是比较切合我国当前资本市场发展需要的，这能充分发挥我国金融机构的资本市场主导力量的作用。

金融机构托管作为一般性的投资银行业务，可以采取托管收费的形式进入正常的运作。这种收费可以划分为以下几类：其一，按托管企业的总资产收取的一次性托管筹划启动费；其二，在托管合同期限内，对托管企业收取一定比例的资产保值增值费；其三，在合同期限内，按托管企业的盈利收取一定比例的税后利润。此三类可以作为企业托管的一般性收费。如果托管企业在托管期间发生了如整体转让、被收购或购并其他企业的行为，受托方可以按企业的成交价格收取一定比例的佣金。

金融机构开展企业托管业务，实际上也可以与中长期投资结合起来。把投资与企业托管相结合，这样就能通过托管收入抵补投资亏损的风险。而且，由于企业在合同期限内被置入自己的有效管理之下，使投资决策和企业运行都可以纳入整个公司经营总目标的框架之内，因而，也更具投资的操作性，是一种较其他投资形式更为安全、更便于管理的投资行为。总之，企业托管不仅可以作为一项投资银行业务独立运作，而且还可以和其他投资银行业务相结合进行，并且在这种结合与发展过程中，企业托管本身就扩大了投资银行的业务领域，当然也会从中派生出其他业务形式。

5. 企业集团内部托管

企业集团内部互相托管，即母公司作为委托人，将所属某一子公司托管给另一子公司。这样做的原因是母公司拥有大批的全资子公司，并且母、子公司位于不同地区，相互之间缺乏有效联系的渠道，而且子公司规模较小，相比之下管理成本太高，于是母公司便将小企业委托给该地区其他大型子公司管理。因而，企业集团内部成员间的相互托管，被托管企业并非由于经营亏损，而是出于母公司管理成本的考虑，受托方代替母公司承担对被托管企业的管理工作，受托方不一定介入被托管企业的运营管理，而是对其承担代理所有者的作用。

四、托管经营与企业并购的区别

企业并购是直接以获取或控制被并购企业产权为目标的产权交易活动，托管与其相比，在以下两个方面更具操作性：一是并购因购买企业产权一般需要大量金额的投资，这使得一些有意并购其他企业的企业由于资金筹措困难而却步。而托管并不需要受托方投资收购被托管企业的产权，只需要以自身的资产作为抵押或寻求担保，并投入少量自有资金用于企业经营即可。二是目前国有企业的产权不明晰，难以合理估价和有效分割，这造成国企出售实际操作难度大。而托管不涉及产权的交易，只是企业经营权的暂时转移，因而操作难度较小。

五、企业托管与承包经营的区别

1. 经营基础不同

承包经营只是计划经济下经营权的转移，真正的企业经营自主权难以落实。而托管经营是以法人财产权的确立为基础，受托企业不仅有自主经营权，而且还有部分财产的处置权与收益分成权。

2. 经营者主体不同

托管经营的经理不再由政府或组织部门任命，而是由受托方派出，体现受托方的利益，从而形成与所有权、生产者不同的独立的利益主体。

3. 克服了承包经营的局限性

承包经营的经营者大都限于企业内部或行业内部，而且往往限于经营者个人，经营者承担风险的能力差，"一对一"的谈判也具有局限性。而托管经营面向市场，由市场匹配托管经营的双方，具有广阔的选择空间，受托方以自身资信能力作抵押，或以第三者担保为条件，以委托资产保值为指标，其内部利益激励和约束机制的强化，增强了经营者的责任感与经营意识。

六、企业托管与租赁经营的区别

1. 目的不同

托管经营是通过经营能力与生产要素的优化配置，转换经营机制，达到"先搞活经营者，后搞活企业"的目的，而租赁经营则是承租者以支付租金取得企业财产的使用权，以达到为自己创收的目的。

2. 责任不同

企业托管中受托方的利益受托管企业利益的制衡，与企业所有者、生产者共同分享利益，分担风险。而租赁经营不论企业经营状况如何，承租方必须足额交付租金。

3. 范围不同

托管经营有整体、部分、专项等多种形式，可适用于各种行业、类型和不同规模的企业，租赁经营则仅限于小型企业和局部资产。

第二节 托管经营的运作

一、托管经营的操作程序

在托管经营的实际操作过程中，通常要完成确定被托管企业、提交托管报告、被托企业的资产评估、组织招标评审、签订合同、取得经营资格等几项主要工作内容。托管经营的程序大致分以下七个步骤。

1. 确定被托管企业

在托管前，委托方组织专家对托管企业进行立项调查和诊断，进行可行性分析和论证，选择并确定被托管企业。具有托管经营意愿的企业（即受托方），也可以通过有关部门寻找目标企业（即被委托企业），或者自己寻找目标企业并与之洽谈。

2. 提交托管报告

被委托企业确定后，委托方与受托方各自拟就托管报告上交国有资产管理部门和企业主管部门。托管报告获准后，要在当地主要报刊上发布托管经营消息，并告知被托管企业的债权人、债务人、合同关系人，以便为对被托管企业的资产进行评估做准备。国有资产主管部门和企业主管部门向社会公告被托管企业的生产经营状况、资产负债表结构和所有权结构、委托目标等内容。

3. 资产评估

委托方应按照国家规定，聘请具有资产评估资格的社会中介机构对被委托企业的资产进行全面清查，界定产权并进行资产评估。并由国有资产管理部门审核出具资信证明，以经核定的净资产总额作为被托管企业资产保值的基数。

4. 组织招标评审

各级政府有关部门组成招标评审委员会，按照公开、公正、公平的竞争原则，通过新闻媒介或其他方式公布托管经营委托方与受托方的招标、投标信息，组织托管经营双方进行双向选择。对达成托管经营意向的双方的资信条件、经营管理能力、未来经营改造方案等进行评审并提出评审意见，为托管双方签订合同提供依据。

5. 签订托管经营合同

委托方与受托方应签订各自责、权明确的契约合同。托管双方在对经营目标、经营策略、风险责任、利益分配等合同条款达成共识后，签订委（受）托经营合同。

6. 确定托管资格

托管经营合同签订并在公证机关公证后，由委托方向受托方颁发委托经营书。然后到工商行政管理部门办理变更企业法定代表人的手续，确定托管资格。

7. 按照合同规定实施托管经营

受托方在产权清晰和享有充分经营自主权的前提下，应努力实现被托管企业资产的保值、增值和资产经营目标。政府应制定托管经营的实施办法和相应的配套政策，以规范托管经营行为和有利于托管工作的顺利开展。

二、我国企业托管运作存在的问题

实践中，由于法律、法规不健全，托管经验不足，以及长期的旧体制遗留因素的影响，企业托管中也存在着一些严重的问题。

1. 托管与委托代理不分

一是一些托管公司以财产所有者身份占有、使用和处分企业财产,却不对自己的行为独立地承担民事责任,很大一部分风险由国家承担。二是托管与承包租赁不分。就托管内容而言,是国有企业经营管理权的让渡,分配都是采取的收益定数上交或比例上交的做法。就责任看,仍带有包盈不包亏的倾向。如能否实现保值增值、能否解决职工就业安置等问题也没有足以制裁的措施,承担风险责任的仍是国家。三是托管与授权经营不分。一些地方将政府对企业授权经营也列为托管范畴。

2. 委托主体不明确,监管不到位

许多国有资产管理部门在企业托管过程中没有发挥应有的作用。作为国有资产专门管理部门,对托管企业的行业性质,企业规模,受托方的托管资格,国有资产的产权变更登记,企业兼并的审批,资产评估以及对受托、被托管企业的监管等都应当有明确的规定,然而,在托管经营过程中这些问题往往被忽略了。受托方打着托管经营的旗号,却不履行托管经营的义务,造成对企业进行毁灭性的经营,而这个过程中监管当局往往将受托企业的经营管理权完全转移给受托方,导致企业产权监督制约机制的不健全甚至缺失,同时造成受托方的权力膨胀,短期机会主义行为严重。

3. 受托方行为不够规范化

一般来说,受托方要有相当的资本实力和融资能力,要有较高的经营管理水平和资产运营能力。因为托管要综合运用资金支持、专家管理、资产重组、体制创新、技术投入、产品开发、市场策划、管理提升、资产出让等各种手段,对企业进行重组改造。但在现实操作中,由于受托方受赢利心理驱动,他们往往不关心企业的机制转换与技术改造,再加上产权监督机制不健全,造成其在企业存量资产上大做文章,变相操作企业产权,进而导致一种"炒产权"的行为。另外,受托方权利恶性膨胀,短期行为严重,原有职工得不到合理安置等现象也十分突出。

4. 托管立法滞后,合同不规范,国有资产流失严重

托管行为是一种新型的法律行为,依照合同法的规定很难完全明确合同双方当事人的权利和义务,要求当事人根据具体的情况约定双方的权利和义务,以免由于托管纠纷而影响托管经营的实际效益。对于非金融业国有企业的资产托管工作,目前有关的法律、法规还不完善,对托管主体的要求、费用、效果的评估、流程等都缺乏明确的规定;更重要的是,剥离非主业资产、业务、人员,涉及国有企业深层次的矛盾,涉及与职工有偿解除劳动关系,拖欠职工和离退休人员工资、养老金、医疗费、企业离退休人员待遇等热点问题。

有关托管的法律、法规的不完善,也在一定程度上纵容了机会主义行为,比如,《合同法》规定:"委托人或者受托人可以随时解除合同。"在这种任意终止权存在的前提下,资产委托管理对双方的法律约束力相对都较弱。由于立法滞后,目前还没有统一的托管法规,目前在托管经营中容易发生一些国有资产流失的现象,如托管公司以财产所有人的身份占有、使用和处分企业财产,却不对自己的行为独立地承担民事责任,很大一部分风险仍要由国家来承担。另外,一些地方政府也利用托管之机大肆寻租,最终使国有资产大量流失。

5. 受托人的选择和激励约束机制不健全，机会主义行为大量出现

资本市场信息不对称，对职业经理人缺乏有效评价；人力资源市场对职业经理人的培养、约束、竞争、激励机制没有形成；企业内部对高层管理者的约束和激励机制不健全，委托代理成本太高，因此，企业所有者委托个体经理人管理存在着太大的信任危机和道德风险，然而相对一个管理团队而言，虽然单个经理人员的知识结构和工作经验不全面，流动性大，对企业持续发展潜在风险大，但是，如果出现机会主义行为，团队的道德风险也远远大于某个人可能带来的风险。有些受托人完全可能受到现实利益的驱动，对企业经营机制的转换、公司治理机制的建立、企业的技术创新、资源的优化配置和人才的合理配置漠不关心，再加上企业的产权监督核查机制未健全，造成受托人在企业的现有资产上大做文章，变相操作企业产权，从而背离了国有企业改革以及国有资产保值增值的初衷。

三、规范我国企业托管的对策

（一）明确各方的权利与义务

参与企业托管经营的各方主要有：委托方、受托方和被托管企业三方。

1. 委托方

即为能够代表被托管企业资产所有者的部门或机构。其权利应包括：一是托管行为的决定权和签约权；二是托管期间，被托管企业的产权流动及转让，公司制改造、年终利润分配方案的决定权；三是实施日常监督。其义务应有：一是保证受托方依照合同履行其职权；二是维护被托管企业财产的安全；三是履行与受托方的协议中规定的其他义务。

2. 受托方

即为具有较高经营管理水平并能承担一定经营风险的法人及实体。其权利应包括：一是使用、支配被托管企业的资产；二是自主决定被托管企业合理的机构设置和人员安排等，并按国家各有关政策、法律的规定，自主决定和实施企业的各项生产经营及管理；三是根据市场状况，自主决定被托管企业的产品结构调整和企业发展方向；四是获取托管的经营收益和应获得的其他报酬；五是在征得委托方同意后，可对被托管企业实施一定的企业产权有偿流动及转让，提高企业产权流动和资产营运的效率及收益。其义务应包括：一是保证被托管资产的安全，以相应资产对托管行为进行担保，确保被托管资产的保值增值；二是保护其职工合法权益，妥善安置企业员工，办理其各类社会保险事项；三是保障被托管企业权益不受侵犯；四是承担由其造成的新的经济损失责任等。

3. 被托管企业

即指托管经营的实施对象——接受托管的企业法人。其权利主要有：一是完成规定的生产工作任务时，员工有权获得相应的报酬，享受养老保险和其他社会保障；二是有权以各种形式参与企业的民主管理；三是有权参与托管的筹备工作，工会有维护职工的合法权益等。其义务有：一是主动协助受托方维护企业资产的安全；二是严禁以任何借口和以任何形式转移、私分企业资产；三是主动协助受托方落实治理方案；四是维护受托方的合法

权益，共同努力完成预期托管经营的目标。

（二）建立相应的竞争、激励、风险、约束机制是企业托管的核心内容

1. 建立公开、公平、公正的竞争机制

通过竞争由市场配置委托方和受托方，实现生产要素的合理组合。尤其是通过竞争对受托方择优劣汰，形成受托方之间的竞争局面，从外部机制上对受托方施加有效的压力，促使其不敢"怠慢"，同时可以更加公平、公正地评价企业经营成果，减少评价时环境不确定性的影响。在对自然人受托经营上，要探索建立自荐、考核、竞争、公认、任用、监督等程序和方法的有效能人形成机制。

2. 建立有效的利益激励机制

通过合理设计托管契约，明确受托方的责、权、利，给予受托方最佳的行为激励。同时明确托管经营的委托主体，规定委托方的主要权利和义务，并将其人员升迁和收入增长与资产经营状况挂钩，使其真正承担起监督者的责任，激励其实现资产增值目标的积极性。

3. 建立企业托管经营风险机制

受托方要缴纳一定数额的财产作抵押，风险抵押金缴纳额度要起到委托方与受托方能够共同承担企业经营风险以及制约受托方经营行为的作用，尽可能加大力度，同时也要考虑受托方的承受能力。风险抵押金的使用与企业经营目标完成情况挂钩，按完成企业经营目标情况继存或抵补。

4. 建立企业经营行为约束机制

委托方有权要求受托方定期公布企业经营状况，年度经由有资格的会计师事务所、审计师事务所进行财务审核，以确保企业财务状况的真实性和国有资产保值增值。对经营达不到合同规定目标及有弄虚作假、违法乱纪行为的，应按法定程序终止托管契约。托管经营期满后，由托管双方组织中介机构对托管经营期间的经营业绩、债权债务、国有资产保值增值等情况进行全面审核，在此基础上兑现契约。

（三）发展托管资产证券化的模式

国有企业资产托管的背景不同于银行不良资产，从严格意义上讲，受托资产也不是不良资产，只是在特定环境下，这些资产没有发挥应有的作用，经营效率和经济效益较差，如果经营得当，其未来的现金流则相对于不良银行贷款来讲更加稳定，证券化的过程也更加容易，投资者的兴趣也更高。我们在前面谈到的组建国有资产经营公司对于国有资产证券化的推动作用不可忽视，也就是说，单个企业的资产证券化根本无法实现，只有经过有实力的大型国有资产管理机构或者企业将这些资产集中在一起，组建类似于不良资产证券化过程中出现的"资产池"，实现融资的过程，解决那些阻碍国有企业发展的问题，如冗员、社会包袱等提高国有资产的经营效率和产品的市场竞争力，从而进一步谋求资产重组或者出售。

（四）规范中介性托管经营公司

在各地托管经营的实际操作中，专业性的托管经营公司等中介组织也随之成立。从实践中看，需对这些托管经营公司进行引导和规范，防止以"托管"名义炒作国有产权，而把搞活企业经营这个主题搁置一边。首先，应该明确托管经营公司成立的条件，托管公司作为专门从事企业经营的咨询、策划、运作的中介服务组织，必须有资金、人才、管理等方面的优势。从这一点出发，设立托管经营公司必须有一定数量的注册资金、优秀的人才、先进的管理手段和广泛的融资渠道。可以说，托管经营是高层次的输出生产要素，因此，托管经营公司不同于一般性的中介服务组织，它的设立条件应当更高、更严格。其次，应该明确托管公司的经营目标和经营范围。托管经营是在不改变或暂不改变产权归属的前提下，改善企业资产管理的一种经营方式，目的在于提高国有资产的运营效益。托管公司作为中介性经营管理公司，其作用在于通过其有效的中介管理经营，使国有企业摆脱困境，转换经营机制，并向现代企业制度迈进。这就要求托管公司不仅要注重眼前利益，更要注重企业的长远发展；不仅要考虑经济因素，还要兼顾社会目标，帮助政府解决国有企业的困难。

（五）引入招标竞价机制

实行公开市场招标竞价机制，可以有效降低托管经营过程中由于非生产性开支引起的交易成本。我们认为有必要在国有企业或者国有资产托管经营过程中，建立一个统一、规范、有序的国有资产托管及转让市场，为各类经营主体和投资主体提供资源优化配置的机会和公平交易的平台。如果存在一定的竞争机制，比如说新成立的国有资产经营公司之间的竞争，类似于处理银行不良贷款的金融资产管理公司，也可以解决关联交易带来的各种问题。

（六）企业托管还需要专门人才和良好的资本市场环境

受托方不管是企业法人还是自然人，在接受委托经营被托管对象后，必须依靠专门人才来从事有关生产和经营、技术改造、市场营销、人事管理等工作。没有专门人才，要把一家濒临破产倒闭的企业救活是困难的。因此，为了提高企业托管质量，受托人必须实行专门人才对被托管对象的经营管理。政府还应给受托企业在税收、融资方面的政策优惠，应鼓励受托企业对委托企业进行改组、改造和包装上市；要对企业的上市提供便利条件，改上市制度的审批制度为拍卖制；应鼓励受托企业发行各类债券；大力发展支持和维系长期资本市场的各类投资基金、养老基金和社会保障基金；继续加大对外国投资者开放国内资本市场的力度。总之，我国国有企业托管的前景在很大程度上取决于资本市场的发达程度。

【复习思考题】

1. 什么是托管经营？其特征是什么？
2. 托管经营有哪些类型？请简述托管经营的程序。
3. 简述托管经营与并购、承包经营、租赁经营之间的区别与联系。

案例分析

鞍山一工的企业托管案例

1996年5月,鞍山第一工程机械股份有限公司(以下简称鞍山一工,股票代码600813)与辽宁工程机械(集团)有限公司(简称辽工集团)签订了由鞍山一工托管辽工集团与外方合资的三家合资公司的中方股权的协议。鞍山一工的股权托管首开我国上市公司托管中型合资公司股份的先河,引起了各方面的关注和争议。事实证明,作为当时一种值得探索的上市公司进行资产重组的途径和方法,这起托管案例对于当时的鞍山一工,起到了实现资源优化配置、提高企业效益的作用。

这次股权托管涉及鞍山一工、辽工集团及三家合资企业和外方瑞士利勃海尔国际有限公司(以下简称利勃海尔)。

鞍山一工是一家有巨大优势的上市公司,是我国目前最大的履带式推土机生产企业,其产品占全国市场份额的70%,全国500家最大工业企业之一,于1994年1月在上海证券交易所挂牌交易。鞍山一工有很强的技术力量,全厂1万多名职工中,本科学历以上的有1400多人。该厂的技术装备先进,六大系列主导产品生产整体工艺与规格处于国内领先水平,关键工艺达到或接近世界先进水平。但鞍山一工在发展中面临着困境,需要解决三个问题:一是以低成本募集资金;二是迅速提高每股收益,三是优化资产存量。

辽工集团为政府授权的国有资产投资主体,拥有总资产25亿元,固定资产原值达9亿元,净值达6亿多元。同时辽工集团还是一家大型企业集团,其工程机械业务为辽宁四大支柱产业之一。拥有三家具有良好发展前景的合资企业:辽宁利勃海尔柴油机有限公司、辽宁利勃海尔挖掘机有限公司、辽宁利勃海尔轮式装载机有限公司。这三家合资企业合资双方均以现金投入,中方所占股权比例均为75%。全部厂房和基础配套设施均以租赁方式取得。运作模式简捷、高效、投资少、规模大,有利于很快形成生产能力,产生经济效益。此外辽工集团持有鞍山一工31.11%的股权,是鞍山一工实际上的老板,鞍山一工为其相对控股子公司。

瑞士利勃海尔国际有限公司是一家家族式的大型跨国公司,也是一家在工程机械产品领域享有盛名的跨国公司,其工程机械产品具有当代世界最先进的技术,与美国的卡特彼勒和日本的小松并称为世界三巨头,目前在德国、奥地利、瑞士和法国等十几个国家拥有47座工厂。在此之前,利勃海尔公司与中国17家企业合作,使用方式均为技术转让。国内当时著名的冰箱生产企业就是与该公司合作的范例。

如何才能走出困境,找到新的经济增长点?面临经营困境的鞍山一工将目光投向自己的实际控制人辽工集团及其下属的三家合资企业,想到了托管这一思路。1996年5月,双方达成协议,由鞍山一工受托管理辽工集团在辽宁—利勃海尔柴油机有限公司、辽宁—利勃海尔液压挖掘机有限公司中的75%股权,鞍山一工享有收益权,一旦鞍山一工偿清托管中方股权原投资额120%即1.99亿元,再以100万元的象征性价格就可以取得三家合资企业75%的所有权，托管企业便成为鞍山一工的子公司，托管合同也随之终止。

在实行托管时，在三家合资企业的产品中，挖掘机、装载机的主要配套零部件由鞍山一工提供，而柴油机主要作为挖掘机、装载机和鞍山一工推土机的配套发动机。装载机以大马力为主，与鞍山一工现有的装载机品种不会形成竞争。

为使本次托管顺利实施，鞍山一工聘请了北京新民生银行理财顾问担任其财务顾问，负责协助公司全面策划，对公司资产进行重组。鞍山一工和辽工集团双方很快就托管具体事项达成了共识。托管方案提出后上报有关部门，1996年6月辽资产字〔1996〕83号文对辽工集团《关于请求批准辽工集团合资公司股权委托鞍山一工经营的请示》作了批复，原则上同意辽工集团以省政府批准设立的国有资产主体身份作为委托方将辽宁利勃海尔柴油机有限公司、辽宁利勃海尔挖掘机有限公司、辽宁利勃海尔轮式装载机有限公司三家合资公司的中方股权委托鞍山一工经营，并要求辽工集团（委托方）与鞍山一公司（受托方）严格履行双方签订的股权托管合同的各项条款。

据有关专家预测，三家合资企业的投资在3年内即可收回，第4年即可再收回一倍投资，这表明三家企业的发展前景看好。

案例来源：《证券市场导报》

【思考】
1. 鞍山一工企业托管的原因是什么？
2. 此次托管方案的具体内容是什么？双方将各自从中获得什么益处？

第十六章 资本运营的风险管理

【学习目标】
◆掌握资本运营风险与收益的关系、风险的特点和分类;
◆掌握资本运营风险管理的方法和原则;
◆熟悉资本运营风险管理的程序。

导入案例

TCL 并购汤姆逊遭巨额索赔

2003 年,TCL 集团董事长李东生决定并购法国汤姆逊公司时,可能没想到这次跨国"联姻"会结出一个难咽的"苦果"。2003 年 11 月 4 日,TCL 集团和法国汤姆逊公司正式签订协议,重组双方的彩电和 DVD 业务,组建全球最大的彩电供应商——TCL 汤姆逊电子公司,即 TTE 公司。

在这个合资公司中,TCL 与法国汤姆逊共同出资 4.7 亿欧元,其中汤姆逊出资 1.551 亿欧元持有 33% 的股份,TCL 出资 3.149 亿欧元占 67% 的股份,这是我国企业第一次兼并世界 500 强企业。TCL 集团兼并汤姆逊的目的是为规避欧美市场的反倾销和专利费困扰。汤姆逊 2003 年彩电和 DVD 等电子业务亏损 2.54 亿欧元,TCL 集团当年的净利润在 5.6 亿元人民币左右。TCL 集团董事长李东生曾喊出"18 个月扭亏"的口号。但这次并购并没有给 TCL 带来拓展欧美市场的机遇,反而背上了沉重的包袱。收购汤姆逊后,TCL 集团在 2005 年、2006 年连续亏损两年,戴上了"*ST"的帽子。

到了 2007 年好不容易才实现扭亏,2010 年又遭遇 TTE 欧洲公司的清算"后遗症"。根据 TCL 集团 2010 年 11 月 16 日的公告,清算官通过法国南特商业法庭向公司、TCL 多媒体及其相关子公司分别发出第一令状和第二令状,并针对不同个体提出两项诉讼请求。按照 TCL 集团公布的第一份令状:清算官就 TCL 多媒体等非法侵占或转移 TTE Europe 客户及 TTE Europe 无理取得雇员保存计划的费用提出申索;而第二份令状显示,向 TCL 多媒体的全资子公司 TTE Corporation 发出就有关把 TTE Technology(原 TTE Europe 全资子公司)的股权由 TTE Europe 转移到 TTE Corporation 提出申索。

2011 年 3 月,TCL 集团发布公告称,法国南特商业法庭于 3 月 10 日对 TTE 欧洲公司重组诉讼案的第一令诉讼做出初审判决,要求 TCL 集团、TCL 多媒体及其四家全资公司向 TTE 欧洲之法定清盘人赔偿 2310 万欧元(约 2.11 亿元人民币);2011 年 5 月 4 日法国南特商业法庭还将判决第二令状,其中索赔额度高达 3400 万欧元(约合 3.08 亿元人民币)。

【思考】企业在资本运营中可能会面临哪些风险?应如何应对这些风险?

资本运营理论与实务

第一节 资本运营风险概述

一、资本运营风险的含义

所谓风险,泛指遭受损失、伤害、不利或毁灭的可能性。资本运营风险,则是指资本运营主体在资本运营过程中,外部环境的复杂性和变动性以及资本运营主体对环境的认知能力的有限性,而导致的未来收益值与期望值的偏差或变动程度。

要正确理解这一定义,需把握以下三个方面:

(1) 资本运营风险产生的主要原因来自运营环境的复杂性和不确定性。

(2) 资本运营主体由于自身能力有限,使其对环境的认知能力也是有限的,最终导致运营风险的产生。

(3) 未来收益与期望值的偏差可能为正,也可能为负。任何投资都有风险,资本运营风险与期望收益往往成正比关系,"高风险,高收益;低风险,低收益",通常说的是风险越大,期望收益越大,损失的机会也越多;风险越小,期望收益越小,大损失的机会也越少。

二、资本运营风险与收益的关系

任何投资都有风险,风险与收益通常成正比。收益和风险的基本关系是:收益与风险是相对应的,就是说风险大的项目要求的收益率也高,而收益率低的投资往往风险也比较小,正所谓"高风险,高收益;低风险,低收益"。在股票市场上,如果预期一只股票的价格会涨得很高,通常股票的价格已经不低了,此时做出买入的投资决定,那么在股票价格下跌的情况下就会损失惨重。同样,在股票市场允许做空的时候,如果预期一只股票的价格会跌得很厉害,而股票的价格已经不高了,此时做出卖空的投资决定,那么在股票价格上涨的时候也会损失惨重。这时,股票就具有高风险高收益的特征。资本运营风险与收益是正比例关系,也就是说,风险越大,期望收益越大,大量损失的机会也越多;风险越小,期望收益越小,大量损失的机会也就越少。

在理论上,风险与收益的关系可以用"预期收益率=无风险利率+风险补偿"来表示。无风险利率是指把资金投资于某一没有任何风险的投资对象而能得到的利息率,实际上并不存在无风险的利率。一段时间以来,我们把银行存款利率当作无风险的利率,现在银行经过商业化改造已成为一个企业或公司,已经不是以国家信用来担保的,因此银行存款也是有风险的。相对而言,国家发行的债券尤其是短期的国库券,有国家信用和税收的担保,而且流动性好、风险很低,因此通常把它的利率作为无风险利率。

三、资本运营风险的特点

资本运营风险是由于内外环境各种难以预料或无法预料和控制的因素作用，使资本运营系统运行偏离预期目标而形成的经济损失的机会或可能性。资本运营风险是资本运营活动本身及其环境的复杂性、多样性和资本运营运作人员认识的滞后性、活动条件的局限性的共同结果。企业领导层和经营者以及财会人员，必须树立风险意识，提高防范意识和识别能力，对可能存在的资本运营风险，要研究措施，实施有效控制，密切注意，并加强管理，以减少各种不利因素造成的资本运营风险。

在资本运营系统运行中资本运营风险有以下特点：

1. 客观性

资本运营风险与其他一切风险一样，其存在是不以运营主体的意志为转移的，无论运营主体承认不承认、是否意识到，风险都客观地存在。资本运营风险不仅存在于资本运营前的准备阶段和运作阶段，而且存在于资本运营以后的整合以及经营阶段。

2. 广泛性

资本运营风险既贯穿资本运营的全过程，也体现在各种财务关系上，它是资本运营系统各种矛盾的综合反映。

3. 模糊性

资本运营活动的方向、步骤、操作具有多种选择性，并在其全过程中受各种未知因素的作用，因而资本运营活动过程和结果有多种可能性，是不能事先肯定的，即资本运营风险是不能完全认识的，它带有模糊性。

4. 损失性

风险是和损失相联系的。由于各种因素的作用和各种条件的限制，资本运营风险影响企业生产与经营活动的连续性、经济效益的稳定性和企业自下而上的安全性，最终威胁企业的效益。

5. 收益性

风险与收益成正相关关系，风险越大，报酬越高；风险越小，报酬越低。资本运营风险在一定程度上能促进企业改善经营管理，提高资本经营运行效率。

四、资本运营风险的分类

资本运营风险可以分为系统性风险和非系统性风险。所谓系统性风险又称不可分散风险，其特点是由共同的因素所致，影响到所有经济单位，无论采取何种资本运营模式，都不可能通过采取独特的措施加以规避和消除；而非系统风险又称可分散风险，是由个别特殊因素造成的，影响到个别经济单位，可以通过采取一定的措施加以控制和转移。系统性风险主要包括政策风险、体制风险、政治风险、自然风险以及社会文化风险等；非系统性风险一般包括经营风险、财务风险、信息风险和法律风险。

1. 系统性风险

（1）政策风险

影响资本运营的政策风险主要包括税收政策风险、金融政策风险以及产业政策风险。

一是税收政策风险。国家的税收政策包括税种、税率、征税环节、征税期限以及减免税优惠政策等内容，这些因素都有可能影响到企业资本运营的实际效果。税收作为国家调节经济的重要杠杆和财政收入的主要来源，是随着经济形势的变化而不断调整的。新税种的开征、税率的提高、税收优惠政策的提前终止都会增加资本运营的成本，减少预期收益；反之，则增加预期收益。税收政策对企业资本运营的影响还体现在交易方式的选择上，如美国税法规定：对于以换股方式进行交易可以延迟纳税，而对于以现金方式交易的则要立即征税。

二是金融政策风险。金融政策从资本运营的融资渠道、融资成本、支付方式等方面影响资本运营的效果。例如，利率的上升一方面会增加借贷融资的成本，另一方面会影响资本市场。一般情况下，利率的上升会减少资本市场的资金供给，有可能导致股价的下降，也加大股权融资的难度。而对于跨国性的资本运营活动而言，汇率的变动会导致对标的物的股价、交易结算、支付方面巨大的风险。

三是产业政策风险。政府为了保证经济结构优化和布局合理，定期提出指导性的产业政策建议，并通过适当的财政政策、税收政策和金融政策引导企业资本的投向。企业进行资本运营活动必须考虑国家产业政策的变化以及所进入行业的成长性和竞争的激烈程度，否则，将面临产业政策变动的风险。

（2）体制风险

在我国企业资本运营的发展历程中，许多企业资本运营都是由政府部门的强行介入而最终完成的。重组双方由于缺乏利益冲动而缺少重组动机，导致管理层对重组后的经营管理和企业发展战略构想与整合动力，从而使企业资本运营在一开始便潜伏下了风险隐患。非市场经济因素的干扰无疑会在某种程度上降低资本运营的质量，随着我国市场经济的不断完善，体制风险应该越来越小。

（3）政治风险

政治风险是与一个国家的主权有关的不确定因素，战争、政变、内乱将导致一个国家经济严重衰退，没有经济补偿的强制性国有化也会给企业造成巨大的损失，外汇管制使得资本和利润不能有效流动与转移等。政治因素的变动导致资本的安全性受到削弱，资本的流动性受到限制，并直接影响到资本的增值能力，但是，政治风险并不是个人和企业所能控制的。企业只有在资本运营之前全面评估政治风险发生的可能性，并根据企业的风险承受能力做出合理的资本运营决策。

（4）自然风险

自然风险是指由于地震、火灾、水灾、海啸等自然力因素变动造成的企业资本运营未来收益的不确定性。

（5）社会文化风险

人们社会价值观念的改变、社会心态的不确定、社会信念的改变特别是企业文化的差异，都会给企业资本运营带来风险。社会文化风险是企业在资本运营活动中很容易被忽视的风险。事实上，许多企业资本运营的低效率就是由于其在运营过程中不注意企业文化重构所导致的。

2. 非系统性风险

(1) 经营风险

经营风险是指企业在资本运营过程中由于经营的不确定性而导致的风险。主要包括以下两个方面：一方面是经营方向选择不当。若资本运营决策者对市场分析不透彻，对自身实力把握不准，或者目标定位不合适，那么就有可能导致经营方向选择失误，从而引发企业经营风险。另一方面是经营行为与市场脱节。如果企业在经营过程中没能及时、准确地掌握市场需求的变化，那么企业的资本运营必然要面临风险。

(2) 财务风险

资本运营特别是大规模的并购活动，需要巨额的资金支持。一般来说，企业不可能完全依靠自有资本来完成一项巨大的并购工程，许多企业希望通过债务杠杆，但这样做需要承担巨大的财务风险。特别是在信息不对称、市场发生巨变以及经营决策可能出现重大失误的情况下，以高负债进行的资本运营所面临的财务风险就更大。

(3) 信息风险

企业在决定是否进行资本运营、采用何种方式进行、如何选择切入点等方面，应以足够充分的信息为依据。但在实际的资本运营过程中，由于掌握的信息不完全，目标企业会刻意隐瞒或不主动披露相关信息，致使进行资本运营的企业对其真实情况的了解不够，从而给自身造成风险。

(4) 法律风险

为了有效地管理、监督资本运营，充分发挥其在优化产业结构、优化资源配置方面的作用，维持正常的经济秩序和市场竞争，各国对资本运营都从法律方面进行了规范，如果操作不慎，企业就可能因违反有关法律规定而招致诉讼或遭受经济损失。例如，出于维护公平竞争的考虑，各国政府均制定了一些反垄断法案，这就限制了大规模的、有可能形成垄断的并购行为，有的并购方案甚至被迫中止，从而使并购企业损失严重。还有很多法律法规的细则是增加交易透明度、保护投资者尤其是中小投资者利益的，这些条款将增加资本运营的成本，降低资本运营的速度。

第二节　资本运营风险管理与对策

一、资本运营风险管理的概念

风险管理是研究风险发生规律和风险控制技术的一门新兴管理学科，它是一定经济主体在对风险进行识别、衡量和评价的基础上，在"防患于未然"的指导下，运用一定的管理技术对风险实施有效控制，并妥善处理风险所致的损失，达到以最低成本获得最大安全保障的目的。

资本运营风险管理是根据企业进行资本运营的具体情况和最终要达成的目标，对方案实施过程中可能或已经出现的风险，通过分析成因并采取相应的风险管理措施，以消除潜在的风险，化解已经出现的风险，减少风险所造成的损失程度，以最小成本确保企业资本运动的连续性、稳定性和效益性的一种管理活动。

资本运营风险是动态的，企业必须根据外部环境和自身状况的变化，不断监测和评估风险，提出新的风险管理对策，尽可能将资本运营风险控制在可以承受的范围之内。

二、资本运营风险管理的方法

企业资本运营目标能否实现取决于企业风险管理能力的强弱以及风险管理手段是否得当。当资本运营风险处于潜在阶段时，要采取一定的措施预防风险、控制风险的出现；当风险从潜在转化为现实时，要采取一定的措施化解风险、减少风险造成的损失程度；当风险造成的损失超过预期时，要采取一定的措施加以挽救和处置。

企业资本运营风险管理方法主要有以下六种。

1. 风险规避

风险规避是指通过放弃整个资本运营活动或放弃其中的某些项目，从根本上消除风险可能造成的损失。放弃资本运营虽然可以消除风险，但也同时消除了企业通过资本运营获得收益的可能性。在这种情况下，风险回避是没有任何意义的。但当企业的资本运营计划过于乐观、规模过于庞大时，而在实际操作过程中发现潜在风险较大的情况下，风险回避仍不失为消除风险的较好选择。

2. 风险转移

风险转移是企业通过某种手段将可能发生的资本运营风险部分或全部转移给他人承担的方法。风险转移不能消除风险，是通过对某一风险因素可能造成的损失在各承受者之间重新分配来转移风险，减少风险对某一承受者造成的损失。

3. 风险控制

风险控制是指对已经发生的风险通过采取一定的措施以降低风险可能造成的损失程度。当资本运营风险从潜在转化为现实时，企业无法通过风险回避或风险转移的方式，全部消除风险造成的损失，只能通过采取一定的措施将风险控制在一个企业尚能承受的适当的范围之内，将该风险可能造成的损失减少到最低程度。

4. 风险隔离

风险隔离是指将某一可能的风险因素在时间上和空间上隔离起来，以减少这一风险可能造成的损失对整体资本运营效果的影响。例如，将目标企业的不良资产进行甄别和剥离，该不良资产在之后经营中出现的问题将不会影响企业总体资本运营效果的最终实现。

5. 风险组合

风险组合是与风险隔离相对应的一种风险管理手段，即通过增加风险单位的数量，实行一定的风险组合以分散风险。在风险隔离的方式下，通过将某一已知因素可能造成的风险单独隔离起来，避免某一种风险造成的损失影响整个企业。而在风险组合方式下，企业并不知道何种风险可能会对企业全局造成何种影响以及影响程度的大小，通过适当的风险组合可以将过于集中的各种风险因素加以分散，以降低企业整体的风险水平，确保企业平稳发展。

6. 风险固定

风险固定是指对于可能无法避免的风险，将可能发生风险的因素固定下来，以减少风险可能造成的损失程度。例如，在跨国资本运营中，最终的支付成本不可避免地会面临汇率变动的风险，为了防止可能产生的汇率风险，减少汇率变动可能造成的损失，可以在合同签订时就通过相关条款和操作将支付时的汇率水平固定下来。

三、资本运营的风险控制原则

资本运营风险具有明显的双重性，即它的存在是客观的、绝对的，又是主观的、相对的；它既是不可完全避免的，又是可以控制的。投资者对资本运营风险的控制就是针对风险的双重性，运用一系列投资策略和技术手段把承受风险的成本降到最低限度。风险控制的目标包括确定风险控制的具体对象（基本因素风险、行业风险、企业风险、市场风险等）和风险控制的程度两层含义。投资者如何确定自己的目标取决于自己的主观投资动机，也取决于经营项目的客观属性。在对风险控制的目标做出选择之后，接下来要做的是确定风险控制的原则。根据人们多年积累的经验，控制风险可以遵循以下原则：

1. 宏观思维原则

资本运营受宏观政策及法律、法规影响很大，因此，企业在资本运营过程中，必须对现在以及将来出台的各项政策进行仔细研究分析，准确把握各项政策，不局限于对政策的一般理解，要提前领会政策的意图，这样才能在资本运营中把握住先机，不至于与政策发生抵触。

2. 以我为本的原则

以我为本的原则是指企业进行资本运营过程中，必须对并购、重组等形成的新公司能起到控制作用，一旦发现新公司发生不利事件而产生风险时，可以通过控制权对其施加影响，以使新公司按资本运营目标发展，防止造成更大损失或发生新的风险。

3. 规模适度原则

资本运营是企业进行资本扩张和资本优化的有效途径，但并非是规模越大越好。应从企业经营能力和水平角度出发，确定适度的资本运营规模，防止资本扩张速度太快而产生负面影响，从而防范管理风险、筹资风险及财务风险等。

4. 风险转移原则

风险转移原则就是要将发生在企业自身的风险转移给他方，以减少自身承担的风险强度的行为。主要有两种方式：一是策略组合。其做法是根据不同的情况，设计不同的资本运营策略方案，形成一个备用的策略方案组合，一旦环境出现风险，就选用与其对应的或接近的方案去实施，从而达到部分转移风险的目的。二是策略调整。即将资本运营策略视为一个随机变化的动态过程，企业的运营主体根据环境条件的变化，不断调整资本运营策略方案使之尽量与环境的要求一致。

5. 风险分散原则

风险分散策略是指分散企业风险承受的压力，减轻企业从事资本运营的负担。比如资本组合实质上就是分散风险的具体表现，它通过资本的多元化经营，使不同形式的资本的非系统风险相互抵消。它包括三种分散形式：一是扩展风险主体。比如企业要收购一家公司，不一定非得购入全部股权，只要达到50%以上就能达到目的，这样被控股公司便由本企业控制，而且企业可以通过控制权获得比其他股东更多的好处，比如借入资金、延期偿付货款等；二是选择合适的资本运营方式；三是扩大资本运营主体的优势覆盖面，即通过不断改善内部条件，加强自身的优势并增加优势覆盖面，从而减少企业在风险面前遭受损失的程度。

四、制定资本运营风险管理的程序

资本运营风险管理是一个有机过程，通常包括以下几个方面：

1. 识别和评估风险

对可能遭受的风险进行事前预测和全面估计，认清所处的环境，剖析资本运营系统中的不利因素，划分出资本运营风险强度和可能的损失程度。以投资风险为例，对项目存在的风险可能有三种情况：一是投资项目不能如期投产，不能取得效益；或虽然投产，但不能盈利，反而出现了亏损，导致企业整体盈利能力和偿债能力的降低，这是投资风险的最强形式。二是投资项目并没有出现亏损，但盈利水平很低，利润率低于银行存款的利息率，这是投资风险的次强形式。三是投资项目既没有出现亏损，利润率也高于银行存款利息率，但低于企业目前的资金利润率水平，这是投资风险的较弱形式。在资本经营风险管理中，应力求避开投资风险的最强与次强形式，提高投资效益。

2. 分析风险成因

资本运营风险的形成，有环境因素也有内部因素，要把成因弄清。例如，资金回收风险的存在，与国家宏观经济政策尤其是财政金融政策是紧密关联的，在财政金融双紧缩时期，整个市场疲软，企业产（商）品销售困难，三角债务链规模巨大，资金回收困难；而在相反的情况下，资金回收相对容易。企业资金要能顺利回收，要求顺利地实现销售，避免出现产（商）品积压。首要环节是完成由成品资金向结算资金的转变。企业资金回收的另一个环节是结算资金向货币资金的转化，这个转化主要取决于企业财务部门的工作业绩。

3. 预防和控制风险

在风险识别、评估和分析的基础上，确定应付风险的方案和措施，制定企业资本运营战略和计划，确定应付风险的方案和措施，优化资本运营决策与控制方法，健全资本运营信息系统。

4. 风险的损失处理

通过事先防护性安排，迅速地对发生的风险损失作出积极有效的反应，以最少的损失和最快的途径排除风险，保证企业经营机制的正常运行。

资本运营风险管理是现代企业经营管理的重要内容，也是整个企业管理的重要组成部分。只有公司全员、全方位重视资本运营风险管理，才能使风险管理有序、有效，为资本运营战略的实施起到保驾护航的作用。

【复习思考题】

1. 什么是资本运营的风险？有哪些特点？
2. 资本运营的风险包括有哪些？
3. 如何防范资本运营的风险？

案例分析

中海油服公司收购挪威 Awilco Offshore 公司

2008年7月7日中海油服发布公告，通过旗下在挪威成立的子公司COSL Norwegian AS 以自愿现金要约的方式，收购挪威 Awilco Offshore 公司，每股定价为85挪威克朗（约合人民币114.65元），目标公司总股本为1.494亿股，整起并购合计金额高达171亿元人民币。

中海油服，COSL（中海油田服务股份有限公司）是中国近海最大的综合性油田服务全面解决方案供应商，业务以钻井服务、油田技术服务、船舶服务及物探勘察服务为主，服务贯穿石油及天然气勘探、开发、生产的各个阶段。

作为中国海上最大的油田服务供应商，其服务区域已延伸至南美、北美、中东、澳大利亚、非洲、欧洲、印度尼西亚、缅甸、菲律宾、俄罗斯等国家和地区。

Awilco Offshore 是一家注册地为挪威的从事海洋石油钻井业务的公司，成立于2005年，目前拥有和正在建造的平台共13座。该公司于2005年5月在挪威奥斯陆交易所上市。Awilco 业务范围覆盖了澳大利亚、挪威、越南、沙特阿拉伯及地中海地区五个国家和地区。

中海油服称，中海油服目前拥有15座钻井平台，收购 Awilco 后，运营的钻井平台总数将达到22座，增长约47%。将成为世界上第8大钻井公司，此外，通过收购 Awilco，将使中海油服进一步拓展国际业务市场，并增加国际业务的收入。

COSL Norwegian AS 作为本次收购的要约人，已于2008年7月7日通过挪威奥斯陆交易所公告系统做出要约预告，宣布将对目标公司进行要约收购，并已接受目标公司控股股东做出的承诺。同日，中海油服、挪威SPV与目标公司签订要约协议。目标公司董事会向所有目标股东推荐接受该要约的声明于2008年7月17日生效。

2008年7月18日，经挪威奥斯陆交易所依据挪威证券交易法第6~14条审查并批准后，要约人向目标股东派发了要约文件，就目标公司全部已发行及流通股份提出要约。

2008年10月30日，挪威奥斯陆证券交易所做出决定，批准挪威 Awilco Offshore ASA 从挪威奥斯陆证券交易所退市。该公司股票的最后一个交易日为2008年10月31日。

至此，中海油服公司收购挪威 Awilco Offshore ASA 公司股权项目全部实施完毕。

此次收购对公司长远发展有益，但收购时机不佳。一是 2008 年 7 月正逢全球用油高峰，国际油价处于高位运行不利于收购谈判。二是全球股市特别是挪威市场刚刚开始下跌，且标的公司负债率很高，没有理由给出高于同行平均水平的定价。如果能够耐心等待，相信该公司股价会回落到西方行业平均水平。三是标的公司在建项目较多。由于行业特点在建项目一般时间较长，在当前全球通胀的情况下，原材料价格上升较快，欧洲又加息，这些都不利于在建项目，如能等公司在建项目多数完工则更好。

【思考】 分析中海油服收购挪威 Awilco Offshore 公司的风险是什么？如果你是中海油服的管理者，你有什么好的方法可以降低此次收购的风险？